当代中国人文大系

廖申白 著

亚里士多德友爱论研究

（第3版）

中国人民大学出版社
·北京·

出版说明

改革开放以来,中国社会的变革波澜壮阔,学术研究的发展自成一景。对当代学术成就加以梳理,对已出版的学术著作做一番披沙拣金、择优再版的工作,出版界责无旁贷。很多著作或因出版时日已久,学界无从寻觅;或在今天看来也许在主题、范式或研究方法上略显陈旧,但在学术发展史上不可或缺;或历时既久,在学界赢得口碑,渐显经典之相。它们至今都闪烁着智慧的光芒,有再版的价值。因此,把有价值的学术著作作为一个大的学术系列集中再版,让几代学者凝聚心血的研究成果得以再现,无论对于学术、学者还是学生,都是很有意义的事。

披沙拣金,说起来容易做起来难。俗话说,"文无第一,武无第二"。人文学科的学术著作没有绝对的评价标准,我们只能根据专家推荐意见、引用率等因素综合考量。我们不敢说,入选的著作都堪称经典,未入选的著作就价值不大。因为,不仅书目的推荐者见仁见智,更主要的是,为数不少公认一流的学术著作因无法获得版权而无缘纳入本系列。

"当代中国人文大系"分文学、史学、哲学等子系列。每个系列所选著作不求数量上相等,在体例上则尽可能一致。由于所选著作都是"旧作",为全面呈现作者的研究成果和思想变化，我们一般要求作者提供若干篇后来发表过的相关论文作为附录，或提供一篇概述学术历程的"学术自述"，以便读者比较全面地了解作者的相关研究成果。至于有的作者希望出版修订后的作品，自然为我们所期盼。

"当代中国人文大系"是一套开放性的丛书，殷切期望新出现的或可获得版权的佳作加入。弘扬学术是一项崇高而艰辛的事业。中国人民大学出版社在学术出版园地上辛勤耕耘，收获颇丰，不仅得到读者的认可和褒扬，也得到作者的肯定和信任。我们将坚守自己的文化理念和出版使命，为中国的学术进展和文明传承继续做出贡献。

中国人民大学出版社

如果生命自身就是善的和令人愉悦的；如果一个观者是意识到他在观看，一个听者是意识到他在听的，从而我们意识我们就意识到自己在意识，我们思考我们就意识到我们在思考；如果意识到我们在意识或思考就是意识到我们存在着；如果一个人意识到自己存在着本身就令人愉悦；如果存在着就值得欲求，且对于好人尤其值得欲求；如果有德性的人怎样对自己就会怎样对朋友，——那么，正如一个人的存在对于他是值得欲求的一样，他的朋友的存在对于他也同样是值得欲求的。

《尼各马可伦理学》1170a25-b9

序

读申白君的大作《亚里士多德友爱论研究》，感受良多。从学术角度看，这部专著的第一手材料是翔实可靠的。作者的引文，都出自权威的英文译本，并参照苗力田先生主编的《亚里士多德全集》中译本。作者的可贵之处还在于能对所用之文加以研究，对其中有些引文，做出自己认为更合理的中文译文。这种态度就为这项研究奠定了坚实的科学基础。同时，作者还具有现时代广阔的学术视野。对于当代亚里士多德研究名家与这项研究有关的论述，能以批判的态度广征博引，而与自己的研究观点相参照。在有些部分，还能做中西比较研究，借以深入发挥自己的见解。

至于"亚里士多德的友爱论"，就其在亚氏伦理学体系中的地位而言，它不仅是亚氏伦理学体系的重要组成部分，而且与体系其他部分的问题，诸如善、德性、幸福、快乐等等，密切相关，甚至可以说与之融为一体。当然，这部专著着重于"友爱论"的评述，但其所涉及的，却几乎是亚氏整个伦理学体系。因此可以说，这部专著既是对于亚氏"友爱论"

细腻深刻的论述，又能使读者从这一视角，在一定程度上统观整个亚氏伦理学的基本内涵。但是，亚氏"友爱论"的研究，在申白君这项研究之前，在国内伦理学界尚属空白。我想，仅就此点，这部专著就是值得重视的。

谈到"友爱论"的广度和深度，那么可以说，亚氏借这个伦理角度所揭示的，几乎是古希腊城邦从家庭到社会的全部人际关系。当然，作为"友爱论"，亚氏重点探讨的是城邦社会人际关系的友爱性质、可能性及其限度等。申白君在专著中不仅具体分析和评述了亚氏所揭示的诸方面，而且追溯了它们在理论上的历史渊源和社会渊源。例如其中，实际上对柏拉图的"友爱论"和苏格拉底的"友爱论"，以及古希腊城邦的社会基本情况，都做了具体深入的论述。

古希腊城邦作为西方进入人类文明发展的第一个历史阶段，其人际关系所显示的伦理问题，虽然其内容和形式在历史发展中有所变化，但在基本方面，也是后来人类社会所要一再面对的问题。正是在这个意义上，亚氏的伦理学，包括他的"友爱论"，确实具有值得反复研究的常青价值。读申白君的大作，虽然他评述的是两千多年前亚氏对古希腊人际关系所做的伦理研究，但是其中许多问题，也与我们在当今社会经常碰到的问题相像，有似曾相识之感。例如，亚氏把友爱分为三个层次：有用的，快乐的，德性的。他认为，追求崇高德性的友爱是"原本的友爱"，最能持久。而追求"有用"与"快乐"的友爱则不能持久。因为，这两种友爱将随着"有用"与"快乐"的减弱或消失而减弱或消失。试用亚氏这种友爱的分类观考察一下当今人们的友爱关系，似乎也并非不是如此。不用说，追求"有用"与"快乐"的友爱在当今社会里已经成为时尚。就是那往昔被认为神圣而"价更高"的"爱情",也多以追求"有用"与"快乐",而逐渐成为时尚了。崇高的德性,正在变成陌生的历史词汇。正因为如此,申白君在专著中所做的研究,特别是对于亚氏高扬的"德性的友爱"或"原本的友爱"所做的阐发,就有其重要的现实意义了。也许,这种阐发能有助于唤醒当今人们对于崇高德性的淡忘吧。

写出以上几点读后感,聊作申白君大作之序。

王树人(老树)
1999 年 11 月于京西海淀区上庄乡常乐村

目　录

引　论 | **希腊的生活特质与友爱**……1

    1. 古代希腊人的生活与交往的特质……1

    2. φιλία（友爱）在希腊生活中的意义……22

第1章 | **希腊友爱观的哲学解读（一）：柏拉图**……39

    1. 《李思篇》：爱的质疑……40

    2. 《会饮篇》：爱美善与不朽之欲……44

    3. 《斐德罗篇》：爱的迷狂……49

    4. 爱美善与爱智……52

第2章 | **希腊友爱观的哲学解读（二）：亚里士多德**……59

    1. 友爱与爱……60

    2. 友爱与爱智……65

    3. 爱人之善……70

    4. 友爱的三种原因……74

    5. 好人问题……79

第3章 | **友爱的性质**……84

    1. 亚里士多德讨论友爱的性质的哲学方法……85

    2. 相互性……90

    3. 相似性……96

    4. 亲密性……102

    5. 共同生活……107

    6. 德性……112

第 4 章 | **友爱分述（一）：实用的、快乐的和德性的**……121
    1. 三种友爱的性质与比较……121
    2. 善的友爱与低等的友爱间的关系……127
    3. 相似的友爱与不相似的友爱……132

第 5 章 | **友爱分述（二）：平等的和不平等的**……139
    1. 平等的友爱……139
    2. 不平等的友爱……145
    3. 家庭的友爱……151

第 6 章 | **相反者的友爱**……165
    1. 相反者的友爱的性质……165
    2. 爱者与被爱者的爱……174

第 7 章 | **共同体，友爱与公正**……184
    1. 共同体与友爱和公正……184
    2. 公民的友爱……192
    3. 交换（交易）中产生抱怨的原因……204
    4. 私人友爱中的回报的公正……210

第 8 章 | **主奴关系与友爱**……217
    1. "自然"奴隶的预设……217
    2. 闲暇问题与目的问题……225
    3. 与"作为人"的奴隶的友爱……233

第 9 章 | **友爱与自爱**……240
    1. 从对自身的关系推导的友爱……240
    2. 自我的一致与不一致……247
    3. 自爱者的利他……253

第 10 章 | 友爱与幸福……263

        1. 幸福在于活动……264

        2. 朋友的善……271

        3. 我们何时最需要朋友？……277

结　语 | 友爱论在亚里士多德伦理学中的地位……285

        1. 伦理学的重要主题……285

        2. 德性论同幸福论的环节……289

        3. 人际关系的伦理学……295

        4. 对待常识道德的哲学论证方法的一个例证……299

所参照柏拉图与亚里士多德著作版本……304

参考文献……308

人名索引……317

后　记……323

再版后记……331

第 3 版后记……333

Contents

Preamble | The Characteristics of Hellenic Life and Friendship······1

        1. Some Particulars of the Life and Intercourse of Ancient Greeks······1

        2. The Meaning of Friendship in Greek Life······22

Chapter I | A Philosophical Reading of Greek Concept of Friendship (I): Plato······39

        1. *Lysis*: An Inquiry into the Nature of Love······40

        2. *Symposium*: Desire that Loves the Beautiful, the Good, and the Immortal······44

        3. *Phaedrus*: The Indulgence of Love······49

        4. The Love of Beauty and Goodness and the Love of *Sophia*······52

Chapter II | A Philosophical Reading of Greek Concept of Friendship (II): Aristotle······59

        1. Friendship and Love······60

        2. Friendship and the Love of *Sophia*······65

        3. The Love of Human Goodness······70

        4. Three Causes of Friendship······74

        5. The Problem of Good Man······79

Chapter III | The Nature of Friendship······84

        1. The Philosophical Aspects of Aristotle's Method of Discoursing the Nature of Friendship······85

        2. Mutuality······90

　　　　　3. Similarity……96
　　　　　4. Intimacy……102
　　　　　5. Common Life……107
　　　　　6. Virtue……112

Chapter IV | The Respective Discouses on Friendship (I): Friendship for Utility, Friendship for Pleasure, and Friendship for Virtue *qua* Good……121
　　　　　1. The Nature of the Three Types of Friendship and Some Comparisons……121
　　　　　2. The Relationship between the Friendship for Goodness and Two Lower Types……127
　　　　　3. The Similar Friendship and Dissimilar Friendship……132

Chapter V | The Respective Discouses on Friendship (II): Friendship between Equals and Friendship between Unequals……139
　　　　　1. Friendship between Equals……139
　　　　　2. Friendship between Unequals……145
　　　　　3. Familial Friendship……151

Chapter VI | Friendship of Contraries……165
　　　　　1. The Nature of the Friendship of Contraries……165
　　　　　2. The Love between the Lover and the Beloved as an Example……174

Chapter VII | Community, Friendship, and Justice……184
　　　　　1. Community with Friendship and Justice……184
　　　　　2. Civil Friendship……192

3. The Reason Why Complaint Occurs in Civil Commercial Transactions······204
4. The Justice of Reciprocity in Personal Friendship ······210

Chapter VIII | The Master-Slave Relationship and Friendship······217
1. The Presupposition of "Natural" Slaves······217
2. Leisure and the Problem of End······225
3. The Friendship with a Slave *qua* Human Being······233

Chapter IX | Friendship and Self-love······240
1. Friendship Implied in the Relation to Self······240
2. The Consistency and Inconsistency of Self······247
3. The Self-love of Altruists······253

Chapter X | Friendship and Happiness······263
1. Happiness as Lying in Activities······264
2. The Goodness of a Friend······271
3. When We Need a Friend Most? ······277

Conclusion | The Place of Friendship in Aristotle's Ethics······285
1. Friendship as One of the Main Topics of His Ethics······285
2. Theory of Friendship as the Link between His Theory of Virtue and Theory of Happiness······289
3. Theory of Friendship as His Inter-Subject Ethics······295
4. Theory of Friendship as a Case of His Methods

of Moral Philosophy in Treating Common Sense Morality……299

Notes of the Editions of Plato's and Aristotle's Work Referred……304

References……308

Index of Names……317

Postscript……323

Postscript to the 2nd Edition……331

Postscript to the 3rd Edition……333

引论

希腊的生活特质与友爱

1. 古代希腊人的生活与交往的特质

在亚里士多德的伦理学中,他关于友爱的理论一直只受到过少的关注和讨论。[①] 这样说有两个理由。一个理由是,在

[①] 对于亚里士多德伦理学的学习者与研究者来说,这是人所共知的。然而,尽管迄今为止对于亚里士多德的友爱理论的讨论为数不多,参与讨论的哲学家们的建树与贡献是不应当忽略的。罗斯(W. D. Ross)在所著的《亚里士多德》(王路译,商务印书馆,1997年)第7章中对亚里士多德的友爱论做了简明而非常有启发的讨论;罗素(B. A. W. Russell)在他的《哲学史》第一卷(何兆武、李约瑟译,商务印书馆,1982年)第20章"亚里士多德的伦理学"中也有一段简短而见解明确的评论;厄姆森(J. O. Urmson)在《亚里士多德伦理学》(*Aristotle's Ethics*, Blackwell, 1988)第9章中对亚里士多德的友爱论做了比较专门的讨论,并且对他把友爱的根据归结于自爱的理论提出了一个有意义的质疑;哈迪(W. F. R. Hardie)在《亚里士多德的伦理学理论》(*Aristotle's Ethical Theory*, Clarendon, 1968)第15章中对亚里士多德《尼各马可伦理学》关于友爱两卷的讨论有重要的文献价值;珀西瓦尔(G. Percival)在《亚里士多德论友爱》(*Aristotle on Friendship*, Cambridge University Press, 1940)"导言"中对亚里士多德与柏拉图的观点的希腊背景做了深入的分析;普赖斯(A. W. Price)的《柏拉图与亚里士多德论爱和友爱》(*Love and Friendship in*

他的伦理学讨论中,他对于友爱的讨论占有最大的篇幅。在较早些的五卷本(不包括共同卷)的《欧台谟伦理学》中,有一卷专论友爱,在十卷本的《尼各马可伦理学》中,有两卷专门讨论友爱。这足以表明,亚里士多德在著述伦理学时,对友爱问题非常关注。另一个理由是,只是在对友爱问题的讨论中,亚里士多德才把伦理学讨论的情趣转到一个人对于另一个人的物质的和灵魂(心智)的关系上。正如罗斯所说,除开这些讨论友爱的部分之外,亚里士多德的伦理学的其他各卷中都没有什么说法能够说明,我们也应当对他人怀有感情。[①]人们通常都承认,友爱是人与人之间的特有的关系,并且也认为,对人与人的关系的讨论最属于伦理学。据此而言,把亚里士多德对于友爱的讨论排除在对他的伦理学的讨论之外,不能不说是对他的一种不尽公平的对待。那么为什么亚里士多德的友爱论没有引起过相应的关注和讨论?依罗斯的看法,这是因为亚里士多德——也许也是他同时代的希腊人——使用友爱($\varphi\iota\lambda\iota\alpha$)的方式太过广泛,不仅包括我们今天所说的朋友关系,而且包括两个人之间的任何相互吸引的关系,这种讨论友爱的方式显然是近代以来的人们所不熟悉

Plato and Aristotle, Clarendon, 1989)是不多见的对亚里士多德与柏拉图各自的友爱论观点以及它们的联系的全面研究,详尽而富有启发性。对于这些哲学家的贡献的一些主要方面,我们将在下文中间或地提到。近年来,西方学者中研究亚里士多德的最重要的论文有:J. M. Cooper, "Aristotle on the Forms of Friendship" (*Review of Metaphysics* 20 [1976/1977]),这篇文章的改写文本见 R. M. Rorty ed., *Essays on Aristotle's Ethics* (University of California Press, 1980); W. W. Fortenbaugh, "Aristotle's Analysis of Friendship" (*Phronesis* 20 [1975]); A. D. M. Walker, "Aristotle's Account on Friendship in the Nicomachean Ethics" (*Phronesis* 24 [1979])。中国学者对亚里士多德的友爱论的比较重要的讨论,见严群《亚里斯多德之伦理思想》(商务印书馆,1933年)第8章;包利民《生命与逻各斯——希腊伦理思想史论》(东方出版社,1996年)第4章第3节;黄藿《理性、德性与幸福——亚里斯多德伦理学研究》(学生书局,1997年)第5章等。

① 罗斯《亚里士多德》,王路译,商务印书馆,1997年,第253页。

的。① 库珀也持相似的看法，认为由于自近代以来友爱主要被看作个人自由地加入的关系，人们倾向于忽略亚里士多德把友爱置于人的幸福的框架之内的努力，或者把这种努力看作是历史上的趣事。②

然而研究的目的并不在于说明亚里士多德的友爱理论受到忽视的原因，而在于比较全面地评析与研究亚里士多德关于友爱问题的主要观点。如果这项工作能够帮助我们在亚里士多德的伦理学构架内，突出地将人们以前较少关注的亚里士多德的友爱观点与理论的主要性质呈现出来，它对我们的帮助就比较大，我们对他的伦理学的理解就可能发生某些调整，就可能更为全面。而在开始这一工作之前，我们应当先对古代希腊人的生活与交往的特质做一些简要的讨论。因为，如果打算把亚里士多德对友爱问题的讨论作为一个题材来加以讨论，我们就必须对他那个时代的希腊人的生活与交往做一个概略的了解。然而，这种努力所面临的困难是不言而喻的。在思想中构建的一个生活环境必定与那个实际的经验的环境有距离。这种距离的确是存在的且不可避免的。因为事实上，我们只是依据著作家们以文字表达的东西在思想中以概念和观念来构建这种环境。但是在我们所能选择的方法中，这种方法给我们的感觉与理解似乎比避开这步工作、只凭据某种极度简化了的抽象来研究前人的思想与观念的方法要更真切些，因而提供给我们的帮助也更大些。而如果我们欲构建一个希腊人怎样生活以及怎样与另一个人交往和相处的粗

---

① 罗斯《亚里士多德》，第 253 页。
② J. M. Cooper, "Aristotle on the Forms of Friendship", *Review of Metaphysics* 30 (1976/1977), p. 619.

略的图景，一个较好的选择也许就是从一个人的这种故事开始。在这点上，亚里士多德本人的临终遗嘱就给我们提供了这样一个故事。所以我们从述说亚里士多德的遗嘱开始。

(1) 亚里士多德的遗嘱故事

公元前 323 年，在亚历山大（Alexander）猝亡后，亚里士多德被雅典人指控大不敬①。由于不愿使"雅典人第二次对哲学犯罪"，亚里士多德逃离了雅典，回到他母亲的故乡，优卑亚岛的哈尔克斯（Chalcis），在那里他母亲留有一份产业。次年，公元前 322 年，由于长期的消化不良，大概也由于过度的工作②，亚里士多德与世长辞。弥留之际，亚里士多德留下一份遗嘱，对妻子、子女、前妻的遗骨的安排、家奴、财产——向遗嘱执行人进行托付。

---

① ἀσέβεια, impiety. 雅典人控告亚里士多德，内里的原因是他与马其顿宫廷的近密关系。祭司欧吕麦冬（Eurymedon）对他的正式提诉，则是以他为赫尔米亚斯（Hermeias）写的一首颂诗为由。赫尔米亚斯曾与亚里士多德同学于柏拉图门下，是亚里士多德的好朋友。据德米特琉司（Demetrius，参见第欧根尼·拉尔修[Diogenes Laertius],《名哲言行录》[*Lives of Eminent Philosophers*]，第 1 卷，希克司［R. D. Hicks］英译本［1925］，第 447 页）说，赫尔米亚斯曾经是奴隶，但后来在阿塔纽斯做了僭主。亚里士多德离开雅典学院后曾在赫尔米亚斯的宫廷中生活过一段时间，并且据说在后者同意下娶他的妹妹庇西阿丝（Pythias）为妻。另一个说法是亚里士多德与庇西阿丝结婚是在赫尔米亚斯遇害之后。因为亚里士多德在后来给安提帕特（Antipater）的信中曾就此事为自己辩护，说他是在庇西阿丝由于其兄弟的遇害而处境极为不幸时与她结婚的。不论何种说法是实，亚里士多德与赫尔米亚斯有很好的私人关系是无疑的。所以在赫尔米亚斯遇害后他为之写了下述颂诗：
　　　　这个违背了有死者的圣法的人，
　　　　不公地被带弓的波斯王残害。
　　　　不在那生死赌斗的堂堂战场，
　　　　而是被自己相信的人阴谋出卖。
祭司欧吕麦冬指控亚里士多德视赫尔米亚斯为神灵，是对诸神不敬。事见拉尔修上书，第 449 页；李秋零、苗力田译《残篇》，《亚里士多德全集》（苗力田主编）第 10 卷，中国人民大学出版社，1994 年，第 243 页。缪尔（G. R. E. Mure）认为在这件事上雅典学院与伊索库拉底学院可能在背后起了作用，见 Mure, *Aristotle*, Oxford University Press, 1964, p. 6.

② Mure, *Aristotle*, Oxford University Press, 1964, p. 7.

他请好友安提帕特做他的遗嘱执行的主持人。安提帕特，我们知道，是雅典的执政者。亚历山大远征时，亚里士多德曾以老师的身份请求他不去攻占雅典，尽管他的学生当时已经在很多方面与他越走越远。由于有与亚历山大的这层师生关系以及与马其顿王菲利普的近密关系，亚里士多德还曾为他的故乡斯塔吉拉（Stagira）以及他的另一好友塞奥弗拉斯托（Theophrastus）①的故乡艾勒修司（Erusdus）求情。亚历山大后来的确没有去攻占雅典，但是为雅典人留下了一位执政者，这就是安提帕特。安提帕特与亚里士多德有很好的私人关系。这可以从普鲁塔克（Plutarch）②那里看出，他说亚里士多德写信给安提帕特说亚历山大不公正，因为他认为身居万人之上便有充分的理由骄傲。③如果他与安提帕特之间没有他在《尼各马可伦理学》理论地描述的那种好人与好人间的基于德性的友爱，他不可能向安提帕特这样一个人表达对亚历山大的这种看法。对于塞奥弗拉斯托，亚里士多德指定的吕克昂学院的继任的主持人，亚里士多德表示，如果他愿意并且可能，希望由他来照顾他的子女——女儿小庇西阿丝（Pythias, jr）和儿子尼各马可（Nicomachus），他的妻子海尔庇利丝（Herpyllis），以及他的产业。

他希望尼康诺（Niconor），他的卫士普洛克森努斯（Proxenseus）之子，也是他的义子，在他女儿成年时与她结

---

① 塞奥弗拉斯托（Theophrastus）公元前372—前287年，亚里士多德的学生与朋友，亚里士多德在小亚细亚游历时结识，亚里士多德在逃离雅典时指定他为吕克昂学院的主持人。他在亚里士多德任亚历山大宫廷教师时随学于亚里士多德身旁。
② 普鲁塔克（Plutarch）约公元46—119年，罗马时期的希腊哲学家，著有《道德论丛》《希腊罗马名人传》。
③ 普鲁塔克《论心灵的宁静》472e；李秋零、苗力田译《残篇》，《亚里士多德全集》第10卷，第247页。

婚，并由尼康诺做他的儿子尼各马可的监护人。关于尼康诺，据说他曾作为亚历山大的"传令者"，通知雅典人召回以前被"陶片放逐法"①放逐的公民，否则将占领雅典。关于亚历山大羞辱雅典人的这件事，我们不了解亚里士多德的看法。但是从德梅特留（Demetrius）那里，我们知道他曾在给安提帕特的一封信中主张让那些被放逐者回到雅典。②可以判断的一个事实是，亚里士多德同尼康诺有很好的个人关系，以致他在临终时决定向他托付女儿小庇西阿丝的未来的婚姻与儿子尼各马可的监护责任。他在遗嘱中希望尼康诺"以他认为最适合的方式"照顾尼各马可，"如他的父亲和兄长"；关于他女儿与尼康诺未来的婚姻，他说如若出现什么情况，尼康诺"所作的任何安排都继续有效"。同时，他又给尼康诺决定是否承担这些责任的充分自由：如若他不愿意，亚里士多德已在遗嘱中委托各位执行人在与安提帕特商议后，以他们认为最适合的方式安排他女儿和儿子的事情。③

我们可以从他的遗嘱判断，亚里士多德与他的妻子海尔庇利丝关系很好。他托付各位执行人和尼康诺善待海尔庇利丝，因为海尔庇利丝对他好。在对妻子的托付方面，亚里士多德完全具有现代人最为称许的自由精神。他嘱托各执行人，如果海尔庇利丝想找一个丈夫，他们要注意不可以与他不相称的方式对待她，甚至对海尔庇利丝如果再次结婚所应分有的财

---

① Ostracism，雅典人自公元前500年创立的一条法律，目的是防止城邦中的突出人物成为僭主威胁平民政体。见颜一译《雅典政制》，《亚里士多德全集》第10卷，第22章；吴寿彭译《政治学》，商务印书馆，1965年，第155页注释。

② 德梅特留《论词藻》225；李秋零、苗力田译《残篇》，《亚里士多德全集》第10卷，第247页。

③ 李秋零、苗力田译《残篇》，《亚里士多德全集》第10卷，第249页。

产、仆人与奴隶，以及在房屋财产中的选择居所的权利，都做了明确的安排。对于他的已故的前妻庇西阿丝，亚里士多德嘱托的是实现她生前的最后心愿——将她的遗骨与他合葬①。

我们从他的遗嘱中还可以判断，亚里士多德与他的家奴们有友好的关系。他要遗嘱执行人在他死后给予奴隶穆尔麦克斯（Myrmex）、安布拉茜丝（Ambracis）以及西蒙（Simon）自由，并且要在他女儿结婚时也给奴隶图宏（Tycho）、菲隆（Philo）和奥林庇乌（Olympius）以及他的孩子自由。他还特地嘱托尼康诺"要关心奴隶穆尔麦克斯，以与我们相称的方式把他以及我们所收到的属于他的东西送回到他自己人那里"②。亚里士多德决定给这几个奴隶自由，也许是因他们是希腊人而不是异邦人，因为他在《政治学》中认为，强迫奴役是不合理的，尤其是，"优良的希腊人"不应成为奴隶③，也许是因为这几个奴隶"服劳有功"而应给他们以自由作为报偿。④ 但看起来，他同这几个奴隶之间，除了那种主人和他的"行为工具"的关系外，还有他所说的那种"作为人"的关系。⑤

(2) 希腊社会生活制度的变迁

这份遗嘱向我们透露出亚里士多德时代的希腊社会的许多重要的信息，例如家庭制度、继承制度、遗嘱制度等等。对于这些信息，我们需要借助对于希腊社会的更专门的研究来解读。在亚里士多德的时代，遗嘱制度已经确立，采取遗嘱方式处置家庭的遗产已经越来越普遍，这是因为在希腊社

---

① 李秋零、苗力田译《残篇》，《亚里士多德全集》第 10 卷，第 249—250 页。
② 李秋零、苗力田译《残篇》，《亚里士多德全集》第 10 卷，第 250 页。
③ 《政治学》，1255a23—30。
④ 《政治学》，1330a32。
⑤ 《尼各马可伦理学》，1161b5—6。

会从氏族部落社会向城邦政治社会转变过程中家族制度已经极大地削弱了。各个民族——至少是农业民族——曾经历的古代氏族社会，根据古朗士（Coulanges, F. De）的研究，在继承制度与原始宗教方面有许多大致相同的特点。[①] 首先，财产属于家族，祖产不可析分，而由男性家长世代承继。在这种制度下，父亲一旦去世，长子自然成为家长，祖产便由新家长掌握并传给下一代。事实上，男性家长也仿佛只是家族的世代承继的财产在一个时期中的管理者，这财产被看作是公产，他在世时履行着管理家族公产的责任，去世时这责任就转到他的长子即新家长的身上。支持着这种制度的是家族的独特的宗教。每个家族的宗教都异于其他家族，它祭祀它的祖先，有独特的祀礼与祷辞。每代男性家长即是家族宗教的牧师，有维护家族宗教的传继的责任。在亚利安民族中间，家庭宗教的重要的标志是置放于家庭居室隐秘处的家族坛火，它是家神的火，象征家族的生命力，维护这家火不熄也是男性家长极其重要的宗教职责。[②] 在这种继承制度与家族宗教制

---

① 对于古代希腊、罗马和印度社会的家族宗教与继承制度，古朗士的《希腊罗马古代社会研究》（李玄伯译，上海文艺出版社，1990年）一书有非常精致的研究。参阅该书卷1、卷2部分。

② Εστία，Hestia，希腊女神，宙斯之姐妹，引义为祭台、家火，希腊人视为家庭的心脏；家族之象征，在罗马人的语言中为Vesta，业已演化出女神形象。古朗士在《希腊罗马古代社会研究》第12页中说：

希腊人或罗马人的屋内皆有一祭台，屋主人有使此火长燃的宗教职责。火若熄，则其屋人必有不幸。故在古人语言中，某族断熄与某族之火断熄，其义相等。所以，家主每晚必封好家火，使其不熄，第二日早起，必再加进新柴，使其旺燃。而且，燃火的木柴也不是随意的。[家中木柴]分为两类：一类可燃圣火，其他一类则是生活使用的，若用于燃圣火则为大不敬。

在古代，家火自然也有供家人取暖和烤炙食物的功能，所以希腊人称家人为"灶火（炉火）伙伴"（μοκάπυοις），意思是一起在灶火旁取暖和分食家火烤炙的食物的人。然家火的宗教意义是首要的。它类似于我们中国人说的"香火"。正由于此种宗教的意义，现代西方人的住宅大都仍保留着祭台，即使已无室内燃火取暖的需要。

度下，家庭中的主妇和女性子女没有继承权利。

遗嘱制度在亚里士多德时代的流行又表明了家族制度的式微。遗嘱制度正是在表明家庭的财产已被看作家庭的私产而不是家族的公产，因此一个人立遗嘱来处置家庭的财产便是与财产当由家族成员继承的传统对立的。它通常是一种宣示，表明家庭中的男性主人不希望他掌握的产业在他死后只按传统制度留在家族之内，尽管他未必要全部违反这种传统制度。因为，遗嘱通常都有把一部分遗产分给家族外的某个人这样的安排。我们不知道遗嘱制度是否有更久远的历史，但它至少是从希腊时代就开始了。梭伦（Solon）最先使这种实践成为一种法律。[①] 新制度和新法从那时起逐步成为对原有古代家族制度的重要补充。没有子女的家庭首先获得按自己愿望处分家庭财产的权利，新制度和新法使这成为合法。这同时意味着，制度与法律承认了私产的存在和个人处置私产的权利。然而家族制度仍然是有力量的，并且作为由古老的宗教和最为"自然"的生活关系支持的制度长久地保持着力量。因此，每个立遗嘱的人都要充分地考虑到家族的利益。所以，在遗嘱制度初始实行的社会，我们会看到它与古代制度以及这两种制度的法之间的力量此消彼长的交错情状。两种制度并存着，它们逐步地生长出种种相互协调的方式。然而它们各自的辩护有很大的不同：家族制的辩护是财产当为

[①] 遗嘱法作为法律是从梭伦开始，他使没有子女的人可以通过立遗嘱把个人占有的东西赠予他（她）属意的人，而不是留在自己的家族。斯巴达的遗嘱制度产生于稍晚的伯罗奔尼撒战争之后。遗嘱制度与遗嘱法在罗马的出现尚不可考，但目前所知的最早允许以遗嘱处分财产的法律是"十二铜标法"。参见普鲁塔克《希腊罗马名人传》（上）（黄宏煦主编），商务印书馆，1990年，第189页；古朗士《希腊罗马古代社会研究》，第58页。大概是在这之后，依照法律立遗嘱处理遗产慢慢地成了一种普遍的做法。

家族共有，遗嘱制的辩护则是财产当由个人处分。柏拉图《法律篇》诠释的大致是雅典的古法。例如，对于何以一个人不应当认为有权处置看似属于自己的产业的问题，他借立法者的口吻回答说：

> 你不能自决你的生死，你不过在这个世界临时经过。你不是产业的主人，你连你自己的主人都不是。你同你的产业皆属于你的家族，你的祖先，以及你的子孙全体。①

新制度的辩护则在于各个家庭对作为其活动业绩的产业的支配权。至亚里士多德时新制度似乎已经渐有力量。至少亚里士多德自己更愿意采用遗嘱制度，至少是不简单地采用古法。这一点似乎不能只以亚里士多德只是客居雅典而终生未获得雅典公民权来解说。雅典当时的情状大致是希腊的状况的缩影。

从这里我们就容易理解，在当时希腊人的生活中，与友人的关系已占有特别重要的地位。立遗嘱首先要有一个或几个遗嘱执行人。遗嘱执行人必须清楚地了解立嘱人与受嘱人的情况，以及立嘱人所表达的个人关切。他（们）必须履行使遗嘱按立嘱人的愿望实现的责任，或者在出现不可预见的情况时做出可能最符合立嘱人愿望的新安排。向朋友嘱托身后事，请朋友做遗嘱的执行人这种安排包含着这样一种智慧：作为与托付者有特殊交往关系的局外人，一个朋友在执行死者的遗嘱时更容易做得公正。这种社会实践所以在西方社会延续至今，其道理是容易理解的。一个人临终前向友人托妻付子在我国也是历史悠久的。但是作为一项法律的安排还是比较晚近的事情。今天的东方社会正在吸取这种法律安排的

---

① 古朗士《希腊罗马古代社会研究》，第58页。

智慧，也是不争的事实。不言而喻，在托付遗嘱时，人们当然总是选择自己信任的朋友。我们从亚里士多德的《尼各马可伦理学》读到，这样的朋友本身就好像是与自身分离了的"另一个自身"①，所以由一个朋友来执行遗嘱就好像是一个人在继续做完他想做的事情似的。

(3) 希腊人的家庭生活与奴隶制

使我们尤其有兴趣的是，我们从亚里士多德的遗嘱中看到他对夫妻关系、父子（女）关系和主奴关系的相互有别的对待和处理。对妻子的托付是希望她日后能生活得幸福，对子女的关照则是使他们得到成长的保护和日后过独立生活的保障，对关系亲近的家奴的托付是使他们在适当的时候获得人身自由。在古希腊的自由公民的生活中，夫妇、父子和主奴是家庭中三种关系。家庭首先被看作合乎男人和女人的本性需要与自然分工的最合理的组织。这种关系由于双方的理智与才能的差异自然地形成一种主从关系。当然，通常是男子在家庭中居于主宰者的地位，不过这并不是一定如此的。②男子是家火的继承者和维护者，是家庭中家族宗教的唯一牧师。妻子自脱离父母的家并通过婚姻进入丈夫的家，就不再奉父亲的宗教而转奉丈夫的宗教。她与丈夫共有丈夫家族的家火，但是她只是分享并帮助照管这家火，她不是那家火的承继者和传递者。父子关系是一种更为天然的主从关系，类似于君主对于臣民的关系，牧师对教民的关系：父亲仿佛是创造者，子女是父亲的作品；父亲始终关心子女，是子女的最大的施惠者；在这种关系中，永远是子女欠父亲的，不会

---

① 《尼各马可伦理学》1166a34。
② 《政治学》1259b1-3, 8-9。

有关系上的平衡。① 这种夫妻、父子（女）的主从关系基于自然差别的看法既适合古代制度，也适合新制度。然而它在作为新制度的辩护时，显然已经减少了在古代制度下的主从关系的严酷性。妻子从属于丈夫，但似乎更多地是作为帮手；子女从属于父亲，其目的是家庭的更好的生活，而这包括子女将来独立后的更好的生活。

更重要的是这两种主从关系都不同于主奴关系。主奴关系也是基于一种自然的差异的主从关系："凡是富有理智而遇事能操持远见的，往往成为统治的主人，凡是具有体力而能担任由他人凭远见安排的劳务的，也就自然地成为被统治者"②。但是奴隶并不像妻子和子女那样是家庭中与主人有婚姻和亲缘关系的成员，他们只是家庭所拥有的一宗财产。在家庭中男子对妻子与子女是家长，对奴隶是主人，这两类主从关系在性质上是有根本区别的。奴隶亦分享主人的家火，奉为自己的家火，因为他不能有自己的家火。但是奴隶的分享家火与家庭中妻子与子女的分享家火却很不同。妻子和子女与男性家长一道是家火的拥有者。奴隶却决不拥有那家火，他只企求那家火的保护。

奴隶在希腊生活中有两大类。一类是在田野中从事耕作以及从事手工制造工作的，另一类是在家庭中从事家务服役的。对奴隶主社会来说，前者是从事生产活动的工具，后者是主人的行为的（消费的）工具。③ 亚里士多德说，最好的安

---

① 《尼各马可伦理学》1160b24—27，1163b20—21，1168a35—36。
② 《政治学》1251a31—33。
③ 在希腊各城邦，从事农业劳务的奴隶大都有其专名，如斯巴达的农奴称为赫卢太（εἴλωται），意思是农奴；克里特的农奴称为贝里俄季（περίοικοι），意思是拉康尼亚（Laconia，斯巴达周围的）的自由居民；阿尔克斯的农奴称为居姆奈底（γυμνήτης），意为轻装步兵。参见吴寿彭译《政治学》，第82、83页注释。

排是每个自由公民有两块私人地产：一块在近郊，另一块在边疆。这样，无论在远处或近处，公民们都有共同利害，就会像关心自己的产业那样关心城邦的安全。① 他所设计的理想城邦是每个公民都拥有农业产业，都有农奴为之从事农耕的社会。农业在古希腊罗马时代是最重要的经济。我们从罗马人瓦罗②的著作中了解，罗马时代的田庄经济已相当发达，通常包括多种多样的种植业和畜牧业，以及有一定规模的农牧业产品的加工业，产品充分自给自足，而且有一部分用于贸易。瓦罗在他的著名的《论农业》一书中提到"农庄的设备"——奴隶，他非常重视奴隶的年龄与劳动经验的积累的重要性，同时他也非常了解，慷慨地对待奴隶，时而给他们一些小恩惠，有助于提高他们的劳动热情。希腊人的奴隶的来源，各城邦有所不同。斯巴达的奴隶是"推出去"的。因为他们将本地的希洛人征服，使他们成为奴隶，所以奴隶人数很多，需要向外输出。雅典的奴隶则是靠战争和海盗式的掳掠，以及靠奴隶贸易而获得的。③ 在战场上取得胜利的公民战士常常可以分得奴隶作为奖赏，其他公民也可以购买异邦战俘为奴隶。通过狩猎捕获奴隶也是希腊人获得奴隶的一种合法手续，与捕获其他猎物没有什么不同。古希腊人的一个根深蒂固的想法是，希腊人种族高贵，奴役低等民族，掠获他们为奴隶是一种自然合理的安排。④ 希腊人所说的构成家庭的一部分的主奴关系，主要是指主人同从事家务劳役的奴隶

---

① 《政治学》1330a12—20。
② 瓦罗（M. T. Varro），公元前116—前27年，古罗马农庄园主、著作家。下文中的记述见他的《论农业》（王家绶译，商务印书馆，1981年）第1、2卷。
③ 叶秀山《前苏格拉底哲学研究》，人民出版社，1982年，第34页。
④ 《政治学》1256b24—26，39。

的关系。家役奴隶为主人从事大部分家务劳作，使家主摆脱家务劳作而获得大量闲暇，能够去从事城邦的政治、军事活动，担当公共职司，以及进行文学、艺术和哲学的创作。希腊的奴隶主的自由公民社会发展城邦交往和文明的经济条件与必要闲暇是由奴隶制度创造的。"没有奴隶制，就没有希腊的艺术和科学"①，这是确凿无疑的事实。

(4) 雅典民主制对希腊生活的影响

从梭伦时期起，希腊政体逐步趋于平民化。梭伦废除了债务奴役，使雅典公民不再因债务而丧失公民权。梭伦还分居民为四个收入等级，规定每个等级可以被分配担任不同的公共职司，使低收入等级（第四等级）的平民有出席公民大会和向陪审团提出申诉的权利。梭伦还制定法律，允许外邦工匠成为雅典公民。梭伦力图站在富人和穷人之间，使平民得到"恰如其分"的尊荣，同时不使富人"身蒙任何屈辱"，"不让任何一方不公正地取胜"②。这之后，雅典经历了庇西特拉图 (Pisistratus) 僭政时期。僭政从梭伦时代起多受人们谴责，但庇西特拉图的僭政却得到雅典穷人和富人的共同拥护。一方面，由于他保留和恪守梭伦的法律，为政温和，所以新老富人都争相拉拢他。另一方面，他采取鼓励山区农业的政策，把税收的一部分在每年耕作前作为贷款借给农民，还建立巡回审判制，使农民可以不误农时地在乡间进行诉讼，这使他成了穷人的一个"地位牢靠的"主人。③ 这以后的执政官

---

① 恩格斯《反杜林论》，《马克思恩格斯全集》第 20 卷，人民出版社，1971 年，第 196 页。
② 颜一译《雅典政制》，《亚里士多德全集》第 10 卷，第 6、7、9、12 章。
③ 安德鲁斯《希腊僭主》，钟嵩译，商务印书馆，1997 年，第 113、117、121 页。

克勒斯泰尼（Cleisthenes）使雅典的政体具有更多的平民性质。克勒斯泰尼把雅典原来的四个部落分成十个，并以土著英雄的名字给它们命名。他还把邦土分为30个部分，100个村坊（δημοs），从此雅典的公民不再以部落名相称，而以居住区名相称。克勒斯泰尼还为维护多数人的利益，通过了著名的"陶片放逐法"，这条法律使公民大会可以把那些可能对平民政体造成威胁的人逐出雅典。① 伯里克利（Pericles）时代是雅典民主制最辉煌的时期。在他的治下，平民得到更多的利益。伯里克利使公职向一般公民开放，第三财产等级以上的公民可以进入议事会，平民可以进入陪审团，这些公职的人选由投票或抽签选出。他削减了战神山元老院的某些特权，把许多权利归于公民陪审团。他设立了议事会和陪审团出席费和出战薪水，使平民在从事公务时得到报偿，他并且设立了一些宏大的建设项目，使许多平民得到就业机会。更著名的是他设立了观剧津贴，这一措施使平民也有条件观赏戏剧，这极大地促进了希腊戏剧、文学和艺术的发展。②

    雅典代表的希腊民主制的发展，对希腊人的生活与交往关系的性质有深刻的影响。首先是，它造成了由"同类的"自由公民组成的城邦社会。自由公民，由于可以同等地参加公民大会和陪审团，以及一些其他公职，成为"同类的"人。这种同类的性质，可以从两个方面了解。首先是指那些有形

---

① 颜一译《雅典政制》，《亚里士多德全集》第10卷，第21、22章。
② 颜一译《雅典政制》，《亚里士多德全集》第10卷，第27章；普鲁塔克《希腊罗马名人传》（上），第470—474页。参见顾准《希腊城邦制度》，中国社会科学出版社，1982年，第165—174页。关于希腊戏剧在伯里克利时代的发展，我们了解，悲剧作家埃斯库罗斯（Aeschylus）、索福克勒斯（Sophocles）、欧里庇得斯（Euripidēs）和喜剧作家阿里斯托芬（Aristophon）的作品都诞生在那个时代。

的共同和共享的东西。共同的战事对每个公民都是分内的事，共同的政治生活规则是适用于每个自由公民的。除共同的政治、军事事务外，还有共同的邦火①，共同的祭祀和庆典活动。共同的宗教祭祀并不导源于民主制，而是产生于部落时期。但是民主制与共同的宗教祭礼显然有相互融合的倾向。与家火同样地有宗教意义的邦火，真正地具有了公共性，成为公共的圣火，为每个有公民资格的人共享。正如家火被视为家族的生命力一样，邦火也被视为城邦的生命力的象征。它被放置于城中心的城邦神殿之中，供本邦公民祭祀，并不准许不具备公民资格者以及外邦人接近。邦火和共同的祭祀庆典由此具有了高于各家的家火和家族祭礼的地位。亚里士多德《雅典政制》记载了当时的雅典政体分别由首席执政官、王和督战官主持的各项祭典活动，如庆颂游行、酒神节竞赛、十二月酒神节、火炬赛跑、向猎神阿尔特密斯的献祭等等。②特别重要的还有共餐制度。古希腊各城邦都保留着部落时期的共餐制作为共同军事活动或庆典活动的一部分。③ 在民主制下，这些制度对每一个公民都有了更重要的意义。古代希腊人相信城邦的命运与共餐制度的兴衰存废有关。因此，公民参加共餐更多地是一种义务。在雅典，公民们以抽签决定出

---

① Ἑστία κοινέ, public Hestia，邦火或公共圣火，是城邦共同体的象征。参见《政治学》1252b15—17，1253a3—5，以及吴寿彭注释；韦尔南《希腊思想的起源》，秦海鹰译，三联书店，1996 年，第 34 页。

② 《雅典政制》，《亚里士多德全集》第 10 卷，第 56—58 章。

③ 斯巴达的共餐制称为"菲第希亚"（φιδίτια），费用由公民缴纳，不缴纳者剥夺公民权；克里特的共餐制称为"安得赖亚"（ἀνδρία），意为"男子公共食堂"，费用取于公地租收入，所有男女和儿童均可参加；迦太基的共餐制称为"海太利昂"（ἑταιρίων），其动词原义为"做伙伴"。每一海太利昂既是公共食堂伙伴，又是一军事编组。见《政治学》1271a28—35，1272a14—20，1272b34，以及吴寿彭注释。

席共餐会的公民代表，法律严惩不肯遵行这种制度者。①

"同类的"人的另一方面的含义，是每个自由公民都具有的平等的政治地位。这也是梭伦为雅典订立法律时的主要的观念。据说梭伦当时的一句很受欢迎的话就是"平等不会产生战争"②。然而平等决不意味着每个人在一切方面都一样。贵族所说的平等是才德上的平等，富人所说的平等是财富上的平等，穷人所说的平等则是自由身份上的平等。前两者按照亚里士多德的看法都只能是某种比例的平等，而后者则是某种数量的平等。③ 他指出，在政体中自由身份、财产、德性、门第四因素中，平民首重自由身份。④ 雅典的民主制虽然中间经过几次反复，却是一步步朝向以自由身份为建制的第一要素、以其他因素为辅的方向发展，其观念是实现与维护多数人的治理。⑤

---

① 古朗士《希腊罗马古代社会研究》，第127页。
② 普鲁塔克《希腊罗马名人传》（上），第179页。
③ 《尼各马可伦理学》1158b30，1163a25—b1。
④ 《政治学》1271a11—12。自由身份即自由人的属己的人身身份，自由人是其人身属于自己的自然人，与奴隶相对。在古代希腊社会，公民都是自由人，然而自由人并不都是公民。在大多数城邦，农民与工匠都被排除于公民之外。如已说明的，在雅典，处于第四财产等级的自由人即工匠阶级的大部分是经过梭伦订立法律之后才成为公民的。自由身份是除奴隶之外的希腊人社会的最基本的政治身份。
⑤ 首先发生的变动是王权逐步被限制在宗教事务方面，与治理权分离。在雅典民主制时期，王作为年选的九名执政官之一，主要司管有关宗教秘典和同家庭有关的诉讼。这一步的变动主要是由贵族推动的。但是接下去的变动则使贵族家长的特权地位受到削弱：各个家族中的旁支逐步争到独立地分得祖产和分享家火的权利。在雅典，自梭伦法开始允许兄弟分产，虽然对长子仍然优待。从此，脱离长兄的兄弟开始有了独立的产业和家火：他们开始了自己的产业，也开始了自己的家庭宗教，成为自己的家庭宗教的牧师。与此同时，他们也争得了原先只是长子才可以继承的公民权。古代文献没有提供这一变动的制度与法律上的确切时期。据古朗士的研究，它大约是在公元前7世纪至4世纪缓慢地发生，渐渐遍于各个城邦。在此之后所发生的变动是城邦中的下层平民，即久居的外邦商人与工匠（例如在雅典）和逐步脱离主人而获得自由身份并独立谋生的奴隶，逐步地获得公民权。在各个城邦，平民阶级都是游离于家族制度和宗教之外的人群。帮助这一人群逐步获得公民权的主要是他们在工商业上的成功和在战争中的作用的提高：他们中间出现了富有的商人、工匠以及在战争中起重要作用的军士，这种情状使贵族已经不能再把他们全部排斥于公民权之外。参见《雅典政制》，《亚里士多德全集》第10卷，第57章；《希腊罗马古代社会研究》卷4，第4、5、7、8章。

这一发展过程的结果使越来越多的自由公民进入"轮流治理"的范围，——这当然同时意味着还没有获得公民地位的奴隶和其他平民被排除。城邦的各种公职都以投票或抽签选出，并都有明确的任期①，每任到期时就进行新一任的选举。这种轮流治理的安排使得治理者与被治理者定期互换位置。② 在这样的安排下，每个公民都不会以为治理与被治理是绝大的差异，"人与人的关系表现为一种相互可逆的形式"③。所以，我们听到亚里士多德说，一个好公民"必须修习这两方面的才识：懂得作为统治者怎样治理自由的人们，作为自由人怎样接受他人的治理"④。

我们将看到，"共同""平等"，尤其是"同类（相似）"，在亚里士多德关于友爱的讨论中有多么重要。"共同"既是共享，也是互享；平等的首要意义是同等的自由公民身份；同类是在最一般的意义上相似、近似，这是使双方会产生友爱的内在的原因。对希腊人来说，只有同类的人才能由友爱联系在一起。⑤

其次，韦尔南（J.-P. Vernant）向我们指出，城邦民主制度的发展造成了交往话语的权利。⑥ 这种话语"要求说话者像面对法官一样面对听众，然后由听众对论辩双方的论点作出选择，对双方的话语的说服力作出评估，确认一方对另一方

---

① 《雅典政制》：五百人议事会成员、执政官、王、督战官、立法官均任期一年，只有军事官职可多次连任。详见第43、55—62章。
② 顾准《希腊城邦制度》：第169页。现代史家计算，依第三财产等级（"双牛级"），并根据议事会成员不得连任的规定，雅典公民的三分之一在一生中有机会被选入议事会。
③ 韦尔南《希腊思想的起源》，第47页。
④ 《政治学》1277b12—15。
⑤ 韦尔南《希腊思想的起源》，第47页。
⑥ πειθω，意为说服力，希腊人把话语具有的说服力视为一种神力。

的胜利"①。希腊语"对辩"②的原义就是通过双方的语言来做裁定。这种一对一的论辩常常在公民大会上进行,论辩者的目的是说服公民大会同意他的主张,出席的人民大约总是安静地听双方的辩词。古朗士说,喜剧家们每每在舞台上表现公民大会上的人民,总是嘲讽地把他们表现得"张大嘴巴,坐在台阶上听演说","无论夸奖他们,责备他们,都一律静听。演说人无论说什么,皆能毕其辞"③。今天西方法庭论辩的实践很像是古代希腊公民大会上的论辩的一个现代缩影。在这里,每一方律师论辩者的目的都在于表现自己论据的合理性,说服安静地在一边聆听的陪审团做出有利己方的裁决;而规则是陪审团要听到好的论辩,并根据双方陈述的道理的说服力来判决。大概主要是由于这种做法,以语言来影响人的决定的能力一向被希腊人视为重要的能力。在希腊人的城邦生活中,平民领袖和善于在公民大会上演说的人是一回事,因为一个人只有靠演说有说服力,才能影响公民大会的决定。从这里我们便容易了解,何以在古希腊传授演说技巧和修辞学变得那样重要。但是话语权的增长不只是促进了论辩的技巧及其传授,它也促进了思想与哲学。由于交往话语的权利的增长,文字成为在文化上交往的真正载体。知识与学术都获得了突出的价值。思考的智慧通过语言展示出它的优美。这种活动的优点也被人们视为人的灵魂的最大优点。哲学活动在这一时期被人们崇尚,而这种活动常常是以人们彼此交

---

① 韦尔南《希腊思想的起源》,第 37—38 页。
② διά-λεκτος,字面意义为"借助语言",一般称为"辩证"。这里取"对辩"译法,是因为它以两个人的一对一的论辩为裁决的依据,而这种一对一的论辩恰与汉语中的"对"之意相合。
③ 古朗士《希腊罗马古代社会研究》,第 277 页。

谈论辩的方式进行的。柏拉图的对话是以苏格拉底与人谈话的形式写作的，这些对话很可能是以文字对真实的谈话的再创造。亚里士多德创立了话语和推理的真值逻辑的最一般的规则，使理论的知识有了判定的形式的标准。我们也必须从这里了解，梭伦将所制订的法律以文字书写出来①有多么重要。成文法律的重要性不仅在于它是共同的生活规则的准确无误的表达形式，而且在于它是以每个人都理解的话语来书写的，因此属于每个人都能掌握的知识。对照之下，古代制度下的法是从不诉诸文字的：它们属于宗教秘典，只由牧师掌握和传诵。

所有这些，都促进了城邦交往生活的公开性。首先，城邦成为公共的领域，每个自由公民都在其中占有一席之地。在空间上，这表现在城的中心有神殿，有城邦的神，也置放着邦火或公共圣火，这些是属于每一个公民的；有公共广场，这是可为每个公民自由地活动的空间，并且是许多公共活动举行的场所。在实际的活动上，这表现在每个公民要直接参与许多公共活动。如迪金森（G. L. Dickinson）所说，在一个希腊城邦中，例如在雅典，每个公民都可能轮流是一个士兵、一个官员、一个法官或一个陪审团成员；重要的是，这些职司都要由他本人直接去担任，例如作为官员参加政府的活动，作为法官或陪审团成员出席法庭的庭审，作为议员参加公共事务的讨论，而不是通过能代表他的人做这些事情。②民主制的政府要求众多的公民参与其工作。我们现在大概已

---

① 《雅典政制》第7章："这些法律被颁写在木板上，竖立在王室廊柱里，所有人都发誓恪守它们"。

② 迪金森《希腊的生活观》，彭基相译，商务印书馆，1931年，第78页。

经很难想象希腊生活中一个公民亲身参与这些事务的繁忙程度。按照古朗士的研究，这种负担应当是相当重的，以至于供公民个人处理私人生活事务的时间反而不甚充足。① 其次，城邦生活的最重要的活动——公职的选任，公务职责的履行，对特殊公民的放逐，甚至公共事务的账目，都被赋予了公开性。一切程序都是公开的。通过这些程序讨论的事务也对所有公民公开。公民的诉讼也成了全城邦的事务。不同的讼案由不同的法庭按公开的程序审理。民事讼案陪审法庭的组成也都依公开的程序进行。每个陪审团成员都了解诉讼双方，了解讼案发生的经过。他们所要做的主要是听取双方的理由与辩护，然后做出裁决。这与现代司法实践是十分不同的。②

城邦同时也意味着公民私人身世和私人交往的某种公开性。每个公民的身世在他成为公民时都大致为其他公民所知。任何两个公民间的交往也往往通过讼案或通过他们担任公职时的按程序的审查而为其他公民所知晓。③ 了解这一点，我们就不致惊异，何以许多我们今天视为隐私的事情，比如伯里克利痴情于阿丝帕西亚（Aspasia），在那个时代会自然而然地

---

① 古朗士对一个雅典公民的生活做了这样的描述：某天，他被区议会召集，讨论这个小团体的宗教或财政事务；另一天，他被部落议会召集，筹备宗教佳节及讨论其他事务；每月三次，他出席公民大会，他没有缺席的权利，而且每次投票都有关其生命财产，如投票错误，他自己不久将承受其结果。在公职方面，他每两年一次，充任审判官，这一年他要在法庭工作，听取两方面的陈述，施行法律；一生至少两次参加五百人议院，这一年间，他要从早到晚出席会议，接受官员陈述，回答外邦公使，研究送交公民大会的议事事项，等等；如果被抽签或投票选出，他还要出任城邦的官员，每天处理所承担的行政事务。《希腊罗马古代社会研究》，第 279 页）

② 按照现代司法实践的观念，陪审团最好是由与诉讼双方无关的人组成。

③ 参见《雅典政制》，《亚里士多德全集》第 10 卷，第 43—68 章。

为全城邦的人所知晓；以及，苏格拉底向青年们传授哲学的活动何以会被美勒多（Meletus）等人指控为引诱青年。这种情况当然只会发生在公民人数有限的城邦中。古代希腊的城邦的规模大都相当于我们今天的小城镇。亚里士多德就认为一个城邦的人口不宜超过十万人。① 由于各城邦总欲控制其人口的规模，控制公民的资格就成为极其重要的事。因为一个城邦必须有足够的工匠与农民为之生产。雅典的公民资格是严格控制的。伯里克利时代曾恢复一条旧法，规定只有父母皆为雅典公民的人才能成为公民，目的就是减少当时已经相对过多的公民人数而增加生产阶级的人数。这也使得每个家庭的血缘关系对其他公民都是一件清楚的事情。②

2. φιλία（友爱）在希腊生活中的意义

我们已经粗略地勾勒了希腊人的社会制度、家庭生活与奴隶制度、民主制与公共生活方面的一些主要特质，并且说明了语言与话语在他们的生活交往特别是公共生活交往中的作用。在这种生活交往中形成的人与人的关系上的特殊的德性，就是希腊人所说的"φιλία"即友爱。

(1) φιλία（友爱）的意义

希腊词 φιλία 指两个人之间的友爱关系，即把两个人相互

---

① 《尼各马可伦理学》1170b29。
② 《雅典政制》第42章记述，由公民双亲所生者18岁时在其居住区注册，由居住区成员审核他的年龄与出身，如审核表明他没有注册的正当权利，就把他卖为奴隶。顾准《希腊城邦制度》第171页：这条恢复的旧法引起许多诉讼，被揭发欺骗而被卖为奴者约有五千人。

地吸引到一起的那种关系。然而它在用法上非常广泛。说它的用法广泛，是说它（1）用于任何两个人之间，无论同性的还是异性的；（2）包括两个人之间任何接近关系，性爱，一般感情关系和亲密至交的关系，家庭内的亲密关系和家庭外的交往关系，城邦公民之间的治与被治的关系，契约的、商业的和非契约、非商业的关系，等等。所以罗斯说它表达"两个人之间的任何相互吸引"①。这种情形遂使 φιλία 的现代语转换向来成为一个问题。希腊文献的英译者多以 friendship 对译 φιλία，但如哈迪所说，friendship 不是一个意义充分的译名。② 罗斯译《尼各马可伦理学》，时常以 friendly feeling（友好的情感），affection（感情）补充其未达之意。韦尔登（E. C. Welldon）以 friendship 和 love（爱）译解 φιλία。所以严群先生依据这两层意义建议在汉语中以友爱译解 φιλία。③我们赞同这个提议，因为汉语里的确没有更好的词语来对译。但是，这一译法又存在缺欠。因为中文的友爱虽有友与爱两种意义，但此种爱是从友而来，主要言说家庭之外的朋友之间的友情。在引申意义上言说家庭情感关系时，也主要是指只有兄友弟恭的情感。我们一般不把友爱用在言说夫妻、父子（女）、母子（女）的感情关系上。同时，虽然我们也将友爱用于同性的和异性的友人，我们一般总是将它区别于性爱，而不把后者包含于其中。④

使 φιλία 的现代语转换发生这种困难的原因，简单地说在

---

① 罗斯《亚里士多德》，第 253 页。
② Hardie，*Aristotle's Ethical Theory*，Clarendon，1968，p. 315.
③ 严群《亚里士多德之伦理思想》，商务印书馆，1933 年，第 109 页。
④ 一个证据是，今天汉语中同性恋者以"同志"爱言说他们之间的爱恋关系，而不是以友爱。请参照各种"同志"文学作品。

于它的词源上的丰富含义。希腊语中许多名词的意义来源于动词。φιλία 来自动词 φιλέω，英语词典意义一般解为 to love（爱），to receive hospitably（友善接待），to entertain（款待），to court（求爱），to kiss（吻），to be fond of（喜爱），to be wont（倾向于），等等。但是我们需要理解，英语词典解释提供的主要是 φιλέω 的可理解的动作意义与倾向意义，这些动作与倾向的那些共同特性则难以提供，然而这些特性在 φιλέω 的词根 φιλ 意义上却非常重要。所以，如果仅仅从词典解释上理解 φιλέω 的意义，就可能忽略一些重要的信息。这些可能忽略的信息一般来说都与动作者或倾向者的某种性质状态有关。如果我们试着做一分析，其中至少包含以下几个主要之点：(1) 动作者或倾向者认识到对方的卓越或感受到对方的爱；(2) 动作者或倾向者有意愿并主动地表达对于对方的爱；(3) 动作者或意向者在为此而做事情；(4) 动作者或意向者是出于习惯而在这样做事情。词根 φιλ 通常作为前缀用于词头，表示爱-①，既可以用于对人，对各种生命物的喜爱，也可以用于对无生命物，对各种活动的喜爱。希腊人在说爱-时，必定是指所说的那个人是主动的，出于意愿的，在为所喜爱的事物做事情，并且这样做已经是他（她）的习惯。这些信息是重要的，因为它们与一些希腊人观念上的重要区分有关。首先，虽然人对某事物、某活动的喜爱都是主动的，人对人的喜爱却有主动与被动之分。希腊人在语言上始终注重此种区分。友爱的人是在意识到对方的卓越或感受到对方的主动的爱而主动地去爱对方的。其次，主动的喜爱又有出

---

① 例如 φιλ-απόδημος（爱旅行），φιλό-θεος（爱神），φιλό-ζωον（爱动物），φιλοσοφία（爱智慧）等等。

于意愿的和非出于意愿的：后者是偶然的，前者则是有主观动因的、本己的。在希腊人的观念中，偶然的行为与理论，特别是与伦理学的讨论没有太大关系。最后，希腊人说爱-，主要是指说为所爱者（事物、活动或人）所做的事情，而不是那种无行动的感情或旁观式的欣赏。比如说一个人爱马，那必定是在说他总是在为所爱的马做各种事情，而不是说他喜欢远远地观赏马。又如说一个人爱哲学，也必定是说他经常而不是偶然地与别人讨论哲学问题。这就如我们中国人说某人爱散步必定是说他经常在户外散步一样。①

简略地说，希腊人说的 φιλία 是指两个人的感情亲密地共同生活、相互间一贯出于意愿而主动地为对方做事情的关系。这种关系在观念上不是静止的，它是一种活动的、行动的关系。所以，当说某人是一个 filos（朋友）时，这句话就其本意来说目的并不在表明他的一种身份，而是为说明他是一个总是做朋友应当做的事情的人。

（2）φιλία（友爱）的古代社会形式

如果要深入地审视希腊人的 φιλία 概念，我们还需要注意到它的古典文明时期与在这之前的荷马史诗所描述的英雄时代的意义间的差异。尽管文明时代的 φιλία 概念直接来自英雄时代，这两个时代的生活与交往的特质已有较大的改变。

在英雄时代，人们还只是氏族部落以及后来的血缘家族的成员，他们奉氏族部落的神和家族的神，分享氏族部落的圣火以及各自的家火。在这种以血缘为纽带的生活关系中，

---

① 但是希腊人说的"爱-"必定是带着某种感情的，意指与所爱带着感情地共处，我们在汉语中说"爱-"则有时是说带着感情，如说某人"爱花"，有时则没有此意指，如说某人"爱吵架"。

只有在家族共同体与氏族部落共同体的成员之间才存在那种可以相互指望和依赖的牢固关系。因此，氏族部落成员和家族成员的关系自然地成为 φιλία 的最为重要的古代社会形式。氏族其实是比家族更为古老的大家庭，其成员都是某个远古的共同祖先的后代，有血缘上的亲缘关系。不过当直系血缘嫡传的家族制度形成后，氏族成员的亲缘关系就弱化了。部落是在氏族基础上形成的更大共同体。部落的各个氏族间有些已经不存在近源的血缘关系。但是氏族部落仍然是与外界的截然分别的界限。部落中的人是可以依赖于相互保护和相互帮助的，外人是不能依赖的，这是古代人的根深蒂固的观念。珀西瓦尔说，在每个外人都可能是潜在的敌人的时代，弄清楚什么人是可以依靠的这一点是非常重要的。①

从这里最为自然地发展起来的第二种古代的 φιλία（友爱）形式就是伙伴关系。随着这种关系产生了结伴的观念。在希腊社会，结伴常常是通过两个人的某种协议，例如相互宣誓忠诚开始的。这与我国传统的"结拜"大概没有多少差异。既然古代人只有在同家族和同氏族部落的人中间才能找到他相信是可靠的人，家族成员和部落成员常常是最为自然的伙伴。

古代的这两种基本的 φιλία（友爱）形式因此有两个主要的特点。首先，双方都把对方视为是属于自己的。部落中的人在古代都被看作自己人；结伴的双方每一方都把对方看作与自己是一个整体。珀西瓦尔说，部落中的人都把与自己有牢固关系的伙伴看作自己的占有物，就像自己身体的各个部

---

① Percival, *Aristotle on Friendship*, Cambridge University Press, 1940, "Introduction", p. xv.

分是属于自己的一样。所以英雄时代的部落成员总是把他能够指望其帮助的人称为"我的朋友",就像荷马笔下的奥德修斯(Odysseus)不仅仅称呼他的"亲爱的妻子",也谈到他的"亲爱的心""亲爱的双手"一样。[1] 其次,结伴通常都是为着某种实际的目的,例如航海旅行、探险等等,并且这目的是同属于双方的。在一个旅行是极其危险的活动的时代,一个伙伴在这方面的作用是不言而喻的。这一点最清楚地表达在荷马史诗中的名句"当两人结伴时——"[2] 之中,在整个希腊时代,这句话的含义是人所共知的。

还有一种形式的 φιλία 也需要在这里提到,它与上面谈到的两种也几乎同样古老,这就是主客之谊。它原本是指招待、照顾友好的外人的礼节与习俗。ξενία 在希腊语中的意思就是做东、招待、款待。大约古代的氏族部落社会也不免会与外界发生接触,因此也会与外人有些交往。如果我们理解珀西瓦尔所说的希腊英雄时代的社会面貌,我们就会明白古代人对外人的第一个需要就是辨别他是不是敌人。对于具有敌意的人,古代人会表现出同仇敌忾的态度。而对于表现出友好态度的外人,古代人大概也并不吝惜其友善的感情,并且在款待客人时还会豪爽地倾其所有。然而在公元前 8—前 5 世纪的希腊城邦社会,客人或外邦人已渐渐地长久地客居城邦之中。外邦人通常不为城邦的法律保护。为寻求保护,一些外

---

[1] Percival, *Aristotle on Friendship*, Cambridge University Press, 1940, "Introduction" p. xiv.

[2] σύν τε δύ' ἐρχόμενω (when twain together go),出自《伊利亚特》,《罗念生全集》第 5 卷,上海人民出版社,2007 年,第 224 页。原意是,当两个人一起做事时,能力与智谋就高过一个人,与汉语中"三个臭皮匠,顶个诸葛亮"意义相近。参阅罗念生对这一句及接下去的一句的翻译——"两个人一起行走,每个人都出主意,对事情会更有利"(同上书,第 242 页)。

邦人不得不寻求城邦公民的庇护，客居于一个公民主人家中，成为客人。客人奉主人家族的宗教和家火，他没有自己的宗教和家火。客人同主人的这种关系常常要通过一个双方都认识的中间人的介绍或信件来建立。它的一个可注意之处是它往往由后代人来继承：客人的后代仍然是主人家族的客人。[1] 在上面述说的两种古代形式的 φιλία 的特点上，主客关系表现得甚为复杂。就相互视为属己的而言，它可说既是主客关系的特点，又不是它的特点。一方面，对主人来说，这的确是真实的：他有对客人的治理权、司法权，甚至可以处死一个客人；对客人来说，这只在一种意义上真实：主人是他的主人。所以客人的地位几近于奴隶和中世纪的农奴。古朗士在说到客人与主人的世系之不同时，说客人的子孙只能上溯到一个客人或一个奴隶[2]，也说明这两者地位相近。另一方面，主人对客人有些义务，如在司法上保护客人，在钱物上帮助客人，教育客人的儿童。大概是因这层原因，亚里士多德说主客之谊也可以归于那类仿佛是基于某种契约的友爱，即同邦人、同族人、同船人那样的友爱。[3] 但是就其本性来说，说这种关系主要是一种片面所属的关系要更确当些。

第四种古老的 φιλία 是人们更为熟知的，这就是 ἔρως（性爱）。ἔρως 一词来源于小爱神厄洛斯的名字，指两个人之间引起性的迷恋与冲动的爱。希腊神话故事说厄洛斯随身带着性爱的箭，被这种箭射中的人就会产生爱情。这种性爱当然与

---

[1] 参见古朗士《希腊罗马古代社会研究》，第 218 页。我国历史上也有过"养客"制度，如战国时信陵君无忌以侯嬴为客。据记载当时信陵君、孟尝君、平原君门下门客甚众。所不同者，战国时期的门客一般没有后代继承的制度。

[2] 古朗士《希腊罗马古代社会研究》，第 192 页。

[3]《尼各马可伦理学》1161b15-17。

人类存在的历史一样久远，它具有自然的冲动的性质。但是这种自然的性爱，按古典时期的希腊人的看法，几乎是停止在那种动物性的活动上面。至少古典时代的哲学家们充分地发掘了这种意义，即那种停止于自然的性冲动与满足的性爱没有发展出人的高于动物界的审美感。哲学家们因之倾向于提升到灵魂来理解和阐释这种具有自然的神性的爱。

这些都可以说是 φιλία（友爱）的较为古老的形式。在这些形式的 φιλία 之中，按照珀西瓦尔的看法，实际上并不存在或者只在很小的程度上才存在哲学家柏拉图和亚里士多德所讨论的 φιλία 的那种纯粹情感和德性上的相互审美态度。[1]

(3) 希腊古典时期的 φιλία（友爱）

而在西方学者所说的古典时期，由于雅典民主制在发展进程中打破了部落的血缘纽带，由于雅典对周围城邦的影响，希腊生活交往中的个人与英雄时代的个人有了很大不同：他仍然生活在家族中，但是古老的大家族正在衰弱，兄弟的家庭正在变得与兄长的家庭同样重要。而且，在部落之上又出现了城邦。他已不再只是家族和氏族部落的成员，而且是城邦的公民。他拥有家火、氏族与部落的火，也同时分享着邦火或公共圣火。两种制度并存着，然而新的城邦制度正在变得更有力量。城邦取代了氏族部落原来的地位，成了每个公民同其他公民分享最重要的共同事务的共同体。就像部落过去对他是重要的一样，城邦现在对他也是重要的。支持着城邦制度的不是家族与氏族制度，而是家庭与公共政治制度。公民生活在这两种制度之中。他仍然是古老家族、氏族部落

---

[1] 参见 Percival, *Aristotle on Friendship*, Cambridge University Press, 1940, "Introduction", pp. xiv-xviii.

的一员,他又是他自己的已经独立了的家庭中的家长、主人和家庭宗教的牧师,而且更重要的,他还是城邦公共事务的参与者。例如,他要作为士兵参加战斗,作为陪审团成员倾听讼案然后做出判决,如此等等。而且,如果考虑到在奴隶制的支持下希腊男性公民不从事生产甚至不从事家务劳作这一点,我们还会进一步认识到,他在城邦公共生活的活动对于他会具有更突出的重要性。所以,他希望拥有体格健美的善,也向往在城邦的活动中表现那种完全是属于人的灵魂的善,向往使一个美的灵魂寄存在他的美的躯体里面,他也许还向往运用语言来表达和探讨这些他已经能在观念上加以区别的善的能力,即希腊人所说的那种说服力与辨别力。简言之,个人的对于善和德性的期望产生了。重要的是,他的城邦生活的确是与他的家庭生活紧密联系的。城邦的善对他和他的家庭来说同样是善,对于城邦是有德性的行为对于他和他的家庭也同样是有德性的行为。

但是,所有这些并不意味着他不再需要结伴和发展私人的交往。家族或氏族成员关系、伙伴关系以及主客关系这些古老的 $\varphi\iota\lambda\iota\alpha$ 形式仍然有力量,就如古老的制度一样。但是有些变化在发生。家族与氏族成员的关系在这个所谓古典时期及随后几个世纪逐步地弱化,演化成一般的亲戚与同族人的关系。与此相对照,直接亲缘关系的家庭的重要性提高了。主客关系在性质上没有什么变化,但是在兄弟家庭逐步获得与兄长家庭平等的地位的同时,越来越多的客人摆脱了主人的家族和家庭,成为没有家族宗教的平民。[1] 由于个人对于善

---

[1] 古朗士《希腊罗马古代社会研究》,卷4,第8章。

和德性的期望的生长，性爱的原始的自然形式开始受到舆论的鄙夷。以性交为目的的性爱被看作粗鄙的、妨碍人运用他的更高级的生命功能的。至少在雅典，对性爱促使人去爱美与善的事物、去爱智慧①的期望颇成时尚。这种期望在柏拉图的著作中得到特别清楚的表达。② 拉尔修以明确的语言表达了亚里士多德对性爱的目的的这种看法：

性爱的目的不只是性交，而且是爱智慧（哲学）。③

伙伴关系似乎在任何时代都存在。结伴的观念似乎在任何时代都是友爱关系中的一个古老的根深蒂固的因素，尽管促使人们结伴的动因不很相同。在城邦公民需要作为个人较多参与城邦公共生活的情况下，结伴就意味着两个人之间在家庭之外的更多的交往。在这种生活与交往中，珀西瓦尔说，与结伴的观念相伴随着，生长着一种相互尊敬和互怀感情的意识，它使私人的交往产生出更高的价值。④

而且，在这些古老的、在发生某些变化的 φιλία 的侧旁，还生长着一种新的公民之间的 φιλία。公民关系原是氏族部落成员关系演变而来的。在氏族及部落成员关系逐步地弱化为同族人、同邦人的关系的过程中，联系这种关系的纽带也随之成为经济的关系。这种关系最初完全是基于经济的交易的，它既发生于平民公民之间，也发生于贵族公民同平民公民之间。尔后，随着平民公民在城邦政治生活中的地位逐步提高，

---

① φιλο - σοφέω，去爱智慧，φιλο - σοφία（爱智慧，哲学）是其名词形式。
② 见第1章对柏拉图的友爱观点的讨论。
③ Diogenes Laertius, *Lives of Eminent Philosophers*, Vol. I, trans. R. D. Hicks, LCL 184, 1925, p. 47.
④ 参见 Percival, *Aristotle on Friendship*, Cambridge University Press, 1940, "Introduction", pp. xviii–xix；迪金森《希腊的生活观》，第3章，第1—5节。

这种关系才涉及城邦的政治。由于这种关系与已经变得古老的氏族部落成员的 φιλία 不同，它主要是靠由人们约定的规范制度的。所以亚里士多德把它当作与古老的 φιλία 不同的新形式的 φιλία 来讨论的。他说这种关系是法律的、契约的，就是说它已经具有与私人的、伦理的关系不同的性质。① 不过，他以及他同时代的其他人引入这种讨论的方式与古老的观念并没有根本的不同：任何共同体都需要它的 φιλία 作为维系的纽带，正如古老的氏族部落成员关系是那种共同体的联系纽带一样，公民的 φιλία 也是新的城邦共同体的联系纽带。与古老的制度与新制度此消彼长地并存的情形一样，古老的 φιλία 也与新的 φιλία 这样地并存着。这些古老的 φιλία 事实上不可能完全消逝，甚至在现代社会中也不可能。古老的 φιλία 与新的 φιλία 之间自然地存在不协调和冲突，这是我们可以在关于希腊历史的各种文献中看到的。与此同时，古老的 φιλία 与新的 φιλία，也像古老的制度与新的制度之间那样，也逐步生长出种种相互协调和平衡的方式。这种协调和平衡在人与人的关系的观念上所形成的东西就是希腊人所说的 justice（公正或正义）；在政体上，如我们知道的，就是希腊人所说的共和。②

（4）φιλία（友爱）与家庭关系

所以，古典时期的 φιλία 的新奇处，在于它不再只是两个人对相互指望和依赖的牢固关系的获求，而且发生了相互尊敬，相互地在德性上的欣赏，相互地按有德性的方式相处（做事情），以及相互地怀有对于对方的亲密感情。这些是古

---

① 对于亚里士多德的这一观点的进一步讨论见第5章第2节。
② πολιτεία，依亚里士多德解释，是少数贵族的寡头政体与多数人的平民政体的结合。参见《政治学》1293b30—36。

代社会所不知道的。古代社会区分好朋友和坏朋友，是说两个人相互间是否可靠；而古典时期希腊人所说的好朋友，则更加是指他们相互间是否有上述那些优点。一个民族是否区分好的友爱和坏的友爱，以及在这好的友爱的观念中是否发展出了审美的感受，这是极其不同的。这种差别在希腊人那里也必定经过了长时间的发展。

在这里，思考希腊人把家庭关系也放在 φιλία 的话题之内来谈论的原因是适宜的。这原因似乎不尽在于家族和家庭对于个人的重要。因为，在多数东方民族中间，家族和家庭历来就是重要的，但这并没有妨碍这些民族的人们把友爱与家庭关系的感情区分开来。西方工业化时代以来，家庭的重要性对于西方人相对地减弱了许多，但这也没有妨碍现代西方人把家庭关系看作是与友爱不同的。我们从这里找不到前进的线索。希腊人之所以把家庭的关系也视为 φιλία，可能与他们注意从两个人的共同生活与感情这两个特点上观察和思考 φιλία（友爱）的习惯有关。家庭中有最多的共同生活。夫妇间、父母子女间的共同生活在任何人的一生中都是最为重要的。希腊人大约从有家族制度的时代，就把家族与家庭看作是一种共同生活的共同体。一个男人与一个女人缔结婚姻，被看作他们缔结一种共同的生活的开始：妻子从进入丈夫的家庭时，就脱离了父亲的家庭共同体而进入一个新的家庭共同体。然而，当希腊人从一个人与另一个人的共同生活这点来观察 φιλία，家庭的共同生活与其他的共同生活，如朋友的共同生活与公民的商业交易和公共生活，就只是形式不同。希腊人之所以会从这个角度来观察，一方面是在于，不知道个人自由的古代社会使得希腊人还不能把个人同他所属的任何一种共同体区分开，因此他还未能区分出现代人所理解的隐私权；另一方面是在于，在他的那个时代共同体的公共生活已经发达，因而他的在家庭之外的个人交往与共同生活已经变得十分重要。在这种情形下，希腊人把两种共同生活作为他所属的东西而相互联系起来是十分自然的。

另一个原因可能在于，在家庭中含有希腊人理解的 φιλία 所包含的所有感情。大概尤其是这个原因，希腊人不但不将家庭的关系排除于 φιλία 之外，还要把它们当作所有关系的渊薮。① 每一家庭共同体中都存在三种基本的生活关系：夫与妇、父母与子女、兄与弟。这三种关系所包含的不同的爱希腊人分别名之为 ἔρως（性爱）、στέργειν（慈爱）、ἀδελφότης（兄弟爱）。ἔρως 指引起性欲之爱，存在于夫妇之间，或两个异性或同性的性爱者之间。ἔρως 在希腊人的生活中，除了自然的肉体关系外，还显现出与人的德性更为关切的精神的或灵魂的方面。στέργειν 的意义亦是爱，它的词根 στέρ 的本义是带屋顶的房子，所以它的词源意义是家庭中父母庇护子女的爱；在引申的意义上，指一个位尊者对一个位低者的关护的感情。ἀδελφότης 则相反，它的词面意义本身就是兄弟关系，兄弟的爱②；在引申的意义上，指两个地位平等的人之间的感情。所以，在希腊人看来，φιλία 的所有形式都可以在家庭之

---

① 希腊人的观念是，φιλία 如这个词自身所表明的，是爱的，含有感情的。所以在英语中，人们多以 love 来补充 friendship，或者直接以 love 翻译 φιλία，以示明这种意义。

② 这三个词在英语中都可译为 love，依泰勒（A. E. Taylor）的解释，love 有性爱、慈爱、热爱三义。这三种意义似乎与希腊人所说的 ἔρως、στέργειν、ἀδελφότης 意义相近。其中性爱最符合 ἔρως 的意义，慈爱的意义亦大致与 στέργειν 一致，只有热爱一义与兄弟爱有差别。在英语中，与兄弟爱意义相合的词是 brotherhood。参见泰勒《柏拉图——生平及其著作》，谢随知等译，山东人民出版社，1996 年，第 319—320 页。

中找到其原型。两个性爱者的关系恰如夫妇；君主与臣民的关系恰如父母与子女的关系，尤其是父亲与子女的关系；伙伴关系恰如兄弟的关系。更重要的是，φιλία 无论存在于家庭内还是家庭外，其含有的感情都是相同的。例如性爱，无论是婚姻的还是非婚姻的，其性质都相同。而且，当它的发生与婚姻没有直接的联系时，其自然的肉体关系与精神或灵魂的关系的区分还显得分明些。君主对臣民的爱，教士对普通人的爱，神对人的爱，都似乎同父母对子女的爱同类。兄弟爱与伙伴感情的性质相同可能更为明显：所有的伙伴都以兄弟相称，他们之间也的确最容易产生同感，区别只是在于兄弟有同出的亲缘关系。所以，从这两点来说，以希腊人的那种特殊的角度来观察 φιλία，把家庭关系视为它的基本的例证是很自然的。

(5) φιλία（友爱）与希腊时代的同性爱

理解古希腊人使用的 φιλία 一词，还需要理解其间的同性爱指涉。这种所指与希腊男子之间盛行的同性爱风习有关。希腊成年男子中盛行宠爱美少男之风。这种风习虽然在许多民族的历史的和现实的生活中都存在，例如中国过去时代平民中的粗俗的男子同性性行为和有权势的男子的宠爱面首，但是却远不像在希腊社会中那样普遍。在希腊时代，许多成年男子都有受他宠爱的少男朋友。爱恋着的成年男子称为爱者，受宠爱的少男称为被爱者。[①] 这种关系最初可能与成年男子训练与教育成

---

① 朱光潜先生以情人与爱人译解这两者，也是一合理方案。这里基本的困难，如谢随知先生指出，在于理解 filos 的困难。filos 的阳性形式指爱一个朋友的人，其与格阴性形式则指接收到爱的人。参见朱光潜译《柏拉图文艺对话集》（人民文学出版社，1959 年）中《会饮篇》《斐德罗篇》；谢随知等译泰勒《柏拉图——生平及其著作》第 101 页注 1。希腊语中较为明确的表达是以 ἐραστής 表示爱者，即成年男子，以 ἐρώμενος 表示被爱者，即被爱的少男或少女。

为新公民的青少年的制度安排有关。迪金森写道，在斯巴达，"每一个小孩子都跟着有年长的人，小孩子都受这些年长者的训练与教诲，他们对于小孩子行为的赏罚都负有责任"①。亚里士多德也在《雅典政制》中记载了青年人在成为公民时由成年公民对他们进行教育与训练的情况：新公民们要有一位风纪官教他们风纪礼仪，要有两个教师教他们军事本领。对这种制度安排的记载在希腊文献中随处可见。成年男子对少男的教育责任不仅仅是体格与身体技能的，首先是道德上的。例如在斯巴达，如果一个少年在战场上表现得怯懦甚至由于恐惧而叫喊，受罚的不是他本人而是他的成人朋友。② 这种制度的安排可能是成年男子与少男成为同性朋友的部分原因。

形成这种风习的另一个原因，据说是希腊人普遍认为爱恋少男较之爱恋少女更为高尚，因为爱少男使人精神上升，而爱少女则只是出于肉欲。③ 其实这种见识大概较多见于斯巴达，而且可能主要是见于上层人士中间。一般的斯巴达公民可能只是相信男子的同性的性活动可以使双方都强健男子的体魄，更具我们中国人所说的那种阳刚之气。例如对被爱者来说，这仿佛可以使他接收到爱者的阳刚品质。因为有这些见识，所以尽管同性性行为在斯巴达也和在许多其他城邦一样受诅咒和非难，它却成为男子间的相当普遍的行为。在雅典，与此相联系的一种识见是，男子的同性爱恋关系有利于少男向成年男子讨教和成年男子向少男传授。④ 这种识见大概

---

① 迪金森《希腊的生活观》，第192页。
② 同上。
③ 《柏拉图文艺对话集》，第226—227页。
④ 在古希腊语中，ἔρως（爱）与ρωτάω（询问）同源，后者源出于前者。

在雅典是比较普遍的，例如哲学家苏格拉底（Socrates）与青年亚尔西巴德（Alkibiades）是朋友①，例如亚里士多德认为这种关系应当帮助青年人少犯错误，帮助成年人行为高尚②，等等。在此种爱恋中，肉体的关系与灵魂的活动的分别被分辨得更为清楚。两个男子的肉体的性行为被看作是动物水准的，甚至是堕落的、卑贱的，而他们心智上的相互爱恋与沉迷则被看作是使他们的灵魂升华并促进他们的哲学思考的。对于成年男子，这将促使他的智慧得到尽致的发挥；对于少年，接受一种启智是他的心智的最大的善。所以在雅典，男子的同性爱恋与哲学教传活动有密切关系。③

然而希腊人的男性同性恋风习的更显著的原因似乎是军事的。在斯巴达和多里斯，"以最粗野的方式进行的同性性行为"受上层社会的鼓励，被认为有利于激励男子的勇敢精神和支持军事骑士制度。在雅典，这些行为虽然在法律上被看作耻辱，却被上层社会当作对斯巴达尚武精神的模仿而受到培育。④ 荷马史诗中记述了为同性"爱者"帕特罗克洛斯（Patroclus）献身战场的英雄阿喀琉斯（Achilles）被其母忒提斯（Thetis）拯救在琉卡斯岛（福人岛）再生的故事，是希腊人崇尚此种风习的例证。⑤ 此外，在某些城邦，人们是因其他的原因而鼓励男子的同性性行为。例如亚里士多德在《政治学》中记述，厄里特人鼓励男女分房居住，并放纵男子间

① 《会饮篇》，《柏拉图文艺对话集》。
② 《尼各马可伦理学》1155a13-14。
③ 参见 Percival, *Aristotle on Friendship*, Cambridge University Press, 1940, "Introduction", pp. xxiv-xxv. 关于少年与成年男子间的这种问询与咨询的关系，参见第 10 章第 2 节中进一步的讨论。
④ 泰勒《柏拉图——生平及其著作》，第 304-306 页。
⑤ 故事见于《伊利亚特》。参见《柏拉图文艺对话集》，第 223-224 页。

的同性性行为,是为了少生育子女以便节省粮食。①

流行的男子同性爱不仅影响到希腊人的道德风气,而且影响到他们的法律生活。以法律来说,根据普鲁塔克的记载,梭伦法中有公民方可以有宠爱的少男,奴隶则不准许有的条文,这表明希腊的上层社会把这种行为视为特权。男子同性爱的流行还广泛地影响到希腊人的精神生活、艺术与文学。希腊成年男子对少男的审美的宠爱和少男对成年男子的崇拜到处见于希腊的文学与艺术作品之中。此种风习影响到希腊人的审美态度、哲学观念与思想,更是人们所熟悉的。这种风习所融汇于其中的希腊人文环境构成了亚里士多德和他的老师柏拉图讨论友爱问题的重要背景。

---

① 《政治学》1272a22—23。

第 1 章

希腊友爱观的哲学解读（一）：柏拉图

亚里士多德并不是唯一讨论友爱的人。友爱事实上是希腊社会的一个流行话题。在亚里士多德之前，荷马史诗中已经有许多对英雄的友爱故事的记述与歌颂，赫西阿德（Hesiod）、赫拉克利特（Heracleitus）、恩培多克勒（Empedocles）、欧里庇得斯在他们的著作中，都对友爱问题有所论说。希腊神话传说中也充满了诸神之间、神与人之间的各种神奇的友爱的故事。古典时期的希腊戏剧更是希腊人的各种友爱故事的集萃。在希腊的戏剧舞台上，这些著作家的名句不断在演员们口中咏颂，令许多希腊人耳熟能详。更重要的当然是柏拉图。他不仅在许多对话中谈到了友爱，而且在《李思篇》、《会饮篇》和《斐德罗篇》三篇对话中非常深入地讨论了友爱中的各种问题。这些讨论，正如周伊特（B. Jowett，一译乔威特）和普赖斯所说，是亚里士多德讨论友爱问题的直接背景。①

1.《李思篇》：爱的质疑

希腊的友爱的观念的根本在爱。作为爱，它的质就在于感情而不是理性。在慈爱、兄弟爱、性爱三义中，希腊的友爱观念最早更多地是与性爱，尤其是成年男子对美少男的性爱相联系的。这可以从柏拉图的讨论中得到见证。柏拉图谈论的友爱主要地就是性爱之爱。这一点是可以理解的。因为友爱自然地就是年轻人与中年人的一个生活主题，而在这些人中间性爱之爱显得是最突出的话题。

在柏拉图早期的《李思篇》(*Lysis*)中，"苏格拉底"与两个少男，被一成年男子追求的李思和他的同龄朋友美尼克奴(Menexenus)，探讨一个问题：那种被称作友爱的两个人之间的吸引究竟是什么？或者，什么使得一个人把另一个人视为他的朋友？这个问题在希腊人的生活语言中表现为下面

---

① Jowett, "*Introduction*" of *Lysis*, in *The Dialogues of Plato*, trans. B. Jowett, Vol. 1. 普赖斯在他的专著(*Love and Friendship in Plato and Aristotle*, Oxford, 1989)中详细地研究了柏拉图和亚里士多德各自对友爱与爱的观点及其联系。然而他认为，在友爱的问题上，亚里士多德的讨论没有表现出明显的同《会饮篇》和《斐德罗篇》的联系，而主要是以《李思篇》的观点为参照的。他写道：

亚里士多德把《李思篇》作为他的出发点，他对柏拉图的其他对话从未熟悉到如此细致（然而是未指明的）的程度；他不仅接受了一些细节，而且接受了他确定其结论的一般前提。（第1页）

《李思篇》无疑是亚里士多德讨论友爱的最重要的参照。《尼各马可伦理学》第8、9卷关于善的友爱的观点在很多方面可以看作是以《李思篇》为背景的。但是亚里士多德的讨论也同样是以《会饮篇》和《斐德罗篇》为观念上的背景的。例如他把爱作为友爱中感情处于过渡状态的例证来讨论显然是针对柏拉图的这两篇对话的。参见第3章的有关讨论。

的形式：当一个人爱而另一个人被他爱时，我们应当根据爱者的爱说爱者是一个朋友，还是根据被爱者的被爱说被爱者是一个朋友？还是说两个人都是朋友？"苏格拉底"（柏拉图）排除了爱者是一个朋友的意见，因为当甲爱乙而乙恨甲的爱（这种情形的确存在）时，这导致悖论：一个人不可能是他的"敌人"的朋友。但是他接下来的推理又表明，在这种情形下，说被爱者是朋友，爱者不是，也同样说不通。因为，说一个"敌人"又同时是一个朋友，同样也是悖论。显然，由于这种情形，说爱者与被爱者都是朋友也是不能成立的。所以爱与被爱都不是友爱的原因。[①]

讨论随后转到同类或异类是不是造成这种吸引的原因的问题。但这一推理同样没有引出肯定的结论。因为，坏的存在物之间——这看起来是一种"同类"的关系——不会有友爱，比如坏人即使被强拉到一起也会相互伤害。而如果两个好存在物是朋友，他（它）们一定不是因他们的"相似"（同类），而是因他们的德性，而成为朋友。因为显然，一个事物不能给予他（它）同类的事物增加任何东西，他（它）们中的每一个人都不会成为另一个的朋友。而如果是因他们的德

---

① *Lysis* 211-212, trans. B. Jowett, *The Dialogues of Plato*, Vol. 1, Oxford, 1871; trans. H. Cary, *The Works of Plato*, Vol. 1, Bohn's Classical Library, 1848. 柏拉图在此处的推理是基于爱与朋友的下述区分的。爱不能同时是恨，被爱不能同时是被恨，但是一种爱完全可能被恨。然而朋友的情形与爱不同：朋友只能是朋友的朋友，而不可能是一个敌人的朋友。因为尽管爱未必造成一个朋友，恨却必定造成一个敌人。而就本性来说，一个朋友不可能被他是其朋友的那个人恨。所以，如果一个人被另一个人恨，他就不可能是那个人的朋友，尽管他可能的确爱那个人。这种对事物自身的纯粹本质的探究是苏格拉底—柏拉图哲学的基本特点。然而，这并不表明柏拉图把爱从友爱的概念中屏除了。如我们在下文中将分析的，爱是柏拉图的友爱概念的基本内涵。在《李思篇》中的这步推理所表明的只是：一个为被爱者所恨的人不可能是被爱者的朋友。

性，那么由于他们都有德性，他们就是在品性上自足的，因为德性在本性上就是自足的。所以他们不可能在德性上互补。因为如果他们能如此互补，他们自身就必定不"自足"。依此推理，则好人与好人之间不可能有友爱。反过来，如果说是相异导致吸引，这又无异于说一个人最为那个恨他的人所吸引，或者一个人是他的敌人的朋友，这也由上面的理由所否定。所以好人同坏人也不能成为朋友。①

不过，这第二步的推理却引出一个有些积极的结论：只有不好不坏的人②可以是好人的朋友。不好不坏的人与好人、坏人都不是同类，并且他不是自足的，可以得到或增添些东西。不好不坏的人之所以会成为好人的朋友，是因为他的身上有恶，他欲求这恶的去除，即获得善，所以他要亲近好人，做好人的朋友。这一步的推理可以用一个公式来简化地表达：

不好不坏的人甲，因为有恶，为得到善，对好人乙友好。③

---

① *Lysis* 214-218. 柏拉图的这一步推理包含一个强前提和一个弱前提：强前提是，同类不可能彼此增益；弱前提是，好人因其自足不可能彼此增益。

② 柏拉图把事物与人分为三类：好的、坏的、不好不坏的，就人而言，这是根据人的德性状态而对于人的基本的区分。我们可以大概地理解为，好人是具有德性的，坏人是具有恶性的，不好不坏的人是既不具有德性也不具有恶性的，然而又在偶性上有某种恶，如同布匹被染上颜色一样，在逻辑上是处于好人和坏人之间的另类。这里的观念是，德性与恶都是由于习惯而发展了的品性。所以不好不坏的人在柏拉图的概念上并不是人们通常设想的，是由于本性上兼有善恶而处于好人和坏人之间的。不过，柏拉图时常把一般人置于不好不坏的存在物的范畴：好的、完美的存在物是神，人则在本性上是不好不坏的，既可能成为好的，又可能成为坏的；这很类似于中国哲学史上的人性"非善非恶"说。柏拉图对人的这种判定是与他关于智（或知）与爱智的观点相联系的。这一点我们在下文（本节的最后部分）还要谈到。亚里士多德在人的德性状态的分类上与柏拉图持相同的观点。不过他将好人推离准神的理念的地位而置于可经验的人的范畴，尽管他做得并不十分彻底。参见第2章第4节的讨论。

③ *Lysis* 216.

以医疗来类比。一个人（不好不坏）如果需要找医生（好人），必定是因为他身体有病（恶），他欲望这病的去除，即得到医治（善），所以才对医生友好。推理到了这一步，"苏格拉底"已经带着某种胜利的口吻在说话，两个青年业已对他的推理无比折服，对话似乎要临近结束。① 但是此时，一种深刻的怀疑突然又一次抓住了他：如果一个人是因有恶而欲得到一种善，那么那种善岂不是去除恶的手段？更进一步的怀疑是，友爱是否有一个终极的目的？如果友爱所欲获得的善都只是一个手段，那么友爱就或者是没有终极的目的的，或者是这个目的只是为友爱本身所具有，而友爱本身的性质是同现实的友爱相反的。现实的友爱的性质与友爱本身的相反在"苏格拉底"看来并不妨碍前者把后者作为型式②来追随，不过在《李思篇》中"苏格拉底"的旨趣是追究友爱的原因，因此他的这一步质疑的直接目的并不在于说明现实的友爱都追随着友爱型式，而是表明恶不是友爱的原因。"苏格拉底"认为不可以把恶视作友爱的原因，是因为如果恶是友爱的原因，那么一旦恶被去除，友爱就不复存在了。而且，恶并不是人（不好不坏的人）的本性的东西，而是像染色一样被风气和环境熏染而成的，所以是能够被去除的。假如友爱的原因在于恶，那么岂不是说友爱没有在人自身中的原因？而如果友爱没有在人自身的原因，它又如何在人身上有那样大的力量？这一步的质疑的结果是使"苏格拉底"转而认为，

---

① *Lysis* 216–218.
② ἰδέα，柏拉图的重要术语，通常的汉译名有"理念""相""理型""型"等。我在此译作"型式"，以便与柏拉图使用的另一个重要术语 ἴδος（我译作"形式"）联系起来，因为这两个名词最终源于同一个动词。

友爱的原因不是恶而是欲：人必定是因欲才爱的，而且欲是人本性的东西，不是外加的东西。欲不可以说是由恶产生的，比如正常的饥与渴的感觉并不使人反感；而且，即使人没有了恶，也会有欲。和欲相联系的毋宁说是中性的需要状态。然而人所需要的也就是他所缺乏的东西，人所缺乏的东西又是在本性上属于他的（congenial）即属于他的型式的东西。那么，"苏格拉底"继续发问，我们应当说，对任何一个人，在本性上属于他的都只是一种善的而不是恶的事物呢？还是应当说，属于好人的是善的事物，属于坏人的是坏的事物，属于不好不坏的人的是不好不坏的事物？推理走到这一步，显然再次陷入了前面排除过的悖论：好的事物只能是好的事物的朋友，坏的事物只能是坏的事物的朋友。因为，如果善是在本性上属于人的，它所属的就只能是好人；恶的情形也是一样。如此看来，友爱的原因也似乎不能说就是欲与中性的缺乏。[1] 这篇关于友爱的原因的对话最终没有得出任何肯定性的结论。

2.《会饮篇》：爱美善与不朽之欲

《李思篇》中最后受到质疑的那个论题，即友爱中那个爱的原因在于欲和中性的（而不是作为恶的）缺乏，却在《会饮篇》[2] 中得到肯定。首先，属于一个人的本性的东西究竟是

---

[1] *Lysis* 221-222.

[2] *Symposium*, trans. B. Jowett, *The Dialogues of Plato*, Vol. 1, Oxford University Press, 1871; *The Banquet*, trans. by G. Burges, *The Works of Plato*, Vol. 3, Bohn's Classical Library, 1850. 中译文见朱光潜译《会饮篇》，《柏拉图文艺对话集》，第 195-292 页。

一种善，还是对有些人是善，对有些人是恶的问题，在《会饮篇》中得到了明确的回答：这必定对任何人都是一种善，"人只爱好的东西"①，因为爱，即 ἔρως，本性上就是对美的与善的事物的爱。其次，关于人追求本性上属于他的善是否会达到一个极点，从而不能再有任何的获益的质疑，在《会饮篇》中以下属的方式被排除：爱在本性上是永远缺乏的，因而永远也达不到神那样的完全的自足，所以就人是作为人而不是神才会爱而言，人也永远贫乏因而永远可以有获益。所以，在这两种基本的联系上，《会饮篇》可以说是《李思篇》朝向肯定方向的继续。

柏拉图在《会饮篇》中对出于匮乏的对美善的爱采取这种肯定性论说方式，部分缘于，《会饮篇》中"苏格拉底"的演说是一篇对小爱神 Ἔρως 的颂词。《会饮篇》是一篇非常独特的对话。参与对话的其他人物，都是带着前一天共餐宴会的未醒的醉意来致给小爱神 Ἔρως 的颂词的，他们认为这是赞颂小爱神 Ἔρως 的适当的时机。在古希腊神话中，小爱神 Ἔρως、爱神阿芙洛狄忒（Aphrodite）都是与酒神接近的神。但是"苏格拉底"致颂词却没有带着醉意，因他在宴会上是一个"既能饮，也能不饮"的人。所以"苏格拉底"的致辞是头脑清醒的。《会饮篇》中"苏格拉底"的颂词的主要内容是转述一个来自曼第尼亚的女人"第俄提玛"（Diotima）给予他的关于爱的指教。这番指教中的一个微妙之处是，第俄提玛对"苏格拉底"关于小爱神 Ἔρως 的观念上的一个基本错误的指点。第俄提玛说，"苏格拉底"的"错误"是把小爱神

---

① 《会饮篇》，《柏拉图文艺对话集》，第205页。

Ἔρως看作了被爱者，所以他就认为 Ἔρως 本身是美的。她说，应当把 Ἔρως 看作是爱者：凡爱者都是爱美而自身并不美的。Ἔρως 是一种自身并不美、并不善的对美与善的欲望，他产生于贫乏（缺乏），但不是生于恶。产生于恶的东西，如上文已经说明的，是偶性的，而不是本性的东西；但是不美不善则是一种本性的状态。这一启示是全篇对话的点睛之笔。为什么 Ἔρως 本性上会既不美也不善？第俄提玛说，这是因为，他是富有神波洛斯（Poros）与贫乏神珀涅亚（Penia）的儿子，并且是在爱神阿芙洛狄忒的生日那天在天国中孕生，所以他生就一方面像她的母亲那样贫乏，一方面像他的父亲那样永远追求美与善。作为神，如在下面将提到的《斐德罗篇》中"苏格拉底"所说，Ἔρως 所爱的是美与善的东西，而不是丑与恶的东西。在《会饮篇》中，"苏格拉底"借第俄提玛的话说，Ἔρως 是介于神与人之间的精灵，既是神又是人，也既别于神又别于人。作为神，他只爱好的事物而不爱坏的事物。同时，他又离人不远，像人一样，他在本性上是中性的，既不善也不美，他永远贫乏，又永远在追求美与善。就他永远追求美与善而言，他是神；就他自身既不善又不美并且始终贫乏而言，他又是人。总之，Ἔρως 就是我们身上的人—神，是我们与神之间的精灵。他在我们身上存在，是为着充当我们和神之间的翻译者，把神的意旨传达给我们，把宇宙中的缺空填起；同时也为诱引我们永远去追求美与善的事物，去补足我们的永远不能达到完全自足的贫乏。[①]

然而，"苏格拉底"继续借第俄提玛的话说，Ἔρως 追求美

[①]《会饮篇》，《柏拉图文艺对话集》，第 202—205 页。

与善的事物，欲长久地使美与善的事物属于自己，并不是把它们当作目的，Ἔρως 是一种"想把好的东西都永远归于自己"的欲望，他的目的是"凭借美来孕育生殖"，留下一个与他相似的新个体，使生命延续。生命之所以要凭借美来孕育生殖，是因为

> 生育是一件神圣的事物，它不能在不和谐的事物中实现：凡是丑的事物都是与神圣的事物不和谐的，凡是美的事物都是与神圣的事物相和谐的。①

这是有死者追求其生命不朽的方式：凡是有死的存在都以这种方式求得其生命的延续。② 然而，虽然人也像所有其他有死的存在那样，追求自己的生命的延续，由于人具有心灵，人对于生命的不朽的追求仍然与其他的有死者显现出区别。而且，在人之中，只在肉体上成熟的人和不仅在肉体上而且在心灵上成熟的人的情形也非常不同。只在肉体上成熟的人唯有肉体的生殖力；在肉体与心灵上都成熟的人"近于神明"，不仅有肉体的生殖力，而且"在心灵方面富于生殖力"。所以，前者追寻美的对象只求生育子女；后者虽然也像后者一样，要找一个美丽女性来"寄托生殖的种子"，他更注重"身心调和的整体"。他会四处寻找这样一个美的对象，对着这样一个对象，他的思想会源源涌出，他会倾身心地爱，并且用思想去教育他所爱的人。在这种心灵和肉体的交往中，他会"把孕育许久的东西种下种子"，这种子比寻常的肉体子女更美、更长寿，他们既自身不朽，又为他们的父母留下不朽的

---

① 《会饮篇》，《柏拉图文艺对话集》，第 206 页。
② 《会饮篇》，《柏拉图文艺对话集》，第 207-208 页。

荣名。①

　　要从心灵上达到这种爱的境界，"苏格拉底"仍然借第俄提玛的话说，并不是轻松的事情。一个人须从幼年时就与美的事物交往，在心灵中种下爱美的事物的种子。并且，他还要被正确地指导，循序渐进地前进。首先，他要在青年时期只爱某一美的形体，并且要由此激发出美的思想；继而，他要学会了解一个形体的美与其他形体的美是贯通的，并学会爱所有的美的形体；作为第三步，他要学会把心灵的美看得比形体的美更可贵，这样，即便他碰到一个形体上不甚美的美好的心灵，也会去爱慕它；在这些学习之后，他就会逐步地看到制度与法律这些人类的实践形式的美，以及循着这个方向，看到知识的美，并且体会到所有这些美的事物都是同性质的。在这个演进的每一步中，他的眼界被扩展到更宽广的领域，那些具体的形体的美都逐步变得微渺。这时，如果他能够观照，他就会突然看到那永恒的，"不生不灭、不减不增"的美，那美自身，美的理念，也就会领悟这个美的理念就是一切美的事物的源泉。与它相比，财富、华服、美少男都微不足道。至这时，一个人才能通过可由视觉见到的东西窥见美本身，他所产生的才不是幻相而是真实的实在。这个真实的实在也就是美与善的理念或型式。②

---

　　① 《会饮篇》，《柏拉图文艺对话集》，第 202、205—210 页。
　　② 《会饮篇》，《柏拉图文艺对话集》，第 211—212 页。柏拉图对财富、华服、美少男等低等价值的评论，可以看作是他对希腊男子宠爱少男风习的批评。记住这一点是重要的。我们从亚里士多德对柏拉图的理想城邦主张妻子共有公育的一条批评，即它可以导致父子之间的违背人情的同性肉欲行为（《政治学》1262a37—39），可见他与柏拉图此种态度间的联系。

3.《斐德罗篇》：爱的迷狂

《斐德罗篇》[①] 是柏拉图的另一篇有关友爱或爱的重要对话。就其爱论的主要旨趣来说，它是《会饮篇》的继续：《会饮篇》说，爱者的爱作为友爱的可能原因，假如它升华为对美善的型式的爱并造成爱者与被爱者的友爱，但它最初是一种自身不美不善然而爱美善的欲；《斐德罗篇》则进一步地说爱还是欲的迷狂，并且这种迷狂是自然的宝贵馈赠。[②] 在对话的前一部分中，"苏格拉底"先以一种修辞学文章作者的口吻，阐述爱者的爱对于被爱者的危害的一面。[③] 爱，他说，是一种失掉了理智、压倒了追求公正的意见倾向的沉溺于美尤

[①] Phaedrus, trans. B. Jowett, The Dialogues of Plato, Vol. 1, Oxford University. Press, 1871; Phaedrus, trans. H. Cary, in The Works of Plato, Vol. 1, Bohn's Classical Library, 1848; 中译文参见朱光潜译《斐德罗篇》,《柏拉图文艺对话集》,第90—177页。

[②] 对于《斐德罗篇》同《会饮篇》的关系的上述理解，我获益于与姚介厚教授的多次讨论。姚教授对柏拉图对话的文体与论旨上的联系有专深的研究。

[③] 这篇对话形式奇特、论域广阔且含义复杂。周伊特曾经评论道，"无人能够穷尽其中的那些语词的含义，包括柏拉图自己"(The Dialogues of Plato, Vol. 1, p.414)。对话的故事背景是："苏格拉底"碰到年轻的友人斐德罗，由于斐德罗刚刚听完修辞学家李西阿斯 (Lysias) 的一篇关于爱的演说，并正想寻个地方细细品味，"苏格拉底"出于想听好文章的嗜好坚持让斐德罗将李西阿斯的讲演念给他听。斐德罗念过之后，则坚持让苏格拉底不仅在技巧上批评，而且另做一篇同样题目与主旨的演说。于是"苏格拉底"不得不以同样题目做一篇修辞学的演说。通篇对话涉及对修辞学的一种基本的判断：修辞学是旨在影响人心而不是提供真意见的，并且接下来探询：怎样可以做出好的修辞学文章？对话的前半部分包括两篇文章：一篇是修辞学家李西阿斯的，主旨是说，被爱者当接受无爱的爱者而不是有爱的爱者；另一篇是"苏格拉底"的，主旨与李西阿斯的相同。"苏格拉底"试图说明，用正确的方法就同样主题可以做出更好的修辞学文章。但是在这样做文章时，他所说的却不是自己的话，而是"爱者"李西阿斯想说而由于没有正确的方法而无法说出的话。

其是形体美的快感的欲望。爱者的爱不是出于善意，而是有如狼对羔羊的爱。他的爱是一种想长期独占被爱者的欲望或嗜好，他的全部的爱都是为着独占被爱者，以便被爱者永远与他相伴，独享与被爱者相处的快乐。因此，他不让被爱者接近其亲友，因为那些亲友会分去被爱者的感情。他也不让被爱者接近能提升其人格的人，接近哲学，因为他害怕被爱者的人格提高自己就将遭到遗弃。他还希望被爱者在身体上柔弱，甚至希望他财产损失殆尽，因为这样才容易驾驭他。如果爱者尽管有害却还能给被爱者以快乐也就罢了，但他还不仅有害，且令人生厌：他会出于欲念，无休止地纠缠被爱者，令被爱者身心疲惫且厌嫌。更有甚者，当他的爱消失时他还会背信弃义：从前感情痴狂，信誓旦旦，当感情失去而理智恢复时，却像蚌壳似的，翻了个身，做负心的人。所以，被爱者应当选择无爱的爱者，而不是选择有爱的爱者。①

在做了这篇文章之后，"苏格拉底"有"求荣于人而得罪于神"的罪感。因为这等于把爱，即 ἔρως，说成是坏的，这无疑是谩神，即对 Ἔρως 不敬。所以"苏格拉底"接下来又做了一篇演说，主题恰与前一篇的相反：被爱者是应当优先选择有爱的爱者，以便用后一篇文章"赎"前一篇的罪。"苏格拉底"说，尽管 ἔρως 不仅是一种不美不善的欲，而且是欲的迷狂，但是不能因此说它是坏的、恶的。因为迷狂并不绝对是坏的。ἔρως 是自然赋予人的一种迷狂，自然把它赋予人是要赐人以最大幸福。这种迷狂就是我们的灵魂在见到世间的美事物时的迷恋和震颤。人的灵魂就好像是一架有一个驭手

---

① *Phaedrus* 238—241.

驾驭有两匹羽翼丰满的飞马的马车，两匹马之中，有一匹听从驭手的话，另一匹则不是很听话。神的灵魂马车与人的不同，都由听从驭手的良马拉动。所以神每每巡游天国都能向上飞升。人的灵魂在其最初也是随着诸神一道巡游天国的，所以原本都见到过天国的美与善之本体。但人的灵魂马车由于有一匹不听话的劣马，所以既可能受劣马之累在巡游中为下界的美事物吸引而忘却美善的本体，损坏羽翼向下沉降；又可能被这美事物激起对上界的美善的本体的回忆，使羽翼滋生而向上飞升。① 当一个人见到世间的美的形体而发生爱时，他的灵魂中的劣马只是看到这具体的美而不会回想到什么，它总是不顾一切地向前冲以满足欲望。然而驭手此时却会猛然激起对他在上界所看到过的美的型式②的回忆，对这美的形体的视觉使他迷狂，那匹良马也与他一样，并紧紧地跟随他。那个美的型式使他崇敬，他感到"震颤""发热"，他的灵魂的"羽翼"也因之"滋润"发生。劣马此时虽顽强地向前冲，然而主人和听从主人的良马遏止了它。起初，主人和良马只是由于知羞耻而要遏止那劣马，但是由于那劣马闹个不休，它们又不得不顺从它。当它们面对那个美形体时，驭手和良马回想到美是与节制在一起的，于是猛然肃然起敬，向后退却。然而劣马却不肯善罢甘休，驭手与良马又不得不应允下次满足其欲望，以求暂时地止息。但当这种"震颤"再次被激起时，它们又装作忘记，以免那劣马又起性；但那

---

① *Phaedrus* 246—252.
② 此处柏拉图使用的是 εἶδος，形式，中性名词，来源于动词 εἴδω（观看、显现）的名词，但他所指仍然是 ἰδέα，型式，来源于相同动词的阴性名词，在汉语中通常被译为"理念"。

劣马却记得那应允，拼命地向前冲，于是驭手与良马又顽强地制止它，使它遍体受伤。至这时，劣马才被驯服而丢掉了野性，"爱者的灵魂才带着崇敬与畏惧去追随被爱者"。这样，被爱者也渐渐地变得爱那个爱者了。这爱是爱者的爱的"返照"。它不似爱者的爱那样强烈，但也是一种莫名的依恋，但同时也是一种主动的爱。爱者把他的爱称为 ἔρως，被爱者则把它，也把自己对爱者的爱，叫作 φιλία。①

4. 爱美善与爱智

在上面的分析中，柏拉图对希腊人的友爱或爱的观念是这样诠释的：它是一种欲，自身既不美又不善，然而它在本性上亲近美善，其自然的目的是借助对美的形体的占有求得自己生命的延续与不朽，这种爱欲表现为被面前的美的事物激起的迷狂，这迷狂半是源于我们灵魂对美善的型式的记忆，半是源于最后被驯服了的对美的事物的原欲，当它所包含的原欲最终被驯服时，它将得到被爱者的爱的回报，在这个阶段它才成为爱的双方之间的友爱。

但是这当然不是柏拉图的诠释的全部。这一诠释还涉及希腊文化中关于灵魂与智的关系的秘教这个最重要的方面，对这个方面如果不能有所感悟，如周伊特所说，一个人就无

---

① *Phaedrus* 253—255. 正如泰勒所认为的，柏拉图对爱者与被爱者的爱的这种探讨是走向了"真正爱情的心理学"，见泰勒《柏拉图——生平及其著作》，第433页。关于《斐德罗篇》以及柏拉图的灵魂马车的更详尽的讨论，参见汪子嵩等《希腊哲学史》第2卷，人民出版社，1993年，第19章。

法恰当地理解柏拉图的对话。① 希腊人的友爱观,不仅尚美善、尚不朽,而且尚智。一种友爱或爱,如果不仅不是以肉体的快乐为满足的,而且不只爱美善,也爱智,就被看作最好的友爱。如我们在引论的历史说明中所表明的②,雅典人把男子间的友爱看作是有利于男性公民间讨教、传授和研讨哲学的,并且这种关系一定程度上成了为制度与风习支持的行为。按照柏拉图的看法,不止雅典人,斯巴达人的爱智也远超过人们熟知的他们对健体的爱,并且他们的哲学具有一种言简意赅的品质。③ 我们透过柏拉图借灵魂马车中那个驭手和那匹听从驭手的良马,已经可以清晰地见到希腊人友爱观的这个爱智的方面。然而对于他的诠释的这个方面还需要专门地做些分析。柏拉图写作这三篇对话是否抱有要阐述一种对希腊友爱观的有逻辑一致性的诠释的目的,现在很难论定。但是可以肯定,它们在构成一种诠释方面存在相互联系;而且柏拉图作为哲学家,在对爱做诠释时始终力图将爱与智联系起来,把爱智最终确定为最高品级的爱。

《李思篇》在很多方面只是在开启思维。如前已指出的,柏拉图借"苏格拉底"发问:如果一个(不好不坏的)人追求任何一种善都是为着一种他更亲近、更友爱的东西,那么每种友爱岂不都是为着一个更为亲近的友爱?那么,岂不是会有一种最终的、作为一切友爱都在追求的目的而自身再无任何进一步的目的的友爱自身或型式?④ 这番发问的寓意显然

---

① Jowett, *Introduction of Phaedrus*, *The Dialogues of Plato*, Vol. I, p. 423.
② 见引论第 2 节第 5 小节。
③ *Protagoras* 342-343, trans. B. Jowett, *The Dialogues of Plato*, Vol. I, Oxford University Press, 1871.
④ *Lysis* 219-220. 参见上文中《李思篇》部分。

比它的字面意义更深。这样说，那最终的友爱必定与所有现实的友爱不同，它是全然自在的，其他的友爱都追求着它，把它作为原则，它们追求这个原则是因为它们自身不具备或达不到这个原则，而它们也被称作友爱则是因为它们都追求着这个原则。那个作为最终目的的人人都友爱的东西是什么呢？没有答案。但是显然，它不能凭借人与现实的友爱的不好不坏或不美不善来诠释。因为，一个我们不能达及的东西也就是一个我们对于它不具备知识的东西。或者，它就是智。在追求这样一个东西时，人凭什么而获得动机与能力呢？这动机就在于人总想获得他还不具有的东西。好人已经有知（智），不再追求知（智），坏人无知（智），也不去追求知（智）。那些不好不坏的人，一方面还没有知（智），一方面又不是无知（智），才爱智，追求智。①

爱，έρως，柏拉图在《会饮篇》中说，不仅处于丑恶与美善之间，而且处于无知（智）与知（智）之间。然而正如它因赋有神性，所以虽处于丑恶与美善之间（不美不善）却只爱美善而不爱丑恶一样，它处于无知（智）与知（智）之间却不爱无知（智）而爱知（智）。也恰恰是由于它自身并非有知（智），所以它才爱知（智）。神有知，所以不去求知（智），不需从事哲学或爱智之学。人有无知的与处于无知和有知之间的之分。无知的人不会去求知，去从事哲学，因为无知者的诟病就是明明不美不善和无知却反而自我满足，别人能识别的缺欠他自己不觉得是缺欠。那处于无知和有知之间的人才爱智，才从事哲学，因为他能够识别自己的缺欠并

---

① *Lysis* 218.

且不满足于有此缺欠。① ἔρως 之所以爱智而不是爱无知，除了它自身本性的原因外，还因为智是最美的也是最善的。因此之故，智的美善才是 ἔρως 的原因。在型式的世界中，美、善与智原本是一。智是最纯净的。智的美善也是最纯净的。ἔρως 既然是对美善的事物的爱，它也就必定是一个爱智者。爱智使我们得到最纯净的幸福。因为在爱智时，我们爱的是最美善的东西。② 为什么我们的灵魂能够去爱这我们对它本无知识的智？《斐德罗篇》解答说，我们的灵魂原本在上界都见过美善与智的型式，所以 ἔρως 能够引领我们识别智的美与善。我们灵魂在列队随神巡游上界时，是由于迷恋下界的美事物而不去追求知（智），才每每向下沉降的。若灵魂由于爱智而不断追求智的美，一个人见到下界的美事物就会马上忆起美本身，他所观照的就不是那些变动易逝的事物，而是过去在上界所见过的真实本体。这时，那些美的事物，如他所爱的人，就会成为滋润他的灵魂的琼浆，他的灵魂的羽翼就能恢复，就能重新飞升至上界，见到美善智的本体。③ 所以爱，ἔρως，因恋着美善与智，天生是滋润我们的灵魂再生出羽翼的东西。这恰如荷马的两句诗：

> 凡人称他有翅能飞的 ἔρως，
> 但神称他做长翅膀的 ἔρως，
> 因为不长翅膀他就寸步难行。④

所以爱智或哲学，必定会在人的生命中延续。因为如已

---

① 《会饮篇》，《柏拉图文艺对话集》，第 203-204 页。
② 《会饮篇》，《柏拉图文艺对话集》，第 204 页。
③ Phaedrus 248-249.
④ Phaedrus 252.

谈到的①，一个人若是在心灵上比在肉体上更有生殖力，他就更期求他的心灵种下种子，得到不朽。因为他的生命的最珍贵的果实是思想的智慧。所以他要寻觅一个身心调和的年轻生命来与之交往。他期求在这交往中使自己的生命孕育出思想的果实，收获这果实，在那年轻的生命中种下这果实的种子，并与那个生命共同生育出这思想的新生命。爱智者或哲学家的心灵的生命便在这种交往或对话中获得不朽。② 毋庸赘言，《会饮篇》比柏拉图的任何其他对话都更明白地表明了这种爱的男性主义性质。爱同爱的主动方即爱者的联系被明确肯定。按希腊人的通常的理解，爱的主动者是成熟的男子。只有身心都成熟的男子才会欲望使美与善的事物长久地属于自己，以及，借助一个美的、身心调和的年轻生命实现自己生命的不朽。同时，也只有身心都成熟的男子，才能充分感觉到并且理解这种爱的意义。这种男子追求一美善的对象，主要不是为着使美的肉体归属于己。他的欲占有那美善的事物的生命的更重要的部分是灵魂。他必定期求使那美善的对象的心灵成熟起来。因此，他必定带着爱的激情热切地与他的被爱者做生命的对话。这种对话是他的生命以爱的方式的存在。所以他必定是一个热切的训导者，而在这过程中他也就把自己训导为一个训导者。这样的男子必定是一个爱智者（哲学家）。

那么爱智者的爱与其他的爱又有什么不同呢？《斐德罗篇》说，首先，不同的爱会选择不同的爱的对象，爱智的爱

---

① 本章第 2 节。
② 《会饮篇》，《柏拉图文艺对话集》，第 208—210 页。

总是选择可被教导成为爱智者的人作为对象。人在选择所爱的对象时，都选择与他旨趣相投的，并且都模仿他所尊敬的神的品格来选择。爱智的爱者的灵魂都是原来在巡游上界时追随过宙斯的，所以他总是要寻找像宙斯那样的人来爱。一旦他找到了，他就会钟情于他。其次，爱智者会尽力地启迪他所爱的人的心智，使之成为爱智者。他一方面自己尽力去模仿那神，一方面教导被爱者这样做。如果他还没有学会这些，他就或者向他人请教启迪人智的学问与艺术，或者凭自己去研究。如果要凭自力，他就要多多地凝神观照所景仰的神。一旦得到感发，就把所获得的东西拿来与所爱者分享，使所爱者的灵魂得到滋养。这样的爱是完美的，是其他的爱不能比拟的。[①] 最后，爱智的爱的结果当然也与其他的爱不同。一个人如果以对智的爱去爱，即过一种爱智的（哲学的）生活，那么他在世就可以有"幸福与和谐"，因为他既享有深挚的爱，又做了自己的主宰，降伏了恶，开启了善，他的灵魂的羽翼因得着滋润重新生长，灵魂向上界飞升，得到了人能期望的最大福祉。不爱哲学而只爱荣誉的爱则没有那样的福祉。这种爱没有前面的那种那样深挚，至一个人临终时，他的灵魂也难生出丰满的羽翼，所以难于向上飞达上界。但是这种人只要不背弃爱的信誓，在临终时还可以有灵魂离体的回报，这对他的爱的迷狂也是一个不小的报酬。与具有这两种爱的爱者比起来，那种没有爱的爱者就远远不如了。这种人没有可以滋润灵魂的爱，而只有冷酷的谨慎与计较。一个人如果和这种人交往，他们的关系就注定要混杂着尘世的

---

① *Phaedrus* 252-253.

卑琐打算，他的灵魂就不免养成那些只为俗世人们称道的庸陋，永远不能滋生羽翼，灵魂也就永无改善的可能。①

柏拉图对希腊友爱观的诠释是友爱论尤其是性爱论上一切问题的根源。他的理论当然也包含着一些困难。这些困难，如亚里士多德所正确地发现的，都是与他的型式论相联系的。然而我们在此处的工作的主旨是亚里士多德的友爱理论。对于我们的目的来说，能够表明亚里士多德的理论的那些问题同柏拉图的关系，已经足够了。我们将从这里转向对亚里士多德的讨论。柏拉图的爱论中的那些基本的问题及困难将在以下的分析中不断被提到。这种联系将使我们对亚里士多德的友爱论有更清楚的理解。

---

① *Phaedrus* 256.

第 2 章

希腊友爱观的哲学解读（二）：亚里士多德

毫无疑问，柏拉图对友爱或爱（ἔρως）的探讨是亚里士多德的讨论的主要背景与基础。友爱由特定的爱（ἔρως）生发而来；爱是对于美善的；它爱美善，所以也爱智（知）；它不是智（知）但是爱着智（知），追求着智（知）；爱与友爱是与美善相联系的特别的情感。以上这些主题都在亚里士多德的讨论中继续。然而亚里士多德在诠释希腊人的友爱观念时，更注意思考友爱的实践而不是仅仅思考它的理想。对柏拉图而言，爱与友爱是简单同一的，并被界定为对美善的欲的状态。正确的、积极的友爱或爱只朝一个单独的方向被展开，即它激起我们的灵魂对唯一的、永恒的美的型式的回忆。这个美的型式（即"一"）最终判断友爱或爱的所是，对它的回忆的知识和对这知识（智）的爱本身就是一种生活。朝向错误方向的友爱或爱简单地说并不是爱，也并不是友爱。我们将看到，对亚里士多德来说，仅仅从理想、型式来思考友爱是一个过于狭小的基础，因为所有论点都是被柏拉图"型式"论的框架框住的。而且，柏拉图关于好人因在德性上是自足的不能互有助益的看法还似乎直接否认了正确的友爱的可能性。这些在亚里士多德看来都是在跨出型式论的框架时必须丢掉的东西。他对希腊友爱观的诠释已清楚地显出与柏拉图不同的理路。

根据拉尔修提供的材料，亚里士多德原有《论爱》一卷、《论友爱》一卷，还另有《论爱文集》四卷、《论友爱》文集两卷，后来佚失。① 这些早期文献之中讨论爱与友爱的内容与《尼各马可伦理学》讨论友爱的第八、九两卷，以及与《欧台谟伦理学》讨论爱与友爱的内容有何种联系，现在已难于考证。在亚里士多德名下的三部伦理学著作都有对友爱问题的专门讨论。但是根据多数学者的研究，尽管也有学者否认，只有《尼各马可伦理学》和《欧台谟伦理学》是亚里士多德的原作。我们在这里的分析主要以这两部伦理学著作中的讨论为依据。

1. 友爱与爱

亚里士多德显然在很多方面不同意柏拉图在《李思篇》、《会饮篇》和《斐德罗篇》中把友爱与爱几乎等同起来的观点，他更加不同意把性爱作为友爱的最重要的例证加以讨论。然而同时，正如普赖斯正确地指出的②，亚里士多德在试图把

---

① Laertius, *Lives of Eminent Philosophers*, trans. R. D. Hicks, Vol. 22-24, Loeb Classical Library (LCL) 184, Harvard University Press, 1972, pp. 464-468.

② Price, "Friendship and Desire in the Lysis", in *Love and Friendship in Plato and Aristotle*, pp. 9-12.

友爱同爱在意义上相互区别时,并没有把柏拉图唯一地思考的性爱排除出去。相反,他把性爱作为友爱中的一个特例,一个,我们将看到,在感情上过于极端的特例,置于友爱之内。说柏拉图把友爱与爱完全等同当然是不恰当的。柏拉图是说,在爱者的爱在被爱者那里被作为对美善之爱而接受,与被爱者达到爱的沉迷,从而两个人的情感在充分交融时,爱者称之为爱,被爱者则称之为友爱。① 按柏拉图的这种诠释,友爱,φιλία,是爱的被动方对主动方的爱的指说;爱,ἔρως,则是爱的主动方对于爱的指说,两者互为正反,所指为同一物,即爱者给予被爱者并得到了被爱者回报的爱。依亚里士多德的看法,ἔρως 与 φιλία 的不同,并不在于它们是爱的主动方与被动方对于爱的不同指说,而只在于感情的强烈程度:φιλία 之中自然就含有爱,φιλία 之爱包含各种不同的强度的感情,ἔρως 则是一种感情特别强烈的 φιλία 的例子。类似的还有母亲对子女的爱。这种爱同样是一种强烈的、主动的(积极的)爱。爱者与被爱者双方,按他的看法,并没有对于这种感情的不同指说,或者,区分这种不同实际上没有任何重要意义,因为,φιλία 只是在被爱者对爱者的爱感到愉悦并回应爱者以爱时才存在,显然在这时,爱是相互的。从这点看,区别只在于友爱之爱必定是得到回应的,爱则可能没有得到回应或得不到回应,尽管柏拉图也只把得到回应的爱称为友爱。

而且,对亚里士多德来说,爱,ἔρως,作为友爱中的一个特例,其感情不只是特别强烈,而且是处于过度的状态。②

---

① 参见前面第 1 章第 3 节结尾处。
② 《尼各马可伦理学》1158a13—14。

φιλία（友爱）之爱作为感情有不足的、适度的和过度的，ἔρως，即作为性爱的爱，属于过度的。亚里士多德早期的《情爱篇》残篇的一段话最清楚地表达了这种看法：

> 爱是生成于心中的一种冲动，它一旦生成就要运动和生长，最后臻于成熟。一旦成熟它就带来欲望的折磨，在爱者的心灵深处激动在增加，他矢志不渝，专心不懈，满怀希望。这把他带向性爱，加强了要求，于是陷入了愁苦和哀伤，无数的不眠之夜，无望的热情和沮丧，终于把心灵摧毁。①

我们可以从中看出，在亚里士多德早期对话中，爱主要被描述为爱者的单方面的感情，并且它强烈到必定最终要导致心灵被摧毁的巨大痛苦的程度。这种过度的感情，亚里士多德在《尼各马可伦理学》中说，还要求对方的感情专注而不分与他人。所以这种特性使爱区别于一般所说的友爱。② 友爱之爱诚然是两个人的感情的关系，然而它不会使双方互相限制对方与别人的友谊。而且友爱似乎还自然地有扩展的倾向，就如在部落时期同部落的任何两个人都互相视为朋友，而没有任何人自己有权独享某个人的全部感情一样。依此看来，柏拉图只从性爱来谈友爱是以偏概全。从这种感情过于强烈的关系来诠释友爱，必不能表达友爱之爱的最一般的特性。由此我们可以看到一种区别：柏拉图诠释希腊友爱观是基于狭义的爱，即 ἔρως；亚里士多德的诠释则基于伙伴爱，即 ἀδελφότης。在爱的性爱（ἔρως）、慈爱（或父母对子女的爱）

---

① 参见李秋零、苗力田译《残篇》，《亚里士多德全集》第10卷，第138页。
② 《尼各马可伦理学》1158a10—13。

(στέργειν)、兄弟爱（ἀδελφότης）三种形式之中，亚里士多德认为兄弟爱（伙伴爱）才更接近于友爱之爱的一般特性：主动性、相互性，情感、亲密的交往和共同生活。

大概按照亚里士多德的看法，柏拉图把爱定义为欲也是十分不妥的。因为他在谈爱的时候，一般地是把感情与欲（性）看作既紧密联系又有所区别的，并主要地把爱本身看作自然地包含着欲的一种过度的感情。① 亚里士多德认为，爱之中虽然包含欲，它的本质却在于感情而不在于欲：

> 在爱之中，得到感情比性更好。爱追求的是感情而不是性。如果是这样，感情就是它的目的。②

例如在爱者的情形中，他认为爱者最关切的是他的爱在被爱者方面是否得到愉悦的回应：在《尼各马可伦理学》中，爱者被描述为最喜爱注视被爱者；在《欧台谟伦理学》中，得不到被爱者的愉悦的爱的回应被描述为爱者方面的极大的痛苦和抱怨的主要原因。③ 阿森纽司（Athenaeus）的报道提供了另一种证据。他说，亚里士多德说爱者尤其愿意注视被爱者的眼睛流露出的羞涩。④ 而且，欲正如我们从柏拉图认识到

---

① 在这一点上，我受益于普赖斯。他在前面所提到的著作中，详细地研究了亚里士多德对于性爱中的情与欲的观点。普赖斯指出，虽然亚里士多德认为这两者都自然地相互联系地包含在性爱之中，但他只把性爱中的情看作在引导双方爱智的；并且，亚里士多德所讨论的性爱中发挥重要功能的视觉特别是与情相联系的。（见该书附录中"Aristotle on Erotic Love"一章。）我在下文中将以感情之爱（情爱）与肉欲之爱（欲爱）两个概念说明亚里士多德性爱观念中的这两个既相互联系又有所区别的因素。但这在任何意义上都不是说这是两种彼此分离的不同的性爱，因为在人类的生活中，这两者完全分离的情形是极其罕见的。

② 《前分析篇》68b4—5。

③ 《尼各马可伦理学》1171b29—30，《欧台谟伦理学》1238b36。相关的讨论见第5章第2节。

④ 参见李秋零、苗力田译《残篇》，《亚里士多德全集》第10卷，第136页。

的，总是以某种快乐，例如获得饮料或食物，为目的的①，说爱是欲被驯服之后的那种依恋感情而又仍然是一种欲，在亚里士多德看来这自身就是矛盾。不只如此，欲还自身就有一种偶性的缺陷：对某种对象物的欲总是产生于对那种事物的匮乏，因而也总是与某种痛苦不可分。如前面说过的②，柏拉图也注意到欲的这个偶性的方面。他做了一个区分：有些欲是偶性地出于匮乏的，另一些欲则是自然的、非偶性的。但是亚里士多德宁愿把并非出于匮乏的欲看作生命的正常状态的活动冲动而不是看作欲。也许在他看来，把自然的欲看作爱的原因或目的缺少合理性，因为这种解说至少与爱的最高表现，即爱智，没有积极的联系。由于这个原因，亚里士多德把欲的满足所带来的快乐看作是向某种正常状态回复的快乐，认为这种快乐与产生于正常状态的快乐有重要的不同。这似乎比柏拉图在《李思篇》中的看法更进一层：柏拉图说爱的目的不能是某种匮乏的去除，亚里士多德则从根本上取消正常状态的快乐与匮乏的联系。③

此外，以亚里士多德的看法，柏拉图所说的爱自身既不美又不善的见解肯定不能推广到友爱的整个观念。爱只是友爱中的极端的例子。作为极端，它不能表现友爱的一个重要的性质，即德性。友爱是一种德性或包含一种德性。爱与友爱的共同处在于，它们都包含感情（在爱的例子中，感情是处在过度的状态），并且都要求一种共同生活。德性在亚里士

---

① 柏拉图《理想国》436a10-11："就其本身来说，渴与饿仅仅是对其本性的目的——饮料与食物的欲望。"
② 参见第1章第1节。
③ 关于亚里士多德对正常状态的快乐的看法，请参见第10章的有关讨论。

多德看来是区别于感情的，因为它的本性不仅仅在关注（例如注视），而更在于去做某些事情。做朋友就意味着在做着并且还要去做朋友所应当做的事情。所以尽管爱可能自身只是感情，既不善也不美，友爱整体来说则不只是感情，而且是一种去做所应当做的事情的德性，或者包含着这样一种德性。诚然，爱的情况也各有不同。例如，母亲对子女的爱总是意味着某种关爱的行动。然而重要之点在于，爱是出于感情，而友爱（作为德性）则总是出于带有感情的品性，而不只是感情自身。①

2. 友爱与爱智

然而，在柏拉图与亚里士多德对希腊友爱观的诠释之间毕竟有重要的连续性。我们可以举出的一个重要之点是，在他们的诠释中友爱与爱都处在无知（智）与知（智）之间。在这种诠释中，知既被理解为一种领悟、说明、证明的能力，又被理解为这种能力活动的结果，智②则是面向着知的对生命自身与宇宙自然界的存在关系的悟解与所得，它们都与绝对真实体（美善真实体）有积极联系。在从苏格拉底到柏拉图

---

① 参见《尼各马可伦理学》第2卷，第5章。
② σοφία，智慧，知识，明智，在希腊语中其意义十分复杂，既包含知识，又指把握、运用知识与公认意见的老练以及对事物本身的洞察。希腊人说爱智（哲学），不是只在爱知识的意义上说的，然而其中又包含有对知识的把握。智在希腊人的观念中又引申出智慧（σοφία）与明智（φρόνησις）的观念。有的作家两者不分，有的作家（如后期亚里士多德）则有所区分。在通常的理解中，明智更见之于行动，所以一般古希腊语辞典，如费耶阿本德（K. Feyerabend）编辑的 *Classical Greek-English Dictionary* (Langenscheidt) 直接解释为"实践的智慧"。见下文对亚里士多德的明智概念的有关讨论。

的哲学中，知与智有密切的联系：智在一定意义上就是知，因为无知必定无智；真知也必定是智，因为真知必定是行动的。在柏拉图看来，爱是处在无知与知之间，因其不是有知，所以追求着知（智）。就爱自身来说，亚里士多德似乎倾向于认为，爱作为感情如柏拉图所说是爱智的，因为感情听从理性，但是这是在感情处在适度状态时。爱在过度时可能偏离理性而受欲的掣肘。欲追求的只是快乐，如柏拉图所说是不肯受理性驯服的，欲会拉着爱跑向背离理性的方向，背离智。而且，在亚里士多德看来，柏拉图关于爱始终追求着智的见解显然过于乐观，且太过于脱离那个时代多数希腊人的实践。柏拉图以为在多数人中间，欲只是自然而然地附属于爱的，不会成为爱的主导者，爱只是欲借一个美的形体实现自己生命的延续与不朽，因而爱智对于现世的多数人都是可实行的。所以柏拉图考虑的只是爱智的即哲学的爱。追求现世的实用的友爱，尤其是快乐的友爱，大致不在他的视线之内，或者，以他的见解，这些都不是爱。然而多数希腊人追求的却是那种特殊的触觉的肉体快乐，爱在这种实践中只是受欲的掣肘而偏离了对智的追求。欲所追求的肉体美和肉体快乐虽然也是一种善，但是它可能过度，因而可能妨碍灵魂的积极活动。因为，它使灵魂沉溺于肉体的触觉的快乐而不去追求于灵魂是更美、更善的事物。因此，欲虽然也在追求一种特殊的善，它本身却无由使灵魂上升。①

友爱，依亚里士多德的看法，也同爱一样处于无知（智）与知（智）之间。不过不同于爱，友爱自身属于德性

---

① 《尼各马可伦理学》1154a9—15，1175b2—10，25—32。

的范围，而不是不善不美的。亚里士多德在《尼各马可伦理学》中把对友爱的讨论放在对德性的讨论的最后和对幸福的讨论之前。这种安排是否在表明，友爱是那种使人追求着人生的最大的幸福即智的思辨活动的德性？在第9卷的最后四节，亚里士多德向我们传达出这样的信息：人其实不能交太多的朋友，因为一个人不可能同时与很多的人享有共同的生活，尤其是不能与很多人相互充分地交往，即相互分享生命或存在的感觉；我们应当与适量的、有选择的朋友进行充分的相互分享，以便我们可以发挥我们的正常发展的生命的最好功能，即智的思辨活动，而这种活动就是人生的真实幸福所在。① 我们还看到，在《尼各马可伦理学》第10卷中，亚里士多德把人的三种重要功能，触觉、视觉和思维，做了一个比较：视觉以其纯净优于触觉，思维则是人的一切功能中最纯净的、最好的。他试图说明，一件器物的最好的存在就是它的最好的功能的最好的发挥状态，一个人的最好的生活也就是他的最好的生命功能的最好的发挥。② 这与亚里士多德早期的劝说青年人爱智的《劝勉篇》中的见解是一致的。从扬布里科（Iamblichus），我们获知亚里士多德这样说道：

> 按本性来说是更好的事物的正常的德性是更好的，本性上更适合统治的、更具权威的就是更好的，所以灵魂比肉体更好，在灵魂中，那个有理性和思想的部分更好。一个东西以最好的方式，不是就偶性而言，

---

① 《尼各马可伦理学》第9卷，第9–12章。
② 《尼各马可伦理学》1175a22–28，b38–1176a5。

而是就其自身而言，生产出的它的产品也就是好的。每种事物以其达到这种结果的德性也就必须说是它的最高德性。①

思维是我们的灵魂的最好的那个部分的正常的功能。如果一个人不愿意一生都停滞在儿童的水平，他岂不是应当把他的生命的这种最好功能充分发挥出来，使它生产出它的最好的产品，即思想？② 友爱，既然它爱智慧，岂不是也应当为着人发挥他的生命的最好功能这一目的吗？

友爱所爱的智，按亚里士多德的看法就是 φρόνησις（明智）③，因为它的基本的问题是实行。根据耶格尔（W. Jaeger）对亚里士多德早期著作做的精致的研究，亚里士多德对于明智的观点有一个发展的过程。亚里士多德在早期的《劝勉篇》（Protrepticus）中完全在柏拉图主义意义上使用 φρόνησις，这是一种特殊的关于知（智）的概念，即真实的知识也就是有行动力的智，与"理论知识的可能性、题材、运用、生长，与幸福相联系"。这种意义上的智直接地是实践的。纯粹的智自身就是明智，就是有实行能力的。所以纯粹的智就是行，以中国哲学的语言说，知就是行。这是从苏格拉底到柏拉图和早期亚里士多德的一贯观点。《尼各马可伦理学》时期的亚里士多德④已经公开抛弃了此种观点，舍弃了"φρόνις 的所有理论的含义，明确把它的范围同 σοφία（智慧）

---

① 参见李秋零、苗力田译《残篇》，《亚里士多德全集》第 10 卷，第 155、157 页，英译本参见 J. Barnes, The Complete Works of Aristotle, V. 2, pp. 2411-2412。
② 《尼各马可伦理学》1174a2-5。
③ φρόνησις, phronesis, 或译为实践的智慧。
④ 根据对文本的研究，耶格尔认为《欧台谟伦理学》是两者间的过渡期的作品，与《劝勉篇》更接近。

和 νοῦς（理智）的范围区别开"①。耶格尔的区分是非常有启发的，但是这一区分可能被表达得过于鲜明了。从《劝勉篇》到《尼各马可伦理学》的确有一个转变，但是《劝勉篇》的立场大概已经不能说是完全柏拉图主义的了。实际上，亚里士多德在那里已经开始把明智同智慧本身（包括理智）及作为其产品的知识相互区别。例如他把明智与思辨作为灵魂活动的两种产品来谈论，并且嘲笑那些"要在全部知识本身之外寻找另外的效果"的人是对善的东西与必需的东西的根本区别全然无知，因为知是思辨的、静观的，而明智则属于（实践）德性的部分。但同时，他又仍然像谈论智慧那样谈论明智，例如他使用"思辨的明智"这个给他在做的区分带来混乱的词，并且说明智就是我们一切活动的最高的善或者目的。② 对于我们理性能力的思辨的部分与核计的部分的明确的区别，是亚里士多德在《尼各马可伦理学》中做出的。按亚里士多德的这个区分，思辨以"静"的事物为考察的对象，核计以可变的事物，如人的品性与活动，为考察的对象，前者的德性即理智的智慧高于后者的德性明智。③ 不过以他的见解，我们爱明智也就是爱智慧。因为明智虽然是实践理智的德性，但它仍然是我们的理性的一个部分，它是实践的智慧，是智慧的一种。而且，如果如柏拉图所说，爱总是对于更美、更善的事物的，而智慧最终说来是灵魂的理性功能中较高的

---

① Jaeger, *Aristotle, Fundamentals of the History of His Development*, trans. R. Robinson, 2nd ed., Clarendon, 1948, pp. 81-82, 231-246.
② 参见李秋零、苗力田译《残篇》，《亚里士多德全集》第 10 卷，第 156-157、167-168 页；英译本参见 J. Barnes, *The Complete Works of Aristotle*, Vol. 2, pp. 2404, 2408, 2412。
③ 参见《尼各马可伦理学》第 6 卷，第 1 章。

那个部分的德性，那么显然我们更爱的必定是智慧。我们爱明智乃是因为它离我们的活动更近，是我们更易接近而又对我们帮助甚大的善。所以，如果我们爱明智，我们也就是在爱智慧。

3. 爱人之善

以哲学的见解来说，亚里士多德的观点中无疑蕴涵着对柏拉图的大反叛。柏拉图关于爱或友爱的整个观点，是在他的型式论的哲学框架内构建的。对柏拉图来说，判断友爱的最终尺度是美的型式，即唯一的、绝对的美，是上界的美善真实体。我们的灵魂从对这种真实体的回忆中获得知识。我们的友爱，经过一系列的上升，最后达到的是对这美善真实体的爱。这真实体是人的最终的立法者，人作为自身永远不完善的存在物，自己永远不具备为自己立法的真权威。柏拉图的问题与困难都是同他的这种型式论的哲学观联系在一起的。这种哲学使我们永远需要追寻我们的在世经验之前的灵魂的原初经历：人命定地要以其有死的生命做此苦旅。柏拉图勾画的这幅似乎带有东方文化的灵魂轮转神学色彩的哲学图画，透露出希腊密教的丰富含义：人对他不身属的那个世界的敬畏的服从，和对于灵魂在肉体生命结束后恢复其原初优越地位的关切。

无论亚里士多德多么主张人对那个世界应抱有敬畏之心，他所做的工作都是使人在敬畏之下有更大的主宰自身的权威。友爱最终不是应当由某种属于一个异在世界的模型来评判，而是应当由人自己来评判。对亚里士多德来说，那个完善的绝对真实体，那个神的世界，离人太远，它无论如何不可能直接为人立法。所以，判断友爱的尺度最终是相对于人自身的美与善，尽管这个判断者敬畏地崇拜着那个遥远的美善真实体。这一逆转的变革是多方面的。首先，被作为美善本身的不是所谓美善的型式，即完全从具体事物中抽象出来的一，一种可分离的独立的存在；美善本身不外是那些因其自身就被人作为美善而追求的事物，如智慧、注视、荣誉、健康，以及某些快乐，等等。十分明显，因为那种作为抽象的美善型式既不能为人所实践，也不能为人所获得。而我们在伦理学中研究的只是那种能为人所实行的美善。美善本身被视为一，只是就那些事物的种属而言的。在这些自身即被作为美善而追求的事物中，显然那些品级愈高的事物就愈是美善自身。以上述那些事物而言，显然智慧更有资格被看作美善自身，因为它是人的灵魂的较好的那个部分的功能的德性。[①] 其次，如果友爱如我们所知的是追求着某种善与美的事物的，而善与美的事物中有一些是因其自身而被人追求的，那么不言而喻，友爱就不是一而是多，即有多种多样的友爱。在这种观念下，不仅爱、伙伴关系、家庭感情，而且同船的人、同族的人、同伍的士兵，甚至公民作为同邦人之间的关系，都是友爱的形式，这些不同的友爱显然在追求不同的属人的善。此外，也正如美善自身的情形一样，在各种友爱中，显然品级愈高的就愈被视为友爱本身，而所爱的事物愈被看作美善自身的友爱就显然愈是品级更高的友爱，就愈被视为友

---

① 《尼各马可伦理学》1196b27-35。

爱自身。所以，正如智慧最有资格被视为美善自身，爱智慧的友爱也最有资格被视为友爱自身。而这种友爱，也就是基于属人的善的或德性的友爱。① 最后，对美善型式的回忆不可能是友爱的直接判断者。不仅如此，它也不是关于我们的可获得的善的真实知识的来源。在更广泛的意义上说，知识与思辨都不可能是友爱的直接尺度。友爱作为德性，基本问题是实行：我们通过做朋友应该做的事而成为一个朋友，正如我们通过做勇敢的事而成为勇敢的人。思辨及其产品知识为友爱所追求，而不直接提供尺度。友爱就其本身来说，是一种带有感情的行为品质。它与我们作为朋友的交往生活的善相联系，属于明智的范围而不是"智"的范围。从明智来判断各种不同友爱的相对于我们的价值，尺度是相对于人的各种善之中那个最高的善，即其他各种善都指向的那个自身就是善的目的本身，这个目的就是幸福的高尚的生活。②

尽管亚里士多德把爱智的友爱即善（或德性）的友爱诠释为最高品级的友爱，尽管在雅典，如已经说过的③，成年男性公民与少男之间进行爱智的探讨在当时颇成时尚，亚里士多德比柏拉图更清楚地知道这种友爱不是多数人的实践。爱

---

① 《尼各马可伦理学》第8卷，第9章；《欧台谟伦理学》第7卷，第2章。对亚里士多德在两部伦理学著作中把爱智的友爱称为善的或德性的友爱这一点，我们也许可以做以下的解释。对亚里士多德来说，伦理学研究的根本的东西是人的善，美在他的伦理学关切中不占有中心地位，这与柏拉图的观点有了很大分别。明智作为实践的智慧是人所能够获得的最高的善，最有资格被视为善本身。爱智（爱明智）的友爱因之也就是爱善本身的友爱。就一个朋友而言，被视为善本身的也就是他自身的善。而一个人自身的善，也就是使他行为高贵的那些德性（优点）。所以爱智的友爱之爱，在其本性上是对一个朋友的自身的善或德性的爱。亚里士多德时时提醒人们注意，这种友爱区别其他友爱的是它除朋友自身的善外，没有另外的目的。

② 参见《尼各马可伦理学》1094b8-10, 1097a1-13, 1156b13-20, 1157b7-10, b29, 1158b5-10。

③ 见引论第2节第5小节。

智的友爱作为实践不属于多数人，属于他们本性的是另外的一些友爱。多数人作为朋友交往时所爱的并不是哲学的探讨，他们所爱的，除了上文说过的肉欲之爱之外，是锻炼、打猎，或者饮酒、赌博这些快乐。① 健康似乎是希腊人更为普遍地关心的东西，例如在斯巴达，爱恋者们尤其喜欢在健身房里共同从事锻炼。这种友爱，以亚里士多德的观点看，关注的只是身体的而不是灵魂的善。灵魂的善，亚里士多德说，不如形体的善那样容易直观。或者至少，斯巴达人的身体锻炼在灵魂中只是片面地培植一种德性，即勇敢或尚武精神，而不是使灵魂发展它的最好部分的德性。② 荣誉这一许多人交往中关切的东西，当然也是自身就被看作善的东西。但是爱荣誉在品级上远低于爱德性、爱智慧。因为，人们爱荣誉只是因它的偶性而爱，而且，一个爱荣誉的人常常不会对于朋友表现出积极的爱，因为他要求被爱多于爱。③ 利益的交换则是许多因某种共同利益而组成的团体的友爱所关切的东西。公民的交往尤其属于此类。在这种友爱中，每个人交往的目的都在于得到与自己的付出相应的回报，这种回报只能以钱这种占有财富份额的凭证来做尺度。④ 虽然爱这些肉体的善和外在的善的友爱不像爱智的（即善的或德性的）友爱那样被看作友爱本身，因为，这些友爱只是就偶性即就它们也具有友爱的某些特点而言才被看作友爱，但这些友爱所爱的仍然是属人的善，并且，它们所爱之善对于多数人来说是可实行的。

---

① 《尼各马可伦理学》1172a1-3。
② 《政治学》125438-a1，1334a41-b5。
③ 《尼各马可伦理学》1159a15-24。
④ 参见《尼各马可伦理学》第5卷，第5章。

人只爱善的东西，柏拉图的这条命题仍然有效。所异之处在于，这种善都是具体的、可实行的。对于这些善，人自身才是最好的判断者。

这里可以提出的一个问题是，既然在全部属人的善之中，灵魂的善（在亚里士多德的意义下，也就是灵魂的那个最好的部分的善）始终是品级最高的，那么是否任何时间、任何地点对任何一个人，爱智都是最好的？在理论上，在人作为人就具有人的潜能（能力）的意义上，亚里士多德必定承认这一判断。然而他在两部伦理学中所表明的是这样的意见：既然伦理学研究人的可实行的善，对任何一个人而言，他的可实行的善总是具体地与他已通过自己的活动形成的品性，而不是与他的理论意义上的潜能相适合的。所以，如果我们和亚里士多德一道假定每个人的可实行的善都是与另一个人不同的，我们就似乎要与他一道认为，对好人是善的东西未必对坏人或不好不坏的人是善的，或者在后者没有通过活动改变其品性而成为好人之前对他未必是善的。

4. 友爱的三种原因

在《李思篇》中，柏拉图似乎认为，所有的爱都是因被爱者的某种用处（益处）而发生的，而一个人在某种事务上对他人有益处，又必定是因为他对那种事务有知识。"苏格拉底"（柏拉图）诘问李思，在他没有知（智）因而不能对父母有所益处的事情上，他的父母是否将禁止他做他想做的事。在得到李思的回答后，"苏格拉底"（柏拉图）评论道：

> 所以，年轻人，如果你变得有知（智），所有的人就将成为你的朋友，因你是有用的和好的。如果你无知（智），你的父亲、母亲和所有家里人，就都将不是你的朋友。①

我们在此处感兴趣的不是柏拉图关于知（智）的观点，对于这一观点我们已经在前面②做过讨论，而是他关于有用（有益）是友爱发生的直接原因的观点同亚里士多德的观点的关系。依照亚里士多德，所有不同的友爱都是有用的、有益的，但是有用或有益毋宁说是友爱的一个性质，而不是所有的友爱发生的直接原因。或者，它是某些友爱的原因，而不是所有友爱的原因。譬如，两个坏人之间的友爱，或一个好人同一个坏人间的友爱，大抵都是因有用而发生，两个公民间的交往（商业的与非商业的）也尤其是由这种原因而发生的。但是，在两个好人之间，友爱却是相互地因对方的善而发生的，有用在这种友爱中不是一个直接的原因，尽管是一个必然具有的性质。对于年轻人之间的快乐的友爱，亚里士多德也持这样的看法。

在《尼各马可伦理学》和《欧台谟伦理学》两部伦理学著作中，亚里士多德讨论了三种友爱：基于善（德性）的、基于快乐的和基于实用的友爱。善的友爱是好人或有德性的人之间的友爱，其他的各种友爱则是或者基于快乐的，或者基于实用的。亚里士多德说，这三种不同的友爱并不是一种共同的友爱的子类，因为没有一种友爱的定义适合所有这三

---

① *Lysis* 210.
② 见第1章第4节。

种友爱。但是他认为，我们不能因为这一点就认为只存在一种友爱，或者认为这三者中只有一种是友爱，其余两种不是友爱。①

这三种友爱，亚里士多德说，是因善、快乐和有益（有用）这三种可爱的东西而发生的。这种区分初看起来好像太过粗略和缺少逻辑的联系。但是我们实际上很难补足它，或使它更具逻辑性。因为无论加上什么都显得是画蛇添足。对这三者的区分的确表现了一种对于友爱的原因的深刻的观察与思考。一个人对另一个人产生爱的原因的确是多种多样的。我们爱一个人，必定有一种原因。但是的确没有一个研究这个问题的人会认为，我们应当举出所有个别的原因来加以研究，因为这将使得这种研究事实上不可能。在友爱这一同感情相关的事务上，某一类的原因可以与其他类的原因做认识上的区分，但是这种区分也应当基于常识的观察寻证，这是亚里士多德给我们的教诲。我们将不断看到，他的教诲带着浓重的认识主义。尽管也像在讨论其他德性问题时一样，亚里士多德在友爱问题上经常注意和强调在具体境况中运用我们灵魂功能的适度，例如他说，在与感情相关的事务中规则总是具体的，因为"对于不确定的事务，准则也不确定"②，但是在他的讨论的底色背景中，我们能够了解每一种感情事务的主要的原因。

所以，在一个人身上有三种东西可爱：他的善，他的令人愉悦，和他能提供的益处（用处）。这三种东西里，善是属于一个人本性的东西，是不能与人相分离的东西，既是完全

---

① 《欧台谟伦理学》1236a26-27。
② 《尼各马可伦理学》1137b29-31。

意义上的，又是部分的、相对于某个人的。但是关于快乐和有用，尽管亚里士多德也提到一个人的"完全意义的"令人愉悦性，例如一个有德性的人的，他所讨论的主要地是一个人的相对于某个其他人的令人愉悦性和有用性。① 我们爱一个人总是由于他能给我们快乐，能对我们有助益。善则是我们所追求的东西，所以如果我们爱一个人的善，我们是因为他的那种善自身而爱他。但是既然我们也追求并且爱快乐和有用，善与这两者是什么关系？我们比较清楚的是，快乐也是一种善，它使我们的活动完美，增添活动的善，每种活动都有其特殊的善，那些使完善的人的活动更完善的快乐是完全意义上的快乐。② 但是有用似乎只被当作人的本性的某种功能，只是一种相对于某个人的性质。亚里士多德提出的问题是，善的都是快乐的和有用的吗？一个本性善的（有德性的）人也总是令我们快乐和对我们有用吗？③ 亚里士多德认为我们必须说明"美好的东西也必然快乐"，因为如果善与快乐两者是不一致的，我们就不得不承认一个完善的人也会不自制。④ 亚里士多德解决这种关系的方法，是说明属人的善有完全的

---

① 亚里士多德的确没有谈到过"完全意义的"有用性。有用的能力，如技艺与技能，作为与职业的活动相联系的能力，对于亚里士多德，是一种只具有有限的意义的功能。他有时谈论一个人的令人愉悦的性质和有用的性质，就好像它们是人自身本性的两种功能。例如他说"基于德性的友爱"也有"德性的快乐"，"好人总是互相有用的"。但是如下文所述，他也谈到好人（有德性的人）的"完全意义的"令人愉悦性，然而那是他的友爱论的比较暧昧的、让人费解的地方。参见下文的讨论。
② 参见《尼各马可伦理学》第10卷，第2—5章。
③ 《欧台谟伦理学》1237a19—23。
④ 《欧台谟伦理学》1237a7—9。一个有德性的人必定是明智的，明智的人不会在欲望上不自制，这是亚里士多德在《尼各马可伦理学》第7卷中表达的观点。按照一些研究者的猜测，第7卷连同第5、6卷也可放在《欧台谟伦理学》中作为第4、5、6卷，但是耶格尔通过对文体的研究否定了这种看法，见 W. Jaeger, *Aristotle: Fundamentals of the History of His Development*, trans. R. Robinson, 1948, pp. 232—239。

和相对的两种意义。他提出两个区分：(1) 有些东西是善，有些东西显得是善；后者如快乐，它被人们追求，因为它显得是善，显得是善可能只是在偶性的意义上是善的。(2) 有些东西是完全意义的善，有些东西只对特定的人是善；完全意义的善是就事物的本性说的，是对所有正常状态的人都善的，部分的、特定的善则是就它的相对于特定的人的性质说的。例如锻炼对健康的身体是善，是完全的善，但是对一个有病的身体就不是善，药品和手术对一个有病的身体才是善。① 依这种观点，有用（用处、好处）都是部分的、相对的善，它们总是具体的，对于特定的人的；快乐是显得是善的，也分为"完全意义的"与相对于某个人的。而每个好人，他说：

> 都既是完全意义上的好人，又相对于他的朋友是好人，因为好人既是完全地好的，又是相互有用的；他们每个人也是以这两种方式令人愉悦的，因为好人既是完全令人愉悦，又是相互地令人愉悦的；每个人都由于他自己的活动而愉悦，因而也由于与他自己的活动相类的活动而愉悦，而所有好人的活动都是相似的。②

所以，如果一个人在完全意义上是善的或令人愉悦的，他也就在相对意义上是善的（即对人有用的）和令人愉悦的。但是这个推理不可以反过来：一个只在相对意义上好（有用）和令人愉悦的人并不是在完全意义上好和令人愉悦的。完全意义上的性质包含了部分的性质，这个说明是有说服力的。

---

① 《欧台谟伦理学》1235b25-36。
② 《尼各马可伦理学》1156b12-18。

但是为什么一个完全意义上的好人同时是在完全的意义上令人愉悦的？在这点上，亚里士多德是用一个三段论推理来说明的。我们来看这个推理：

> 一切友爱都或者由于善，或者由于快乐而存在。（大前提）
> 善的友爱把完全的和相对的并有某种相似性的善与快乐都包含其中了。（小前提）
> 完全意义上的善的也就是完全意义上的快乐的。（结论）

大概按亚里士多德的观点，如果一个人通常不令人愉悦，他必定脾气乖僻，必定不是完全意义上的好人。反过来说，一个完全意义上的好人，必定也时时让人愉快。但是，关于一个朋友的完全意义上的愉悦仍然是他的友爱论的最让人困惑不解的地方之一。我们爱一个人，因他的完全意义上的善和完全意义上的快乐，这是很费解的。比较明白的一种理解可能是：这样的一个朋友对我们每个处于正常状态的人都是善，都令人愉悦。即使我们站在一种抽象地思考问题的立场，我们能够接受的一般也只是完全意义上的善，例如我们可以说一个好人对"一切人"都好，因他本性上善，但是这样说快乐就显得不大适合。快乐这种东西好像天生拒绝我们说它是什么"完全意义上的"或者"本性上的"。亚里士多德的那个判断是对的，快乐总是在具体的事情上和具体的活动中的。

5. 好人问题

对亚里士多德来说，柏拉图的更成问题的地方，也正在于他认为好人因在德性上是自足的而不能互有助益，不可能成为朋友，从而使最有资格被视为友爱本身的好人之间的爱智的（善的）友爱成为不可能。这一推理如已说明的①，是柏拉图在《李思篇》中提出的。柏拉图在那里陷入了一种关于好人的友爱的悖论：一方面，我们对友爱的推理似乎应当基于观察的事实，观察事实表明好人之间的确存在友爱，并且人们一般认为只有好人的友爱才是正确的友爱，因而人们应当像好人那样相互做朋友；另一方面，人们一般都认为好人是自足的，而如果自足的意义是在德性上无所缺乏，那么好人之间就不能互有助益，就不可能相互成为朋友。虽然柏拉图在《会饮篇》中试图以爱在本性上是永远缺乏的这种说法来克服好人友爱问题上的矛盾，他的理论仍然有不可回避的困难。显然，因为我们可以继续追问：好人是否仍然爱（智）？如果他不再爱（智），那么显然对好人而言，就不存在所谓被视为友爱自身的那种爱；如果他仍然爱（智），他的爱是否在本性上仍然是既不善又不美的？在这里仍然是一个两难的处境。如果他的爱在本性上是善的和美的，那么我们就必须承认爱在本性上是双重的：在不好不坏的人的例子中，它是不善不美的；在好人的例子中，它又是美的和善的。那么柏拉图关于爱在本性上不美不善的说法就将失效。而如果承认好人的爱是不善不美的，那么我们就不得不承认好人的本性是不自足的，好人与不好不坏的人没有区别，这同样将使柏拉图的理论失去效力。

　　依亚里士多德的看法，柏拉图处理好人的自足概念的方

---

① 见第 1 章第 1 节。

法是错误的。柏拉图的错误在于，他把人的自足理解为那种终极的毫无缺乏的状态。① 在这种理解下，神的自足（完美）与人的自足是无差别的，它们都是那唯一的最终的完善。然而，按照亚里士多德的看法，人的自足是与神的完美不同的：神的完美是自身意义上的，是无须外在条件的，充分完全的；人的自足则需要外部的条件，因而是不充分完全的。② 人的自足，一方面是相对于人的总体或一般人而言，一方面是相对于个体自身而言。好人的自足，在前种意义上，是相对于一般人而言的较高的德性自足状态；在后种意义上，是相对于他自身的自足状态。所以，尽管一个人的自足相对于他自身（就某一经验的时刻而言）是充分的，并且在这种意义上是自足的，由于它只是相对于他自身的自足并且相对于另一个人就可能是不自足的，在这后一层意义上它又只是相对地自足的。而如果两个好人虽然各自相对于自身都自足，相对于对方又各自都有不足，那么显然他们在德性上仍然可以互补。所以，每个好人

> 都既是完全意义上的好人，又相对于他的朋友是好人，因为好人既是完全地好的，又是相互有用的。③

更何况，好人也时常有暂时的、偶性的需要，而好人又都是最愿意为着对方自身的善而提供帮助的人，所以显然，两个好人之间完全可以互有助益，可以相互成为朋友。④

---

① 《尼各马可伦理学》1169b4—6。
② 参见《尼各马可伦理学》1153b16—18，1178b8—21。
③ 《尼各马可伦理学》1156b13—15。
④ 对于亚里士多德的这一观点的进一步的讨论，见第 3 章第 1 节与第 9 章第 2 节。

公允地说，柏拉图在《会饮篇》中的"爱在本性上永远缺乏"的说法本身已经隐含着对人的"自足"的永久的匮乏性的假设。但是由于他的型式论哲学的束缚，如果他假设人的自足的概念既是自足又是缺乏，他无疑是犯下了一种低等的概念错误。而且，如果假定好人的自足也是在永远的匮乏中的自足，那么柏拉图希望在好人与不好不坏的人之间建立的区别也就要失去根基。也许是由于这样的原因，柏拉图没有把好人的自足概念也在相对的意义上做些引申。不过他关于爱自身的匮乏性的说法的确富有启发。亚里士多德大概在某种程度上从这一说法中得到启示。而且，既然他已坚持将善解释为属人的可实行的立场，柏拉图所面临的障碍对于他就不复存在了。不过，他所采纳的并不是这种匮乏的概念，因为如上文所表明的，他认为匮乏状态与痛苦的欲有不可解脱的联系。他所采纳的，是这里可以发挥的对人的自足特具（相对于神的完美）的相对性一面的哲学空间。基于相对于人的可实行的善的概念，他把这个空间充实了。所以，除了我们在前面提到过的那些方面外，在友爱或爱的观念上，亚里士多德对于柏拉图的反叛始终是在某种连续中的反叛。或许我们应当和黑格尔（G. W. F. Hegel）一道认为这就是哲学思考本身的性质。亚里士多德反叛的是柏拉图的型式论的方法，而在这种反叛中思想的某种连续性始终继续着。与对柏拉图而言同样，对亚里士多德来说，好人之间的友爱也是友爱自身，并且它是爱美善的，尤其是爱智的。

我们已经概略地讨论了亚里士多德对希腊友爱观念的诠释同柏拉图的那些最一般的联系。对于本书的目的，如果在这里能够表明，在友爱问题上，在柏拉图同亚里士多德之间存在着基本的主题上的连续性，同时亚里士多德又在致力于把讨论置于人的可实行的善的基础上，就已经足够了。对于亚里士多德的理论本身的讨论要在接下来的八章中陆续地完成。我们就从这里转向这一讨论。

第 3 章

友爱的性质

我们已经间或地表明，在亚里士多德看来，友爱是一种或包含一些唯有通过活动或行动才可以实现的友好情感上的德性（它作为一种特例而包含在内的性爱只是一种极端的情感）；每一种友爱都追求一种属人的善，其中有些是被人们作为自身即是善的东西而追求；在这些友爱之中，只有追求着智慧的友爱才最有资格被视为友爱本身；以相互的善或德性为原因的那种友爱看来就是这些属人的友爱中最好的。总的来说，每种友爱，甚至爱智的（善的）友爱，又都是有用的。

我们接下来将从分析亚里士多德归诸友爱本身的那些基本的性质开始。这些性质，按他的看法，最好的友爱全都具有，那些其他的友爱则偶性地具有这些性质中的某些部分。然而在此前，我们首先需要对亚里士多德讨论友爱的性质的方法做些预备性的讨论，以期能够更容易在亚里士多德的观点中找到联系的线索。在此过程中，我们会碰到在前面已经使用的一些亚里士多德的概念。我们将尽力说明这些概念同他的考察方法上的联系。这些说明会把我们带到某些与他的形上学较为相关的方面。

1. 亚里士多德讨论友爱的性质的哲学方法

作为其伦理学研究方法的一个例证，亚里士多德研究友爱的性质的基本方法，如我们知道的，是对辩法①。对辩法的意义，如引论中已说明的，是根据两个人的借助语言的论争来做裁决的方法。所以在对辩法的推理中，两种相互矛盾的见解是基本的构成要素。这两种见解处在直接的对立中：你接受了其中的一个，就必定不能再接受另一个。对辩法的推理不是证明，它不是在这两者中证明其中一个的正确性，而是帮助我们从两个相互矛盾的论题中确定应当接受哪一个。②为什么在考察友爱的性质以及一般伦理学问题时应当运用对辩法？依照亚里士多德的观点，这是由所考察的对象的性质决定的。我们在考察任何两个人的友爱以及一般的伦理学问题时，所考察的是一种充满变动的事物的属性。在考察这类事物时，与证明的推理不同，我们所由出发的前提不是真的或原初的原理，而只是常识所观察的事实和为多数人或他们中间最负盛名的贤哲普遍接受的意见。对辩推理与证明推理的最重要的一个区别，亚里士多德说，在于它是从"普遍接

---

① 一般译为辩证法。这里取对辩法译法的理由在前面已做了说明。见引论第1节第4小节。
② 余纪元译《前分析篇》第1卷，第1章，《亚里士多德全集》（苗力田主编）第1卷，中国人民大学出版社，1990年，第83—84页。

受的意见出发",而不是从真的或原初的原理出发的推理。①人的属性是变动中的事物的属性,所以人与人的友爱的性质也是这样的性质。在逻辑范畴上,友爱是某种关系,某种存在于两个人之间的——如前面说过的——带有友好情感的关系,以及某种性质。②说友爱是某种关系,是说对友爱的一方的说明并不构成对友爱自身的说明,因为友爱要通过一方与一个"别的事物",与另一方的相关性在共同活动中的实现而被述说;所谓性质,是指决定着这种关系状态的原因。依亚里士多德的划分,有四种主要的性质:品质或品性、能力或潜能、感觉与感受性的质和物理性的质。每种性质都决定着不同的事物或关系的状态。伦理的性质属于品质或品性,它是通过习惯与教化而生成的。在品质与品性这两者中,品质比品性更持久、更不易变化。人在行为活动中的稳定状态表现人的品质。对于关系与性质,既可以从它们是否包含相反者的角度考察,例如关系有时有相反者,而性质中一般都具有相反者;也可以做程度或数量的考察,如关系有时可以有更多或更少,大多数性质则总是有程度上的差别。它们在考察的角度上也有些接近。③

在把所有的友爱作为某种关系或性质来考察时,考察者显然是在把友爱作为某种"一"来对待。但是,既然按亚里士多德的观点,友爱中包含许多不同的友爱,它们追求不同

---

① 徐开来译《论题篇》第1卷,第1章,《亚里士多德全集》第1卷,第353-354页。

② 亚里士多德将存在区分为四大逻辑范畴:实体、数量、关系、性质,认为德性(包括友爱)属于关系与性质范畴。参见秦典华译《范畴篇》,第5-8章,《亚里士多德全集》第1卷,第6-33页。

③ 同上书,第18-26、30-31页。

的属人的善,而且还有的友爱只把这类善作为手段来追求,既然他要把所有这些关系都作为友爱的样式在友爱的概念下来做哲学的考察,他如何能够谈论友爱的"一"?这个问题在柏拉图那里显然是不存在的。因为柏拉图只承认一种正确的爱,即爱智之爱。错误的爱在他看来并不是爱。爱自身就是爱智的爱。爱智的爱之所以就是爱自身,是因为它所爱的是我们的灵魂通过回忆而可能获得的知(智)。所以柏拉图说在坏人与坏人之间不可能存在爱。① 然而它对于亚里士多德却是一个不容回避的困难。亚里士多德的《形而上学》中对于"一"的诠释似乎构成一种形上学的解决。他说,"一"可以在事物的数目、形式、种属和类比四种意义上来谈论。数目意义上的"一"涉及的主要是具有物理的或数学的连续性的事物,如一个肢体,一条曲线。形式意义上的"一"涉及那些不仅在种上而且在属上都相同,即那些其形式在感觉上不可分的事物。种属意义上的"一"涉及那些虽然在种上相同然而可能在属上含有一些尚未(通过定义)阐明的差别的事物。类比意义的"一"涉及那些与其活动相关的某个其他事物——某个实体,或者,如在友爱的例子中,某种关系——是"一"的事物。这种区分确定了这四种意义在强弱上的逻辑排序:每一在前者都在意义上包含在后者;每一在后者则在意义上不包含在前者,这种次序具有不可逆性。例如,数目上为"一"的,在形式、种、类比上具为一;在类比上为"一"的,则在数目、形式、种上都不是"一",而只在类比上是"一"。简言之,类比意义上的"一"是最弱意义上的

---

① 《斐德罗篇》,《柏拉图文艺对话集》第 255 页:"坏人和坏人天生不能做朋友"。

"一"。在类比意义上来谈论"一",是说与某事物或关系相关的另一事物或另一关系是"一"(在上述其余三种之一的意义上)。① 以下的讨论将表明,亚里士多德是以这种最弱意义的"一"来讨论友爱的概念的。在这种意义上,所有其他友好关系被称为友爱,是因为好人之间的爱智的(或基于善、基于德性的)友好关系是友爱(自身)。而好人之间的友好关系被视为友爱(自身),对亚里士多德或者也对他那个时代的希腊人来说,则是一个不争的普遍接受的意见,是一个出发点。因此不言而喻,好人的友爱的那些主要的性质就被视为友爱自身的性质。

然而,我们并不能这样理解,仿佛按照亚里士多德的方法,两个好人的友爱的所有性质都可以被挑选为友爱自身的性质。在这里,亚里士多德引入了一个关于存在的意义的区分,对于讨论友爱的性质至为重要。存在的意义有些是就自身而言的,有些是就偶性而言的。就自身而言的意义与实体、数量、关系、性质的意义相一致,表示事物的质、量,以及时间、地点等关系。偶性的意义则是存在物偶然地具有的存在意义,它们不是其原因在于存在物的自身中的性状。② 按照这一区分,在两个好人的友爱的性质中,有属于它(作为种)

---

① 参见苗力田译《形而上学》第5卷,第6章,《亚里士多德全集》(苗力田主编)第7卷,中国人民大学出版社,1994年,第117—121页。

② 同上书,第121—122页。我们无须说明,存在的本身意义与偶性意义的区分是希腊哲学以及希腊生活观念中的一个重要区分。希腊观念与希腊语言,如海德格尔(M. Heidegger)所说,与人的生活存在有切近的联系。所谓存在的意义,在希腊观念中与所说的存在物的可说明的性状有直接的联系,在希腊语言中直接表现为主词(即所说的存在物)的表语(即谓词或宾词),它与主词的联系即是联系动词"是"、"有"或"成为"。这种联系同拉丁语系中的某些其他语言,例如英语,是很接近的。存在的自身意义在希腊语中也就是其原因在于自身的那些性状,存在的偶性的意义则是其原因在自身之外的那些偶性的性状。

的友爱自身的性质与偶性的不同。比如，假如两个彼此友爱的好人恰巧都喜爱演奏音乐，或者他们之中有一个喜欢坐着讨论哲学或说话时有些口吃，喜爱演奏音乐和坐着或口吃就只是一些偶性。所以，友爱的自身的性质只应当是属于友爱的"范畴"即它作为普遍关系或性质的那些性质。而且，不仅存在的意义，而且类比的意义，也有就其自身的和偶性的性质的不同。这尤其适用于说两个事物的相同（同类）或相似的情形。说两个人，两种关系，两种性质相同（同类）或相似，或者是在自身的意义上说，或者是在偶性的意义上说。所以，如果我们说两个好人相似或相同（同类），或者说他们在有德性这点上相同（同类），都是就他们自身来说的，因为这是属于他们自身的性质。另外，如果说坏人的友爱也是友爱，则是就偶性而说的，因为坏人的友爱也偶性地具有好人的友爱的某些性质，就如"白净的"与"文雅的"可以恰巧地指同一个人一样。①

理解亚里士多德考察友爱的性质的方法，还有一点非常重要，即他所考察的不是那些只是为人所具有而未被加以运用和实行的性质，而是那些直接诉诸行动和活动的性质。亚里士多德在《尼各马可伦理学》中表示了这样的看法：尽管说一个人有友爱的品质或品性有两种意义，即一是说他在实际地做朋友应当做的事，譬如共同生活彼此提供快乐或帮助；二是说他具有那些品质，尽管没有实际地做应当做的事。在考察友爱的性质时，我们应当考察的只是前一类性质。因为人们在说友爱时所说的只是这一类性质。只具有做朋友的品

---

① 参见《亚里士多德全集》第7卷，第123-124页。

质而没有行动，就不是在实际地做朋友，譬如睡着的人或被两个相互远隔的人就不是在现实地做朋友，尽管他具有做朋友的品质或品性。① 诉诸活动或行动是亚里士多德伦理学的基本的也是最重要的方法原则。在更一般的意义上，亚里士多德把伦理的品质与品性区别于能力性质和感受性质。伦理的品质或品性是通常表现在行动与活动上的状态，已经养成的品格状态。而未被加以运用的伦理品质或品性显然接近能力的范畴。能力是人自身中的可能被付诸运用的变化和运动的本原。然而能力在被运用之前就只是潜能，即虽然可能但是还没有被运用的能力。② 潜能只有通过实现的活动（ἐν-έργεια）才成为真实的品质或品性的状态，即ἐν-τελέχεια。③ 总起来说，亚里士多德的基本的观点是，友爱的自身的性质是实现于活动的而不是只作为潜能而在的东西。

2. 相互性

对于友爱这种关系，亚里士多德与柏拉图一样，首先注意到这种关系的相互性。如已说明的④，依柏拉图的观点，一

---

① 《尼各马可伦理学》1157b8-10。
② 参见苗力田译《形而上学》第5卷，第12章，《亚里士多德全集》第7卷，第127-129页。
③ ἐν-έργεια，实现，实现的活动，来源于动词ἐν-εργέω，意思是在于去活动，去行动，去起作用；ἐν-τελέχεια，现实，隐得来希，来源于动词ἐν-τελέω，意思是在完成，在完成的，在完成那个实现的。在借助活动的对于德性的说明在亚里士多德的友爱论上的方法论意义这点上，我受益于苗力田教授。在本书最初的初稿作为博士学位论文提交答辩的答辩会上，苗力田教授突出地强调了ἐν-έργεια在亚里士多德的德性论中作为潜能与现实状态的中介的哲学方法上的意义。
④ 见第1章第1节。

个为被爱者恨的人不可能是被爱者的一个朋友。柏拉图还在《斐德罗篇》中进一步认为，真正的爱，即爱智者的爱，必定是可以得到爱的回报的。因为爱智者的温和的爱和他的思想的风采必定会感动被爱者并赢得被爱者的崇拜，使被爱者变得爱他，并以爱欲充满他。① 所以按柏拉图的看法，得不到爱的回报的爱必定不是真正的爱。这种关涉感觉和情感的（而不是物理的）相互吸引，在亚里士多德看来，是人之间和有感觉的动物之间的友爱所特有的性质。它与两个无生命物间的物理性的关系，以及人同一个无生命物的关系，存在重要的区别。两个无生命物之间可以有物理学的质量上的相互吸引，但不关涉感觉和情感。人与一个无生命物的关系则要复杂一些。人可以去爱一个无生命物，并且使那个无生命物为自己享有，或享有与那个无生命物的某种"共同"生活。但是在这种人与无生命物的关系中仍然不会有友爱。因为虽然一个人可以以上述的方式去喜爱一座山、一块石头或一支笔，那山、那石头或那笔却不能回报人以爱的感情。这种关系中不存在这种相互性。②

所以，按亚里士多德的看法，友爱的感情只能存在于两个至少是有生命、有感觉的存在物之间。亚里士多德已经通过细致的动物学考察，发现某些动物，尤其是某些鸟类与哺乳类动物之间的这种天性的相互的友爱。譬如，亚里士多德向我们举证说，在某些异性动物如"同栖同飞的禽鸟"中间，也像人一样存在相互眷恋。③ 而且，某些动物异性之间还会相

---

① 《斐德罗篇》，《柏拉图文艺对话集》，第 255-256 页。
② 《尼各马可伦理学》1155b28-29。
③ 《欧台谟伦理学》1236b10-11。

互照顾。例如在雌鸽由于分娩而难于进巢时，雄鸽会用身体推动雌鸽，帮助她进巢。① 更明显的例证似乎是，动物亲子之间也存在像人类那样或类似的亲昵感情：

> 父母对子女的感情，或子女对父母的感情似乎是天性。不仅人是如此，鸟类与大多兽类也不例外。同种属的动物的成员间都相互友爱。②

动物亲子之间不仅存在一般的抚养和亲昵，而且在危急时，某些雌性动物还会有类似舍身救护的行为。例如，母鹤鹑在被捕捉者发觉其巢穴并来捕捉时，会在捕捉者前面颠行，俨然唾手可得的样子，引诱捕捉者追逐，直到雏儿一个个逃散，才自己逃开。③ 许多兽类的幼子之间也有相互的嬉戏。甚至异种的动物之间也可以有友爱，如鳄鱼与沙鸥之间的友爱。④ 简言之，亚里士多德认为，动物之间的天性的友爱就是相互的。人与许多动物之间可以有友好关系更是人们熟知的。家畜、宠物自然是人们最熟悉的例子。许多"爱马者"或"爱狗者"不仅享有同他们的所爱者之间的共同生活，而且相互之间会表现出亲昵与友爱态度。不仅如此，许多家畜或宠物甚至成为那些感觉孤独的人们的伙伴。其他许多动物也都可以由于人的友善对待和驯养同人形成友好的关系。这些都说明相互的友爱有其动物性上的根源。

所以在最一般的意义上，亚里士多德认为，友爱作为相

---

① 颜一译《动物志》612b35–613a2，《亚里士多德全集》（苗力田主编）第 4 卷，中国人民大学出版社，1996 年，第 326 页。
② 《尼各马可伦理学》1155a18–21。
③ 颜一译《动物志》613b14–21，《亚里士多德全集》第 4 卷，第 327 页。
④ 《欧台谟伦理学》1236b10–11。

互的友好情感，可以存在于两个有感觉的生命物之间。然而依他的看法，作为知觉能力最强的一种动物，人与人之间的友爱和动物之间的友爱毕竟有区别，人类之间的友爱尤其是以那种友好的意向或意图即所谓善意①作为起点的。一方面，人对于无生命物不能有此种善意。譬如，说"希望一瓶酒好"是可笑的，人们至多只希望它被保存得好，以便于人饮用。②另一方面，人虽然可以对于有生命、有感觉的动物有善意，譬如我们会希望一匹马好，或希望自己的爱犬好，并且某些动物能够知觉人的某些需要并以某种方式提供帮助③，这种善意却并不必须同时是人类与动物这两方面的友爱的起点。并且一般地说，动物的善意只是偶性地作为动物行为的目的出现，这种偶性的善意与人的心智水平的、本性的善意不是同一种水平的。我们所得到的回应一般地说只是动物的友好感情，而不是人的心智水平的善意。

善意在通常的意义上只是产生于人的心智的希望另一个人好的意向，是因为它是一个选择的目的。按照通常的理解，这种以对方的善为选择目的的友爱只存在于人之间，因为只有人才能够感受到另一个人的目的，才有能力把另一个人的目的作为目的。④ 善意可以是单方面的。譬如甲对于乙抱有善意，但是乙可能并不认识甲，因而不知晓这善意，也未回报甲以同样的善意。在这种情形下，这种单方面的"希望朋友

---

① goodwill，或好意向、善良意志，在亚里士多德以后的道德哲学家中，康德对这个概念做了较多的讨论。
② 《尼各马可伦理学》1155b28—31。
③ 这方面的例证很多，例如我们听到过关于狗救护主人或者帮助主人寻求救助的故事，据说海豚本能地会救护在海上遇险的人类。
④ 《欧台谟伦理学》1236b4—6。

好的愿望就仅仅是善意",而不是友爱,友爱必须要双方互有善意。① 但是,亚里士多德说,仅仅是双方互有善意也还不构成友爱。因为,

> 人们常常对他未曾谋面而他相信是好人或有用的人怀有善意,在这样一些人中,可能有某个人也对他抱有同样的善意,这是互有善意然而互无察觉的情形,这样的两个人怎能说是朋友呢?②

这就如双方都具有爱的能力而没有加以运用的情形。如果能力没有付诸运用,它就还不是实际的状态。所以友爱还必须互知善意,即相互抱有的善意均为对方所知晓。显然,只有当两个人不仅互有善意,而且互知善意时,这种善意才会促使他们去进行共同的活动,发展相互的感情,简言之,使他们形成友爱。动物之间是否的确不存在相互的善意是一个很难考证的问题。但我们可能倾向于同意亚里士多德,"希望对方好"③ 这种善意即使在高等动物心理上的发展也远远低于在人类心智上的发展。此外,我们还可能同意,在人与动物的关系中,虽然可以有人的单方面的出于选择的善意,例如"爱马的人""爱犬的人"的情形,一般而言,动物不能在人的知觉水平上领悟这种善意,也不能回报以人的心智水平上的善意,虽然我们一般都愿意承认,人与某些动物可以是很好的伙伴,并且某些动物能够感受人的关切和人对其食物与健康的照料。

---

① 《尼各马可伦理学》1155b28-35。
② 《尼各马可伦理学》1155b36-1156a4。
③ 这个用语是亚里士多德在《尼各马可伦理学》中使用的,可以看出,它与《欧台谟伦理学》中使用的"以对方为选择的目的"有差别。

友爱还不仅意味着相互的善意，它同时意味着双方相互地享有属于友爱的善、感情与快乐。在这种关系中，友爱的双方总是相互把对方看作属己的。朋友是我们想得到的并希望作为属于自己的东西而占有的另一个人。这是友爱的最为古老的性质。在最古老的部落时期，如珀西瓦尔——前已提到——所说，一个人总是把与自己有牢固关系的伙伴看作自己占有的事物。① 部落时期人们相互把朋友看作属己，是为着一些实际的目的与用处。古典时期相互享有感情成为相互视朋友为属己的新内容。以希腊的情形看，一个朋友在这个时期总是被看作由肉体与灵魂构成的整体，而不仅仅是自己的肢体的延长。② 这种性质在柏拉图那里以一种否定的方式被阐明：一个存在物不能成为另一个与它同样的事物的朋友，因为它不能给后者（就它们在性质上完全相同而言）增添任何东西，就好像一片树叶不能给另一片与它完全相同的树叶增添任何东西一样。这个推理的前提中有两个核心的东西：首先，一种友爱必须是有用的，即能够使双方相互增益的；其次，对每一方来说，所谓增益就是获得并享有某些原来他不具有的东西。③ 对于亚里士多德来说，显然，柏拉图的结论——两个同样的事物便不能够互有增益是要不得的。因为这似乎只是一个物理学的观察，而不是一个人类学甚至动物

---

① 参见 Percival, *Aristotle on Friendship*, "Introduction", p. xiv, 以及引论第 2 章第 2 节。这种古老的友爱观念在现代也仍然存在。一个文化上的例证是，在今天可考察的一些主要文化中，人们对于家庭的成员总是习惯于称呼为"我的"某某，对于最近密的伙伴，也是习惯于称呼为"我的"朋友。

② 参见上书，以及引论第 2 章第 2 节。

③ 从这种分析中可以看出，柏拉图（"苏格拉底"）的前提中包含着原始的友爱的两个基本要素，即友爱或朋友是一个人（1）向往得到和享有的，并（2）看作属于自己的东西。

学的观察。荷马史诗的那个名句"当两人结伴时——"是一个极有力的反对。人总要结伴,因为他总有目的,也总需要感情。结伴就是为着相互享有目的与感情。然而柏拉图的两个预设则是对的。因为使双方互有增益,使每一方获得和享有某些他原不具有的东西,就是属于所有友爱的最为古老的性质。而那些古老的、不能去除的性质,即那些被人们看作是根深蒂固的性质,也就是事物的固有的或自身的性质。如果友爱具有相互的性质,友爱所追求的善与感情就都具有要被相互享有的性质。两个好人的友爱,在亚里士多德看来,就是人们这样看待友爱自身的根据,因为好人总是相互有用、相互令人愉悦的。没有相互的愉悦,人们就不会共同生活。①

3. 相似性②

相互的善意与感情是发生于一切人中间,还是只发生于相似的人中间?我们已经了解,这是柏拉图《李思篇》中提出的问题。柏拉图讨论的背景是赫拉克利特和恩培多克勒关于友爱的性质的对立的观点。哲学家恩培多克勒主张友爱是

---

① 《尼各马可伦理学》1156b13-16,1157b24-25。

② 亚里士多德在《形而上学》中区分相同(同类)与相似:相同或同类具有实体、形式、数目、种属上的意义,是在这些不同的意义上的一;相似则是指那些"其性质完全相同或相同多于相异,以及那些其性质一样的东西"(苗力田译《形而上学》,《亚里士多德全集》第7卷,第123-124页)。按这种规定,相似在范围上更大些,并且包含了相同。在《尼各马可伦理学》中,亚里士多德几乎在相同的意义上使用相同(同类)与相似。这原因大概在于,他认为在伦理学与政治学这样的实践的研究中,我们可以期求于研究的只能是近似的确定性。由于这一原因,我们在下文中以相似性的观念统指亚里士多德在伦理学中使用的相似性与相同(同类)性这两个略有区别又大致相等的概念,这有助于使讨论更为简洁。

发生于相似的人中间，理由是事物的法则是"物以类聚，人以群分"，如同我们中国人讲"近朱者赤，近墨者黑"。古今中外都有很多谚语支持这种看法，如希腊人说"寒鸦邻寒鸦而栖"，我们中国人说"择邻而居"。哲学家赫拉克利特则认为友爱也像相互吸引的物理现象一样，只在相反物才产生。欧里庇得斯曾以一个物理学的比喻来加以说明：

　　　　　大地干涸时渴望雨露，天空充满雨水时渴望大地。①

同类相斥，异类相吸，这是人类观察自然物理现象以及动物与人类的异性相互吸引的现象而得出的一个古老的结论。各种文明中存在的许多这类谚语就是这种古老认识的印证。如在希腊和中国，一直都有"同行（同类）是冤家"的说法。这句话中蕴涵的生活智慧就是，两个操持同样职业的人必定相互是对手甚至敌人，两个职业相异的人反而会相互友好。

如已谈到的②，柏拉图（"苏格拉底"）试图用友爱中性的概念避开这种两难境地。他在《会饮篇》与《李思篇》中表达的看法是，友爱是中性的，既不善又不恶；友爱不仅不存在于异类的存在物之间，而且不存在于同类的存在物之间，因为一个事物不可能给另一同类物增添任何东西，正如一片树叶不能给另一片同样的树叶增加任何性质一样。然而，如已指出的③，柏拉图的努力虽然在于找到一个中间，以避开在两种对立的意见中陷入一端，他的主旨却在于反对同类物可以有友爱的意见。因为倘若不好不坏的事物被看作与好的事

---

① 这可能是欧里庇得斯的已散失的一部剧本的台词。
② 见第1章第1、2节。
③ 见第3章第4节关于柏拉图的不好不坏的人的困难的讨论。

物不同的另类,则它对美善的爱仍然是异类间的爱。无论如何,对柏拉图来说,异类间的相互增益比同类间的相互增益要合理得多,尽管这种见解与好人只与好人是朋友的常识观察相反。亚里士多德似乎认为,这种考察本身就是走错了路。在《尼各马可伦理学》讨论友爱问题的第8卷开首的一章,亚里士多德谈到这两种考察友爱的物理(自然)性质的对立意见的难题。他以为,我们不可以用考察一种物理的性质的方法,而应当用考察伦理性质的方法来考察友爱。[1] 不妨以一个比方来说明。如果说一块石头不能给另一块与它同样的石头增添任何东西,或者一块石头不能属于另一块石头,这大概不会有何不妥。但是对于两个人或甚至两个有感觉的动物,这就不真实。因为在这样两个存在物之间可以有感情的关系,而友爱显然就是带着感情的关系。亚里士多德的动物学的观察,如前面提到的[2],已经提供了证据,两个同类的感觉动物并不像两个无生命的同类物那样不能在性质上互有增益,它们可能成为朋友,因为它们至少可能在生理上、情感上甚或快乐上可以互有增益。柏拉图跟随两种对立的意见,只是从物理的或自然的角度考察友爱,所以像钻牛角尖似的研究友爱的那些与人无甚关系的性质。如果把友爱作为一种伦理的性质来考察,那么相关的问题主要是,它是只发生于好人与好人之间,还是发生于任何两个人之间,具体地说,发生于好人与不好不坏的人之间、不好不坏的人与不好不坏的人之间、好人与坏人之间,甚至坏人与坏人之间?这些问题才提得比较清楚,而且重要的是,才是

---

[1] 《尼各马可伦理学》1155b7—9。
[2] 见本章上一节。

"与人相关的"。人们应当研究的只是友爱的那些与人相关的品质与品性。①

以亚里士多德的看法，柏拉图的错误还有另一个方法上的原因：他因为反对恩培多克勒的片面观点而走到了错误的另一端，没有抓住那个正确的适度。像恩培多克勒这样的哲学家主张，同类事物中必定有差异，反过来，有差异的必定也是同类事物。以此论之，友爱必存在于相似的人中间，因为相似的人中间才有差异。他们说，因为同类的人中间有这种程度的差异，所以两个同类的人仍然可以有相互享有的期求。柏拉图似乎是因不同意这种见解，所以恰恰要把事情反转过来，主张同类是无差异的，差异只存在于异类的事物之间。如此坚持下来，两个同类的人在他的概念中便像两片同样的树叶那样相同。② 所以，柏拉图的观察经验提供给他的两个同类的人的例证就只是两个坏人：这两个坏人同等地坏；他们越彼此接近就越彼此仇恨、彼此伤害，所以他们之间不可能有友爱。③ 而且，与好人是"成为"好人的情形相反，坏人"是"而不是"成为"坏人的，他们的坏的品性是同样的、始终一贯的。④ 依亚里士多德的看法，这两种见解其实仍然处在两个对立的极端上。因为真实的情形是，程度差异既存在于同类事物中，也存在于异类事物中，因为异类事物是存在最大程度与性质差别的事物。所以一方面，作为同类，好人与好人之间、坏人与坏人之间、不好不坏的人与不好不坏的

---

① 《尼各马可伦理学》1155b7–9。
② 《尼各马可伦理学》1155b13–14。
③ *Lysis* 214.
④ *Protagoras* 344.

人之间有差异；另一方面，作为异类，好人与不好不坏的人之间、好人与坏人、不好不坏的人与坏人之间也有更大差异。① 不过，亚里士多德认为，虽说在任何同类的与不同类的两个人中间都存在程度差异，存在这种差异的性质又有所不同。就与友爱相关的性质来说，两个好人之间的差异小，或者说相同多于相异，因为他们在相互的善意和都有德性上相似。他们相互间总是抱有善意，他们每个人都期求着于对方是善的东西；他们也相互地知道自己对于对方的善意是对方了解的，并且知道对方也对自己抱有这样的善意；同时由于他们都有德性，他们总是在出于这种对对方的善意而为对方做事情，并以这种方式过共同的生活，所以，好人之间的友爱处处都是相似的。而其他的两个人之间，如好人同坏人之间，或坏人同坏人之间，则差异大。好人同坏人之间差异大似无须解释。两个坏人之间差异大，是因为他们只是偶性地具有与友爱相关的那些性质，如善意与共同生活；两个坏人也相似，那是在他们可以因快乐和有用处而成为朋友这点上；他们——如柏拉图所说②——自己同自己（在不同时间）不一致，相互间也不一致。因此，坏人之间的友爱只是偶性的，一旦得不到期求的好处或快乐，他们的友爱就不复存在。就是由于这个原因，人们只把好人之间的相似的友爱看作友爱自身，看作完全意义上的友爱。③

亚里士多德所说的相似的或不相似的友爱，在意义上还有一个与柏拉图相异的方面，即他说的相似与不相似不只是

---

① 《尼各马可伦理学》1155b15。
② 参见 Lysis 214—215。
③ 参见《尼各马可伦理学》第8卷，第3、4章。

从发生友爱的人的德性状态说的,同时也是从发生友爱的直接的原因或目的上说的。人的品质或品性也是友爱的原因,不过对好人的友爱之外的所有其他友爱而言,不是直接的原因。在好人的友爱的情形中,德性状态的原因既是友爱的持久的原因,也是直接的原因。在其他友爱的例子中,这两种原因有明显分别,直接的原因的作用也更明显。就这种直接的原因而言,相似是说两个人因相同的或大致相同的原因而互爱,譬如两个人所期望的都是对方的善,或是某种东西,如荣誉或钱财;不相似则是指他们因不同的原因而互爱,譬如一方期求的是音乐的享受,另一方期求的是服务的回报。好人之间的友爱总是相似的,因为他们总是因相同的原因——相互为对方自身的善——而友爱。所有其他的友爱,好人与坏人的友爱,好人与不好不坏的人的友爱,坏人之间的友爱、不好不坏的人之间的友爱,以及坏人与不好不坏的人之间的友爱既可能是相似的,因相同的或大致相同的原因发生的,又可能是不相似的,因不同的原因发生的。①

不论是就友爱的发生性质而言,还是从友爱的发生的目的原因而言,我们从《尼各马可伦理学》看出,亚里士多德在写作这一著作的时期显然不满意于柏拉图关于友爱既不是相似的又不是不相似的躲闪态度。以他的看法,在一般意义上,友爱当是相似的,因为最有资格被视为友爱自身的好人之间的友爱总是相似的。在这种考量上,亚里士多德显然比

---

① 参见《尼各马可伦理学》第 8 卷,第 3、4 章,以及第 9 卷,第 1 章。关于相似的友爱与不相似的友爱的进一步的讨论,见第 4 章,第 4 节。

柏拉图更借重常识对好人的友爱的观察。① 而在具体的意义上，一种友爱可以或者是相似的，或者是不相似的，因为它们的发生原因或者是相同的，或者是不同的。在这一点上，亚里士多德又比柏拉图更借重常识对所有其他友爱的观察，并实际上把诉诸常识的观察的方法作为重要方法。对于亚里士多德来说，这些友爱的存在是事实，常识对这些事实的观察是讨论的一个出发点。柏拉图关于友爱中德性的见解，在亚里士多德看来，不仅误读了友爱的德性性质，而且离开了观察事实。

4. 亲密性

亚里士多德显然也和对柏拉图一样认为友爱包含着爱，不过，柏拉图的讨论的这种爱就是 ἔρως，亚里士多德讨论的爱既包括 ἔρως，又更主要地是 στέργειν，父母对子女的无处不在并且一直在行动的慈爱感情，作为友爱之爱应主要被理解为一种亲密情感。② 亲密既是达到密切程度的交往，也是在密切的交往产生的相互熟悉和欣喜或愉悦的情感，任何强烈的感情都包含着亲密。

在这里对中国文化同希腊文化对于朋友交游的亲密性的观念做一点比较是十分有意义的。因为我们显然可以在这里看到一种文化上的对比。在中国人的观念中，尤其在"士"

---

① 亚里士多德在《欧台谟伦理学》讨论友爱问题的第 7 卷中多处使用"被观察到的事实"的概念，见 1235a31、b17、1236a25，这种观察事实上是常识的观察，观察的主体事实上是他的时代的希腊人，亚里士多德把这些"事实"作为归纳真意见的候选者的重要基础。

② 关于 ἔρως 与 στέργειν，参见引论第 2 节第 4 小节和第 2 章第 1 节的有关讨论。

的观念中,最好的交往是"淡泊的"。庄子说,"君子之交淡若水,小人之交甘若醴;君子淡以亲,小人甘以绝"①。以中国的知识阶层的看法,好人(君子)间的友爱淡泊才可以持久,过于亲密就会像小人的友爱那样由于甘厚而不能持久。所以《中庸》说"君子之道,淡而不厌"②,这被看作好人之间保持友爱的一条普遍法则。中国知识阶层的这种见识反对过于亲密的友爱,倒不是因为主张友爱必须"浅"而不是"深"。相反,中国知识阶层的理想的友爱都是私交很深的相知者间的友爱,这可以从"士为知己者死"这句人们熟知的箴言看出。对于其中的文化上的原因,我们可以概略说出以下几个相关之点。首先,"君子之交"所重的是德、敬、义,而不是利、禄、惠。所谓德,依孔子所说就是"友直,友谅,友多闻"③;所谓敬与义,程颢、程颐说它们与德并不分离,敬以直内,义以方外,与德不孤一也。④ 敬是持己之道,义是相互关系乃至社会关系的大原则,德是内于心的品性,即先儒说的"内圣",是支持敬与义的"原性"。而德、义、敬的品性都是质朴,不需人为的甘厚矫伪。其次,君子之交"和而不同"⑤,"群而不党"⑥,每个人都追求人格的独立与臻善,卓尔不群,所以在交往上不看重亲密甘厚;小人则相反,同而不和,党而不群,为了形貌上的"和"与"群",就要亲密甘厚。再次,亲密易诱生轻薄,使人失其敬。君子之交,目

---

① 《庄子·山木》。
② 《中庸》,第33章。
③ 《论语·季氏》。
④ 《二程集·外书》。
⑤ 《论语·子路》。
⑥ 《论语·卫灵公》。

的在相互启迪，完善人格，所以要则是互敬其德。相处一旦要亲密甘厚，必然陷于俗媚。所以朱熹说：

> 交游不可无亲疏之别。大凡敦厚忠信，能攻吾过者，益友也；其谄谀轻薄，傲慢亵狎，导人为恶者，损友也。但恐志趣卑凡，不能克己从善，则益者不期疏而日远，损者不期近而日亲，自趋小人之域。①

亲密甘厚只可存于家庭内，家庭需要有亲情，不可用于友人的交游，友情不同于亲情。最后，君子"持身不可轻，用意不可重"。一旦朋友有需要时，施恩也要"内不见己，外不见人"②。好人的友爱纵使友情笃深，也不可过于亲密。友情只可内于心，不可彰于外。简言之，在中国知识阶层的看法中，好人的交往的目的是交往者的人格的完善，由交往发生的感情应当内在于心，亲密会损害这一目的，所以好的交游须是淡泊的。

然而按古希腊人的看法，亲密则是友爱所必需的。亚里士多德是以这种方式谈论亲密的：缺少了它，善意就不是友爱；达到了它，善意才成为友爱。它是一种必须要加上的添加剂，由于加上了它，善意才达到友爱。我们似乎还需要了解，要成为友爱，善意除了必须是相互的并且相互为对方知晓，为什么还需要亲密。对这个问题，亚里士多德，或者还有柏拉图和其他希腊哲学家们会说，这首先因为友爱是有爱的，无爱的友爱自然不是友爱。爱就意味着相互亲近和依恋，就包含亲密，即那种只属于两个人的特殊感情。每一种友爱都包含这种特殊的感情，尽管这种感情有程度的差别。其次，

---

① 《朱子文集·与长子受之》。
② 洪应明《菜根谭》。

亚里士多德还会继续说，善意如果不发展出感情，不包含感情，不包含感情所包含的亲密，就还远不是友爱。因为它没有"强度"，没有感情的相互依恋，而只是一种"希望对方好"的良好愿望。因为，再次，善意只是偶性的，它是偶然间发生的，就好像在观看一场竞赛时发生的那样：我们对竞赛者们发生善意，产生同感。感情则是积累的，人不会突然对另一个人发生感情，尽管感情会有瞬间的强弱的变化。而友爱，因它必然包含着感情，必定也需要感情的积累，而不会在偶然间发生。最后，善意一般地说只是一种"表面性的关切"：一个只怀有善意的人，只是期望其对象好，而不会打算为那个人实际地做什么。他不会为那个人而给自己找"麻烦"，他把为那个人做事情看作"麻烦"，因为他还没有足够的感情驱动他去为那个人做事情。他对他虽抱有善意，但不打算提供"实际帮助"。① 这种情况，亚里士多德说，较多见于老年人。老年人倾向于对人抱有善意，但是不打算做实际的事情实现这种善意。他们彼此说些好话，却不能过共同的生活。② 而他们所以会"变得"如此，是因为他们

> 不信任人，而［他们］不信任人则是由于不如意的经历，由于这些原因，他们爱人不切，恨人也不深，而是按着比阿斯的暗示③，友爱时好像将来会恨，在恨时又好像将来会友爱。④

---

① 参见《尼各马可伦理学》第 9 卷第 5 章。
② 《尼各马可伦理学》1157b14—20，1158a4—10。
③ 按照比阿斯（Βίας）的暗示，κατὰ τὴν Βίαντος ὑποθήκην。比阿斯，希腊七贤之一。在一般意义上，βίας 的意思是偏斜的力。
④ 颜一译《修辞术》1389b21—25，《亚里士多德全集》（苗力田主编）第 9 卷，中国人民大学出版社，1994 年，第 448 页。我在此对原文做了必要改动。

他们的善意主要是出于怜悯。但是他们的怜悯的缘由与年轻人不同：年轻人怜悯是出于爱人之心，老年人则是出于孱弱。年轻人容易去爱，因为他们的生命正在充盈期，他们高兴有共同生活，也因为他们觉得所有的人都是好人，都比自己好，所以他们愿意去爱。老年人则不同。他们认为所有的灾祸都离自己很近，随时都可能落在自己身上，他们认为其他人也是如此，他们是出于这样的原因而怜悯别人。① 他们怯懦、冷漠、心胸偏狭而不必要地自私，善意似乎是他们所能具有的最好的东西。最后，亚里士多德说，善意可以是对一个"不相识的人"的，因它是不怀感情的、表面性的，也不一定发生作用；而友爱总是对于一个相识的人的。所以，只有善意便还不是友爱，它只是友爱的起点。亚里士多德用视觉上的快乐是爱的起点做比喻：

    没有在形象上受到美的诱惑就不会有爱。不过有了对美的形象的愉悦也不见得就会爱。只有不在一处时就想念，就期求着见面，这才是爱。②

同样，只怀有善意并不等于就有友爱，它还要"继续"发展，"达到亲密"，才"成为友爱"。所以互有善意的人只有把相互对于对方的善意付诸行动，善意才会结出友爱的果实。③

  在这样的比照中，似乎希腊人的友爱更关注友爱的生成，中国士人的友爱更关注友爱的最终目的；希腊人的友爱视亲密感情为必要，中国士人的友爱则视最亲密的感情为家庭专有，而视友爱即便需要也只是一般的感情；希腊人主友爱的

---

① 颜一译《修辞术》1390a18—21，《亚里士多德全集》第 9 卷，第 449 页。
② 《尼各马可伦理学》1167a3—5。
③ 《尼各马可伦理学》1167a5—6。

感情的彰明，中国士人主友爱的感情内在于心。即以这种分析来看，似乎我们中国人所说的最好的友爱更应当称为友谊，以别于希腊人的重视亲密感情的友爱。不过，我们必须明白一件事：文化的比较并不是可以以这种简单的文字处理的，尽管某些处理的方式可能对于理解有很大帮助。文化的最深的根源是处于混沌中的，无论怎样以文字来处理，所见的也只是"浮出"的冰山一角。而且，特别容易忽略的是，在那见不到的更宽厚的根基中，有许多共同的文化渊源。就以友爱来说，我们可能会忽略，希腊的和中国的最好的友爱都是以对方与自身的善或德性为目的的，如此等等。不过，我们只得在这里结束这一讨论，因为这需要更专门的研究。

5. 共同生活

与亲密感情联系在一起的是共同生活，亲密感情显然只有在共同生活中才能形成。这甚至是人与一个无生命物或有生命的爱物的友爱关系的性质。一个爱山者必定要经常去爬山，与山纠缠在一起，过共同的生活。一个爱马者必定也要与所爱的马有经常的共同生活。动物中也有友爱的共同生活也是一个得到了许多观察的事实。有些群居动物的共同生活有发达的社会性。有些动物则是对偶共同生活，如亚里士多德指出的——前已提到①，两个友爱的禽鸟也总是同栖同飞。中国文化倾向于把亲密感情归属于家庭，也是因为中国人的

————————
① 见本章第 2 节。

最亲密的共同生活是在家庭之中。家庭或家族之外的共同生活，即所谓交游，如上文中所说，与家庭的共同生活在亲密程度上差别很大。就社会生活的原因来说，一方面这是因为中国的公共生活在历史上不甚发达，往往止于村社即扩大了的家族的范围。而在另一方面，中国文化又一直保持着重视家庭的特点。这种文化在进入现代社会的时期显示出它在保持家庭的吸引力方面具有优点。我们已经看到[1]，在希腊人的家庭外，共同的政治参与、军事组织、宗教祭礼、庆典，以及共餐制，对于古代希腊人具有何等的重要性。对于希腊人来说，做一个朋友，那就是说，要在这些城邦的共同生活中与另一个人相互结伴，意味着与那个人过相依相伴且相互崇拜欣赏的共同生活。希腊人熟知的诗句说，"久别故人疏"。两个人一旦在空间上长久分离，不能共同生活，友爱就慢慢淡忘了。[2] 这会使我们联想到我们中国人说的"人走茶凉"。两句话的语意诚然是相似的，但是其中的文化含义显见地有差别。希腊人这句诗是期盼保持共同生活，我们中国人的这句话是期盼人虽分离但情犹在，"茶不凉"。因我们从"士"阶层的观点看，希望的是友情不依赖于亲密交往，虽空间上分离也长久不衰，伤感的是友情在朋友双方分离后常常会终绝的世态炎凉。以我们中国人的观念，家庭生活第一，朋友交往其次。希腊人则以两者相并，甚至——就希腊的公民社会而言，以后者为偏重。所以亚里士多德批评有的人相互崇敬，相互说些赞美的话，却不能一起生活。他说这更多的是善意，而不是友爱。因为：

---

[1] 见第1章第4节。
[2] 《尼各马可伦理学》1157b11—13。

> 没有什么比寻求共同的生活更是友爱的标志了：穷人期求友人的周济，就是幸福的人也愿意有朋友一起共度时光（他们是最不愿意过孤独生活的人）。①

显然按他的观点，大概也按他那个时代许多希腊人的观点，一个好人不应当只有善意，而且要与朋友共同生活，从事共同的活动，比如讨论哲学，就是说，要实际地与别人做朋友。所以，以亚里士多德——或者还有柏拉图和其他一些哲学家——的诠释，共同生活属于友爱自身，就像是友爱的承载体，因而也像友爱自身一样具有目的的性质。②

不过，按亚里士多德的看法，过友爱的共同生活并不是一件轻松的事。友爱不是随便什么人、随便什么时候都可以发展的。"好脾气和好交往是友爱所必备的条件"，亚里士多德说，所以老年人和乖戾的人中间很难产生友爱，因为他们"脾气坏，厌恶社交生活"，而年轻人则"很快就成为朋友"，因为他们喜欢共同生活。③ 同时，共同生活也总要有快乐，没有快乐，人们就不愿共同生活。老年人很少给人快乐，所以老年人很难交朋友。年轻人容易交朋友，因为他们容易彼此快乐。然而年轻人的快乐总是来得快也去得快，在有快乐时他们朝夕相处，在没有快乐时就各奔东西。只有在好人之间，共同生活才稳定持久。因为，这样一些人都是因对方自身之故而愿望共同生活的，而且"这种善意不是出于情感，而是

---

① 《尼各马可伦理学》1157b18—24。
② 我们可以在友爱是幸福的必要构成部分的意义上说，亚里士多德把友爱看作自身即是目的的东西。关于亚里士多德对于友爱同幸福的关系的看法，将在第 10 章做进一步的讨论。
③ 《尼各马可伦理学》1158a4—10。

出于确定了的品质"①。

所以显然，每个人都需要选择适合的人去与他一起过共同的生活：共同生活就是一种每个人要去选择的生活。每个人都要择友而交，而他们的选择又总是出于他们各自的确定了的品质。例如，有的人在一起饮酒，有的人在一起赌博，因为他们适合他们的品性的活动就是饮酒或赌博；另一些人则在一起锻炼、打猎或者讨论哲学，因为这些是适合他们的品质的活动。每种人都以他们最喜欢的方式在一起共度时光。因为，由于他们愿望和朋友一起生活，他们总是去做那些能给他们以共同生活的感觉的事情，并且共同进行这种活动。②所以这种生活是人们相互选择的生活。坏人总是与坏人在一起，而坏人的共同生活对他们自己也是坏事；因为他们都追求恶，他们的交往使他们更加恶。而好人的共同生活则对他们也是好事，因为他们相互间都以对方的令人愉悦的品性当作自己的榜样，这就是人们常说的"好人跟好人学"③。所以在这些人的共同生活中，每一个人都对于对方是善，即便他们各自都有些偶性的品性，因为

> 与他的善所带来的快乐相比，他任何偶性品性也都不会带来任何妨害。因为，气味不地道的人会被抛弃；这样的人应当以好人的善意为满足，而不是共同生活。④

但是选择这样的朋友是非常难的。"选择朋友"这件事，亚里士多德说，显然与"选择罩袍"不同。在"选择罩袍"或别

---

① 《尼各马可伦理学》1157b33—34。
② 《尼各马可伦理学》1172a3—8。
③ 《尼各马可伦理学》1172a9—15。
④ 《欧台谟伦理学》1237b6—8。

的东西上,一般地说,一个人总应当选择更好的。但是选择朋友就比较复杂。如果你的确知道一个人更好些,那么也许应当去同那个人做朋友。但是,你只有通过检验才会知道那个人是否更好。而一个人显然不应当抛弃一个老朋友而去选择一个不知道是否更好的人。①

而检验一个人是否真的更好,是否真的更值得与之做朋友,就更不是一件简单的事情。其他不论,亚里士多德说,检验需要共同生活和时间。因为,一个人并不因为他想成为朋友就马上是朋友的。然而,

> 这种状况极容易被看作友爱,因为当人们想做朋友时,由于在每件事上都彼此给予友爱的帮助,他们就以为,他们不只是想做朋友,而且已经是朋友了。然而友爱的情形也和其他事情的情形相同:正如一个人并不因他想健康就健康一样,人们也不因为他们想做朋友就是朋友。其证据是,如果没有相互的检验,这些人就极容易不和睦。②

没有经过时间和共同生活检验的人,只是想成为朋友的人,还不是真朋友。要想检验一个人是不是真朋友,就要长时间地同他共同生活:只有一块儿"吃够了咸盐",人们才能相知,成为真朋友。③ 要检验一个人,亚里士多德说,不仅需要时间,而且需要有识别人的经验。共同生活中也有假象,坏人并不总是表现出他是坏人的。虽然坏人总是爱东西而不是

---

① 《欧台谟伦理学》1237b37—1238a1。与亚里士多德的这种观点相比较,我们中国人大概更倾向于不抛弃一个老朋友的态度。
② 《欧台谟伦理学》1237b16—25。
③ 《欧台谟伦理学》1237b36—37;《尼各马可伦理学》1156b26—28。

爱人，但是好人容易受骗，他们容易听信坏人的假话，或受坏人的伪装的蒙骗。所以要检验一个朋友，一个人就要通过自己的经验学会识别人，而不是轻信人。① 此外，由于共同生活是相互共享的生活，亚里士多德说，一个人自然地不能去检验很多的人。这个道理是非常明白的。首先是，共同的生活都要求感情，而一个人的感情显然不能分属于过多的人。如已说明的②，亚里士多德所举的最突出的例子是情爱。情爱是一种要求非常亲密的共同生活的激情，必须"由一个人所独占"③。当然，如果有可能和许多朋友共同生活，同时都有共同的感情，人们就会结交尽可能多的朋友。但这是极其困难的。共同的感情必然只在极小的范围内才存在。既然对一个朋友只能通过投入感情的共同的生活来检验，一个人就很难"对许多人加以检验"。更何况，检验一个朋友不是一朝一夕的事，需要长久的经历。④ 所以，按亚里士多德的观点，一个人归根结底只能有少数几个经过相互检验的朋友，因为很明显，他只能同少数几个人相互分享感情与共同生活。

6. 德性

我们已经了解⑤，按亚里士多德的看法，友爱不同于单纯的感情（尽管它伴随有感情），也不同于单纯的善意，它"是

---

① 《欧台谟伦理学》1237b29-30。
② 见第 2 章第 1 节。
③ 《尼各马可伦理学》1158a13-14。
④ 《欧台谟伦理学》1237b35-37。
⑤ 见第 2 章第 1 节，本章引言及第 1 节。

一种德性，或者有［一种］德性"①，这种德性存在于两个人的共同生活之中。但是我们还需要进一步了解，为什么应当把友爱本身看作德性的，友爱作为德性与对于另一个人的单纯的感情和善意，以及与看似非常接近于它的友善品质，有怎样的区别。

说友爱"是一种德性"，是说友爱自身还不是德性，因为友爱者不美不善，还不具有德性，其友爱也是如此的，但是就它在欲求美善，欲求德性、追求智而言，它是一种德性，即在接近德性的德性。那么，说它"有［一种］德性"又指什么？根据我们上面关于友爱的性质的讨论，这一点就已经明白，那种"相互欲求并相互给予善"并在"共同地生活"的友爱就是一种德性。这种友爱最充分地体现在两个好人的爱智慧的友爱之中。他们是好人，因而有德性，他们因为相互的德性与善而友爱。并且，他们的友爱必然是爱智慧的。所以友爱如果是，就是这种德性。如果不是而只是具有，那么就是具有或离不开这种德性。

在这点上，我们的看法与斯图尔特（J. A. Stewart）和哈迪的看法是一致的。斯图尔特认为友爱"是"或"有"的这种德性就是亚里士多德在《尼各马可伦理学》第 8 卷第 3 章阐述的"完善的友爱（τελεία ἡ φιλία）"，这种友爱存在于两个好人之间，友爱的那种共同的善最充分地体现

---

① ἔστι ἀρετή τις ἤ μετ' ἀρετως,《尼各马可伦理学》1155a2。ἔστι ἀρετή τις，是一种德性；μετ' ἀρετως，有德性，据上下文，指有［一种］德性，μετ'，介词，意义是与……在一起，伴有，有；ἀρετως，德性，属格单数。罗斯译 μετ' 为"包含着"（implies），莱克汉姆译为"涉及"（involves）。但他们都注意到亚里士多德说"是一种德性"，而在说"包含着德性"时没有加上"一种"。但是亚里士多德使用的是单数属格，据上文，应当指刚提到的"一种德性"。

在这种友爱中。① 哈迪同意这种看法。他认为，亚里士多德说友爱"是一种德性"或"有（或包含）[一种]德性"是欲表明，善的友爱即好人之间的友爱总是包含着德性，或是以德性为条件的。因为，在这种友爱中，由于友爱的双方都具有德性并且在有德性这点上相似，由于友爱双方间的互爱都是因对方的善或德性，由于互爱的双方都因对方自身之故而为对方去做事情，这种友爱总是包含着德性。②

斯图尔特与哈迪的解释是合乎亚里士多德的观点的。我们的确有理由认为，亚里士多德说友爱包含着德性是就最有资格被视为友爱自身的好人之间的友爱说的。好人或有德性的人之间的友爱包含着德性不应当被看作一个同义反复语，因为"有德性的人"不等同于"有德性的人之间的友爱"。哈迪的解读的主要启发还在于，它可以使我们更清楚地理解亚里士多德关于善的（德性的）友爱最有资格被视为友爱自身的观点的最主要的旨趣。按照亚里士多德的观点，既然我们的一切活动与技艺所寻求的是相对于我们的可达及的善，我们的友爱也是如此。既然处于完美状态的我们灵魂的最高部分的完满的活动所达到的就是相对于我们的最高的善，即那个作为人的目的的善本身，我们中间的最好的人——那些被称为好人的有德性的人——之间的友爱所达到的也就是友爱所能达到的相对于我们的最高的善。所以只有在这些好人中，感情的友爱才最充分完美，也只有在这些好人的友爱中，人

---

① Stewart, *Notes on the Nicomachean Ethics of Aristotle*, II, Clarendon Press, 1892, p. 266.

② Hardie, *Aristotle's Ethical Theory*, Clarendon Press, 1968, p. 319.

的善才实现得充分完美。① 因为，这种友爱是那些有德性的人相互之间的友爱，是他们之间的积极的爱；这种友爱是相互为着对方自身的善的，因而自身也就是善的，并且始终是令人愉悦的和相互有益的。所以按照亚里士多德的观点，好人之间的善的（德性的）友爱最终说来与人的目的有着直接的联系。

如已表明的②，亚里士多德说友爱是一种德性，一种伦理品质，除了要把它区别于"智"之外，另一个主要的旨趣是要说明友爱不同于单纯的、自然的爱。人的灵魂，亚里士多德说，有三种存在状态：感情（或激情）、潜质和品质。爱显见地是激情，潜质是"使我们能感觉那些情感的"能力，品质区别于这两者，是"我们对那些情感所持的好的或坏的态度"。③ "好的态度"一是恰当的，既不过度也非不及的。但更为重要的是，这种情感是与好的活动、好的实现联系在一起的。而好的活动、好的实现，是依照德性的活动、依照德性的实现。所以，作为感情上的德性，友爱与爱的区别就在于，爱只是涉及另一个人的感情或激情，友爱则是两个人相互的，基于共同的依照德性的活动与实现而生成的感情或激情，这种感情或激情所以是好的，友爱也所以是对这种感情或激情的好的处理或好的运用。

把友爱与爱进行区分，前已提到④，这是对柏拉图的修正。在《欧台谟伦理学》中，友爱与爱的区分主要在于它是"以对方为选择目的"的爱。⑤ 在《尼各马可伦理学》中，这种

---

① 《尼各马可伦理学》1156b24-25。
② 见第2章第1、2节，第3章第2节。
③ 《尼各马可伦理学》1105b25-27。
④ 见第2章第1节。
⑤ 《欧台谟伦理学》1236b4，1220b11-20。

区分更进了一层，一方面，亚里士多德更明确地把友爱看作一种与爱或激情相区分的德性，或一种"确定了的品质"。根据这种区分的观点，爱如柏拉图所说是中性的，既不美又不善的，友爱则是伦理德性即实践的理性的一个要素，所以对爱，

> 对激情我们并不说高尚和卑下，既不赞美，也不斥责，只有德性与恶才受到称赞和责备。①

对爱或激情我们既不赞美也不斥责，因为爱作为激情大抵是我们无法选择的，当它与一种好的活动联系，我们称赞那种活动，也称赞那种爱；当它与一种恶的行动联系，我们谴责那种行动也谴责伴随它的那种爱。而友爱作为"相互的爱"必然伴有选择和慎思，"而选择是来自一种确定了的品质的"②。爱虽然在本性上听从实践理智，追求着美善与智，友爱则比爱更高、更优越，它是爱德性事物、爱德性的那个爱，因此包含了选择，并且是相互的。所以，友爱就好像是为着善的目的的那种相互的爱。

另一方面，亚里士多德说友爱是或有一种伦理德性的另一个重要旨趣是把它区别于单纯的善意以及友善。

友爱与善意的区分在类比的意义上可以说也是友爱与无感情的目的意愿的区分。因为，善意是单纯的意向，它不带有感情，所以缺少激发行动的力量。作为友爱的起点，在一种类比的意义上可以被视为友爱的意愿。因为有友爱品质也像有知识一样有两种意义：一种是实际地做朋友所应当做的事的朋友，另一种是只具有做朋友的意愿而没有做朋友所应

---

① 《尼各马可伦理学》1105b30-1106a1。
② 《尼各马可伦理学》1157b30-32。

当做的事的朋友。后一种人如果说是朋友，也只是在与前一种朋友类比的意义上说的。一个远离的朋友由于不能实际地过共同的生活，只是一个有做朋友的意愿和潜质的人。一个只有善意而没有把他的善意付诸行动的人，正是像一个远离的人那样不能成为实际的朋友。所以，在这种转义上，善意可以说是那种潜质的、停留于单纯意愿的、"尚未起作用的"友爱，它必须发展到亲密才能成为原本的或真正意义上的友爱。①

然而，关于友爱作为一种与感情相联系的德性包含哪些内容，亚里士多德却没有明确地说过什么。我们只能从《尼各马可伦理学》中看到一些暗示。在亚里士多德的看法中，友爱所以是一种德性，似乎与它的高尚有关。他说友爱不仅是必要的，而且是高尚的。② 必要的友爱，他指的是我们每个人都需要朋友，城邦生活的维系不只需要正义，还需要友爱，等等。必要的东西一般地说不高尚，因为它常常只是满足某种紧急需要的手段。但是友爱不只是一种我们需要的善，而且是某种更好的、更高尚的东西。作为德性的友爱诉诸的不是必要的东西，例如交易，而是比必要的东西更好、更高尚。他还说人们一般把广交朋友看作高尚的事，尽管这根据他的分析是很困难的。他还说按照人们的看法，一个真朋友必定就是一个好人，一个高尚的人。③

而友爱之所以高尚，又似乎是因为它所包含的共同活动与实现是高尚的，在这种共同活动与实现中每一方都表现出对于对方的善的积极的爱，这种爱是高尚的，而且最能表达

---

① 参见《欧台谟伦理学》1241a1–16；《尼各马可伦理学》1166b30–1167a21。
② 《尼各马可伦理学》1155a26。
③ 《尼各马可伦理学》1155a27–32。

友爱自身的高尚。在这点上，我们在他的两部伦理学中都能得到印证。

　　友爱更多地在爱之中。①

　　积极的爱是把被爱者作为他自身来对待，所爱的是朋友他自身，而不是他作为另外的什么。②

最突出的例证是母亲对孩子的爱。母亲对孩子的爱是对于孩子本身的，是始终的，她并不期求爱的回报，而总是以爱为喜悦；相反，一个母亲如果不爱孩子，那是荒谬的。③ 同时，积极的爱总是意味着行动：母亲总是通过不断地为孩子做事情来爱的。所以积极的爱的行动，按照亚里士多德的看法，不同于单纯的对于另一个人的爱，它在本质上是属于友爱的。单纯的爱，如已说明的④，就其本身来说只是感情，并且这感情尤其诉诸视觉。例如，情爱中的爱者最渴望的是"看到"被爱者，是看到他的感情在被爱者方面得到愉悦的回应。此外，欲爱中的爱者虽然是行动的，他所渴望的却只是一种特殊的快乐，而不是感情。然而积极的爱既是行动的，又是感情的：它是行动着的感情。并且，这感情的行动是为着另一个人自身之故的，而不是为着某种特殊的快乐。所以，在积极的爱的行为中总是有"高尚的东西"，因此人们总是称赞那些爱朋友的人。⑤

　　亚里士多德把友爱看作一个人在哪个生活领域的德性？

---

① 《尼各马可伦理学》1159a35。
② 《欧台谟伦理学》1237b1-5。
③ 《尼各马可伦理学》1159a28-35；《欧台谟伦理学》1235a33。
④ 见第2章第1节。
⑤ 《尼各马可伦理学》1159a29-30，1168a11。

谈及这个问题，我们或许需要联系到亚里士多德认为与友爱关系最近的那些德性。因为，在友爱所相关的那个生活领域，按照亚里士多德的看法，有三个联系紧密的德性。但是，与我们今天的认识可能相差很多，亚里士多德认为与友爱最相近的另外两个德性是诚实与机智。因为，诚实、友爱与机智都是一般的语言和行为的交往方面的德性。不过在这三个德性之中，诚实相关于语言和行为的交往的真实性，机智与友爱则相关于交往的愉悦性。① 所以，友爱虽然当然也与在财物与荣誉等事物上同另一个人的交往有关，但亚里士多德首先把它看作在语言和行为的交往中让与之交往者愉悦的品质。所以，友爱也被看作与机智关系最近的。不过，由于机智主要是在双方为着娱乐目的而进行的交往之中的，亚里士多德把友爱看作有关所有生活场合的，因为在范围上比机智广泛得多。友爱，按照亚里士多德的看法，是在各个生活场合中与交往的愉悦性质有关的德性，它是乖戾与谄媚或奉承的中道，因为，

> 以应当的方式是愉悦的人［就称为］友爱的，这种适中状态［就称为］友爱，而过度的人，如果不为着什么，［就称为］谄媚的人，而如果为他自己的好处，［就称为］奉承的人，而不及的和在所有事情上都让人不愉快的人，［就称他为］一个好争吵的、乖戾的人罢。②

但是，在这个广泛的生活场合中，在乖戾与谄媚或奉承

---

① 《尼各马可伦理学》1108a11–13。
② 《尼各马可伦理学》1108a26–30。我对这段引文做了校订。重要的修改在于，我在2000年河南人民出版社与2009年北京师范大学出版社出版《亚里士多德友爱论研究》中将这段文本中的"友爱"错译为"友善"。我在这里改为"友爱"。

这两个极端之间，还有一种与交往的愉悦性质有关的，既与友爱同根而发，又与它有些不同（因为还未达到友爱）的品质，它也在乖戾与谄媚或奉承之间，是那个适中，但是没有名称，我们以亚里士多德在后面谈论它的方式，把它叫作友善。①

友善似乎是处在单纯善意与友爱之间的。一方面，它也像单纯善意那样不怀有感情——

> 它与友爱的区别在于对所交往的人不怀有慈爱感情；因为，友善的人以应该的方式做每件事不是由于喜爱或恨，而是由于他是那样的人。（《尼各马可伦理学》1126b23-25）

从这方面看，友善与友爱应该是区别很大的。但另一方面，友善是又与友爱非常接近。因为首先，友善已与善意有了区别：它已不是尚未起作用的意向，友善的人也在每件事上行为适度，既不谄媚、奉承，也不乖戾。它是在交往的愉悦性方面的那种适中品质，是见诸活动的行动着的友好的善意，只是没有名称，是正确对待邻人的方式，如果加上那份感情，一个友善的人就是一个友爱的"朋友"了。②

这样，我们就大致说明，按照亚里士多德，友爱在何种意义上是德性或具有德性，以及它作为这种德性，与单纯的爱，与单纯的善意，以及与善意相联系的友善，有何种区别。

---

① 亚里士多德《尼各马可伦理学》第 4 卷第 6 章讨论了这种品质而没有给出其名称。但是，他在后面的第 8、9 卷的有关讨论中给出了对这种品质的两个描述词——φιλικὸν（友善的）(1155a29) 和 τὰ φιλικά（友好关系）(1156b30)。

② 《尼各马可伦理学》1108a21-22。

第 4 章

友爱分述（一）：实用的、快乐的和德性的

我们已经在一些地方表明，按照亚里士多德的观点，在不同的人们之间存在着不同的友爱；在各种不同的友爱当中，好人之间的善的（德性的）友爱最有资格被视为友爱自身；这种友爱是爱美善和爱智的，属于这种友爱的那些一般的性质被人们视为友爱自身的性质。在接下来的两章，我们将讨论亚里士多德对于这些不同友爱，以及它们的相互比较的主要的看法。这将使我们对后面讨论的问题有更清晰的理解。

1. 三种友爱的性质与比较

我们接下来讨论亚里士多德的讨论中特别引起我们兴趣的内容，即他关于三种友爱的不同性质的说明。

我们先来考察基于实用的友爱。这种友爱，如我们已经知道的，是相互因对方的有用而发生，并且为着得到这种益处的。所以互爱的双方都不是为对方自身之故而爱，而是为

着对方"所能产生的好处而爱的"①。亚里士多德说这种友爱最常见于老年人之中，因为老年人所追求的不再是快乐，而是好处②：

> 他们活着是为了有利的事物，而不是为了高尚的事物，而且往往超过了必要，他们是一心自爱的人，有利的事物是对一个人自己的善，高尚的事物则是单纯意义上的善。③

那些其生活宗旨就是获利的青年人和壮年人也是这样。这种人不大友好交往，甚至不大愿意待在一起，"除非他们能相互获益"。所以，这种友爱不存在于好人之间，因为好人之间的友爱不是为着对方的有用的，而只存在于坏人之间，或是好人同坏人、好人同不好不坏的人之间。④ 此外，快乐的友爱是双方都是因对方能提供的快乐而发生的。所以这种友爱也不是为对方自身之故，互爱双方都是爱对方带来的快乐。这种友爱最多见于青年人的生活中。青年人的友爱大多是因快乐而发生的：

> 青年人凭感情生活，特别追求那些是他们快乐的和当下存在的东西。然而随着年龄的变化，那些令人愉悦的东西也改变了。所以他们会很快成为朋友，也会很快断绝往来。令人愉悦的东西改变了，友爱也就随着改变的，而青年人的口味是改变得很快的。⑤

---

① 《尼各马可伦理学》1156a11-12。
② 《尼各马可伦理学》1156a24。
③ 《修辞术》1389b37-39。
④ 《尼各马可伦理学》1157a16-18。
⑤ 《尼各马可伦理学》1156a32-36。

但是快乐的友爱不仅存在于青年人中间，它也存在于坏人之间，不好不坏的人之间，以及好人同坏人或不好不坏的人之间。当然，就这种友爱而言，这样的两个人并不是作为好人或坏人在交往，而是作为两个邻居、同事、"音乐家"或"音乐爱好者"① 在交往。好人与坏人，只是我们对于对方的"为人"的一种估价，这种估价总是基于对他的品性或本性的了解的。最后，关于善的友爱，我们已经知道，它是两个人基于对方的善而发生的。像这样的友爱只能发生于两个好人即有德性的人之间。因为只有好人即有德性的人才能够因对方自身之故而愿望他好，并且只有在好人之间才能相互抱有这样的善意和感情。好人之间之所以能够这样，是因为他们都具有德性，而德性的本性是相似的。亚里士多德认为，这种友爱才是最好的友爱，才有资格被视为友爱自身。所以我们看到，他在不同地方所做的关于友爱的定义都是对善的友爱的定义：

> 如果一个人愿望于另一个人是善的或他认为是善的事情，且不是因他自己，而是因那个人自身之故，他就被视作一个朋友。(《欧台谟伦理学》，1239a24-26)

> [朋友是这样的人，他]为另一个人愿望他认为于那个人是善的事情，不是因他自己，而是因那个人自身之故，并根据他的能力尽力去那样做。(《修辞术》，1380b36-1381a1)

> 一个朋友是因对方自身之故愿望并且实际地做于对方是善的，或看起来是善的事情的人。(《尼各马可伦理

---

① 《欧台谟伦理学》1138a37。

学》，1166a2-4)①

正如亚里士多德倾向于把快乐的友爱与青年人的生活相联系，把实用的友爱与老年人的生活相联系一样，他也倾向于把善的友爱与中年人的生活相联系。壮年人是青年人同老年人的中间。青年人做事情宁愿高尚，老年人做事情只重实利，中年人则"兼顾两者"。青年人精力旺盛，处于上升期，老年人怯懦畏缩，生命在衰竭，中年人则处在身体和灵魂的鼎盛期。② 既然德性就是中道，健康的中年人就拥有最多的德性。他们的友爱也就最接近于善的、德性的友爱。这种联系在亚里士多德那里是不言自明的。例如，我们读到，"坏人和蠢人对好人和聪明人的关系"，就如同"孩童和牲畜对成年人的关系"，所以好人、聪明人就相当于成年人。所以关于快乐，他说：

> 不是令孩童和牲畜愉悦的东西，而是令成年人愉悦的东西才是真正令人愉悦的；对于他们来说，与他们的习惯相合的东西就是令人愉悦的，而这些东西是善（好）的和健康的。[因为,]处于中道的人以正常的东西为愉悦而没有欲望。③

这是对希腊人的生活观念的一种表达。在这种观念中，向上是善（好），是生命的上升，向下是恶（坏），是生命的衰落。人是有死的存在物，使人的生命向上的事物是善的，反之就

---

① 这里列举的三个定义中，《欧台谟伦理学》的定义没有友爱、德性的行动方面的内容。从这一点判断，《修辞术》的写作时间应与《尼各马可伦理学》接近，而距离《欧台谟伦理学》较远。

② 《修辞术》，第24章：身体的鼎盛期在30—35岁，灵魂或心智的鼎盛期在49岁左右。

③ 《欧台谟伦理学》1236a2-6，1239b38-39。

是恶的。所以火是好的,水是坏的,纯酒是好的,掺水的酒是坏的。人向上而接近完美,就几近于神。中年人处在向上的鼎盛期,所以中年人的生命是最有德性的。相比之下,老年人的生命是坏的。如已提到的①,他在《修辞术》中说,老年人"凡事往坏处想","不信任人","冷漠","自私"②,如此等等。我们可以据此判断,老年人在希腊生活中的地位,与中国农耕时代以来老年人在村社生活中的受尊重的地位相比,可能要差一些。希腊社会是一个健康的壮年人起着权威性的作用的社会,这种作用不仅存在于城邦的经济、政治、和军事生活事务中,也存在于道德中。

与善的友爱相比,亚里士多德说,快乐的友爱和实用的友爱都是不稳定、不持久的,因为互爱的双方都只是为着对方所能提供的快乐或用处,一旦这种快乐和用处不存在了,友爱也就终止。而善的友爱,因为互爱的双方都是因对方自身之故而愿望着并尽力地做于对方是善的事情的,这种友爱最稳定、最持久。而且,在快乐的友爱与实用的友爱中还无法避免离间与怀疑;只有好人之间的善的友爱才不会受到离间。因为,善的友爱都必须经过长时间共同生活的检验,很难相信一个人与其朋友相交多年久经考验,相互信任,却相信关于他的坏话,去做对于对方是不好的事情。③

但是,按亚里士多德的看法,快乐的友爱与实用的友爱之间也存在重要的差别。其一,快乐的友爱有时也能持久,如果快乐的朋友在他们的亲密交往中渐渐变得"相互喜爱对

---

① 见第3章第3节。
② 《修辞术》,第13章。
③ 《尼各马可伦理学》1157a1–25。

方的品性，并且在品性上变得相似"；实用的友爱则不可能持久。其二，快乐的友爱中有较大的慷慨，年轻的朋友在一起只追求快乐，而不计较得失；实用的友爱中却充满斤斤计较。① 所以，在实用的友爱中总是充满抱怨，因为

> 他们在为自己的益处而利用对方时总想在交易中占到便宜，总认为自己所得到的少于应得。所以他们抱怨他们的伙伴们，因为他们没有得到所要求的东西。而人们无论怎么做，也满足不了那些贪欲之心。②

相比较之下，在快乐的友爱中就不会有抱怨发生。因为如果双方的快乐就是共同相处，那么他们在这种相处中就已经得到了各自所向往的东西，而如果有一方抱怨，说他并没有得到所想要的，那么他就会显得没有道理，因为他本来可以不来参与这种共同的生活。③ 由于这些原因，这两种友爱不大相容，人们不大会"既由于快乐又由于实用而成为朋友"，即便有时人们成为这样的朋友，那也是由于偶然的事情，而不会总是如此。④

所以，在这两种友爱中，快乐的友爱更接近善的友爱（如同青年人更接近壮年人），而实用的友爱则离开善的友爱距离较远。因为，实用的友爱常常发生于两个坏人之间。坏人自己对自己做事不稳定，甚至自我伤害，他们相互间做事也不稳定；他们可能有短时间的友爱，因为他们以对方邪恶为愉悦；而为了这种短时间的快乐，他们即使被伤害也不得

---

① 《尼各马可伦理学》1157a10—11，1158a20—22。
② 《尼各马可伦理学》1162a16—21。
③ 《尼各马可伦理学》1162a12—15。
④ 《尼各马可伦理学》1157a32—34。

不彼此忍耐。而有德性的人不仅自己做事稳定，相互间做事也稳定，他们相互间不会有卑劣的要求，也不会去提供卑劣的帮助，因为好人自己不会去做坏事，也不会容许朋友去做坏事。① 所以在这些方面以及许多其他方面，坏人之间的基于实用的友爱都同好人之间的善的友爱构成对照。②

2. 善的友爱与低等的友爱间的关系

所以，按亚里士多德的看法，在这三种友爱中，两个好人之间的善的友爱是最好的，它也最受人们称赞，所以友爱的本性的东西的确更应当在善的友爱中寻找。与善的友爱比较，快乐的友爱与实用的友爱是低一等的友爱，尽管在快乐的友爱与实用的友爱之间仍然有一些重要的差别，尤其是，快乐的友爱总体上说是非功利的，而实用的友爱则是功利性的。在最一般的意义上，这三种友爱的关系就是高等的友爱同低等的友爱的关系。

但是这不等于说，亚里士多德是认为，每种低等的友爱都在"摹仿"那种高等的友爱。他的基本的观点是，快乐的友爱和实用的友爱是两种这样的关系：它们也具有属于善的友爱的某些性质，然而是出于偶性，因而人们也把他们指说好人的善的友爱的那个名称用在这两种关系上。关于快乐的友爱与实用的友爱偶性地具有的那些友爱性质，亚里士多德

---

① 参见《尼各马可伦理学》1159b3 – 11，1169a14 – 16；《欧台谟伦理学》1236b15–17。

② 参见第 6 章第 1 节中的有关讨论。

经常谈到它们也追求某种善，具有相互性，以及也追求某种共同生活，等等。按他的看法，属人的善是多种的，所以即便是两个坏人的实用的友爱，也追求着对于他们是某种善的东西。不过如已说明的，坏人由于他们的恶的品性，他们所追求的实际上不是对于他们是更好的东西。他们倘若与好人交往，他们所能领悟的善就将不同于他们在与同他们一样坏的人交往时所能领悟的善。所以亚里士多德又说——如已说明的，坏人的共同生活对于他们不是善，因为这种生活会使他们变得更坏，正如两只乌鸦在一起比一只乌鸦更黑。①

在说明善的友爱同这两种低等的友爱的关系时，亚里士多德在两部伦理学著作中使用术语有一些差异。普赖斯敏锐地观察到，亚里士多德在《欧台谟伦理学》中对善的友爱使用的限定词是"原本意义上的"和"首要的"，在《尼各马可伦理学》中使用的则是"完善的"和"圆满的"；相应地，他用来限定低等的友爱的词在前者中是"衍生的"或"另一种意义的"，在后者中是"类比的"。② 在《欧台谟伦理学》中，普赖斯指出，亚里士多德在"明确地"以一种"核心联系"③的分析模式来表达这种关系，即

   原本的定义： 甲在本性的意义上爱乙。

---

① 参见第3章第5节。

② Price, *Love and Friendship in Plato and Aristotle*, Clarendon Press, 1989, p. 138. 关于他所指出的限定词，见《欧台谟伦理学》1236a18，《尼各马可伦理学》1156b7等处。恰当地说，亚里士多德在《尼各马可伦理学》中也使用过"首要的和恰当意义上的"(1157a30-31)，但是《尼各马可伦理学》中对善的友爱的典型限定词是"完善的"。

③ focal connection，这是普赖斯从埃尔文（T. Irwin）那里借用的概念，指一组概念之间的核心结构上的联系，详见 T. Irwin, "Homonymy in Aristotle", *Review of Metaphysics*, 34 1976/1977。

衍生的定义：　　1. 甲在工具的意义上爱乙；
　　　　　　　　　2. 甲在快乐的意义上爱乙。

"本性的意义上的爱"、"工具的意义上的爱"和"快乐的意义上的爱"构成一种"核心联系"，就像"医疗的"—"医疗的"器械—用"医疗的"器械的人这种联系一样；在这种分析模式中，"原本含义是包含在一切定义之中的那种含义的定义"。他认为，亚里士多德并没有充分地建立起这两类友爱之间的这种联系。因为在低等的友爱的概念中，缺少一种存在于善的友爱的概念中的"结构"，即"因他自身之故"的那个人本身是既"令人愉悦"又"有用"的。在低等的友爱的观念中，那个人的"令人愉悦"和"有用"无法与"作为自身"的"他"相联系，因为在这类友爱中，人们所爱的只是那种"愉悦"与"有用"。然而，普赖斯不无遗憾地指出，在《尼各马可伦理学》中，亚里士多德致力于补充大量的细节，但是却越来越让人看不清他想把这些材料充填到哪一种模式中去。①

普赖斯的研究启发我们的地方在于，它使我们看到，亚里士多德在《尼各马可伦理学》中实际上放弃了发展一种对友爱概念的"证明"的分析模式的努力，而转向他在《欧台谟伦理学》中就已经开始的对友爱概念的"对辩"式的分析模式。② 这两种分析在《欧台谟伦理学》中是在同时运用的。

---

① Price, *Love and Friendship in Plato and Aristotle*, Clarendon Press, 1989, pp. 125–139.

② 参见《欧台谟伦理学》1235b24 – 1236a6，1237a25 – 35。在 1236a16 – 1238b14 的其他部分，亚里士多德所做的是证明的分析。证明的分析，如亚里士多德在《范畴篇》中所说，是从"原本的和真实的前提"出发做的推理分析；对辩的分析，则是从"普遍接受的意见"出发进行的推理。见徐开来译《范畴篇》，《亚里士多德全集》（苗力田主编）第 1 卷，中国人民大学出版社，1990 年，第 353 页。

在证明的分析模式中，推理的前提是善的友爱的含义，即友爱在于因朋友自身之故而愿望并尽力去做于他是善的事，这是一个原本的意义上的前提，是一个"始点"，低等的友爱是从它"衍生"的。在对辩式的分析模式中，推理的前提是善的友爱的完善状态，这是一个常识的观察，一个得到普遍接受的意见，其他的友爱因与它类比而被称为友爱。从这一点我们就更容易看清，在友爱问题上，亚里士多德在《欧台谟伦理学》中的观点是处在从柏拉图主义到以归纳多数人与贤达的共同意见为本原的立场的过渡中：他还没有抛弃苏格拉底—柏拉图的从知识中直接引出德性的型式论立场，而是把型式论的方法与经验论的对辩式的分析方法加以混合。在《尼各马可伦理学》中亚里士多德比较明确地放弃了这种混合的方法中的型式论成分。对低等友爱的陈述不再是一种"证明"，而是一种对于友爱的三种善（因自身之故或总体上的善，有益的或具体的善，快乐作为感受的善）原因的常识的观察结论的对辩式的分析。这种分析是对于各种低等友爱的部分的、"相对于人的"善同善的友爱的善的关系的分析。善的友爱的善既是完全意义上的又是相对意义上的。善的友爱自身就是善，同时又包含部分的、相对于特定的个人的善。因为，如已经说明的[①]，绝对的即完全意义上的善是对于一切正常状态的人都适用的，因而对于一个特定的人也是善的。所以，一个好人（有德性的人）必定对他的朋友也有助益，善的友爱中包含低等友爱中所具有的那些价值，即相互的愉悦和助益。然而，相对的善作为部分却不能包含绝对的即完

[①] 参见本章第1节。

全意义上的善。所以快乐的友爱和实用的友爱不能包含善的友爱的全部的善，它们与善的友爱之间的关系只是部分与完全的关系，就像是后者的部分的、"偶性的"功能。不过在这两者中，快乐的友爱由于是非功利的，互爱的双方可能变得在德性上相似从而在德性上互爱。不过在这种情形下，友爱就已经成为德性的友爱而不再是快乐的友爱。

但是，亚里士多德在把善的友爱作为完善的友爱来描述，并以这种方式建立善的友爱的价值优先性的同时，又似乎在以某种方式回到柏拉图。这种说明善的友爱的方式十分接近于柏拉图说明善的型式的方式。如果相对于人的总体的善成为我们命名具体的善的"原因"，如果善的友爱成为好人之间的友爱追求着而又始终没有达到的型式，如果低等的友爱是因善的友爱在某种作为型式存在的价值序列中的优先性而被命名的，那么它们是"观察的事实"这一点在它们的命名上就毫无意义。问题在于善的友爱是由于普遍意见，还是由于某种分离地存在的型式或序列而优越于其他的友爱。基于普遍意见的价值优先性诉诸常识的观察，基于分离的型式或序列的价值优先性则诉诸某种超验的实体的存在。亚里士多德从"观察的事实"中所确定的，是低等的友爱也与善的友爱同样存在着。然而一旦善的友爱的价值优先性要诉诸某种分离的型式或序列，"观察的事实"就会成为追随着这型式的特殊存在。我们从他的《欧台谟伦理学》中看到，在善的友爱与低等的友爱的关系的问题上，亚里士多德既保留着强烈的柏拉图"型式论"结构方法的痕迹，又希望把观察的事实作为"本原（最初原理）"，他时常处于矛盾之中。亚里士多德在《尼各马可伦理学》中用"完善的"和"类比的"友爱代替《欧台谟伦理学》中的"原本意义上的"和"衍生的"友爱，这一替换的基础是以"能［力］（潜能）—实现"理论结构来支撑的幸福—德性论。但对于这一理论结构的讨论属于对亚里士多德伦理学的更一般的讨论。

3. 相似的友爱与不相似的友爱

如已指出的①，按照亚里士多德的看法，两个人之间产生友爱的直接原因可能于双方是相似的，也可能是不相似的：相似的友爱是那些其发生的直接原因于双方相同的友爱，反之便是不相似的友爱。区分相似的友爱与不相似的友爱在亚里士多德看来是重要的：唯有相似的友爱才分有善的友爱的一个要素（部分）。他反复说明，检验友爱是否发生于相同的原因，与相互检验对方是不是真朋友这件事同样是必需的。因为，如果双方对于对方的爱是出于不同的原因，双方不仅会对这种友爱的理解上有偏差，而且也会由于这一点而产生抱怨。总的说来，检验友爱的直接原因是否于双方相同比检验一个人的品质要容易些。检验一个人的品质或品性，如已说明的②，需要时间与共同生活。但是检验友爱的直接原因也存在困难。有些友爱，例如城邦公民之间的友爱，以及两个相反者——例如好人和坏人、穷人和富人等等——之间的友爱，明白地是由于不同的目的而发生的。这些友爱必须借助

---

① 见第 3 章第 3 节结尾处。
② 见第 3 章第 5 节。

于某种中介的手段交往才能够进行。① 但是，在某些以伦理的方式缔结的友爱中就可能有双方在理解上的差异。而且在陌生人的交往中还可能有故意的欺骗。②

亚里士多德观察到，当友爱是由于双方都相同的原因而发生时，友爱的双方才具有某种相似性。在这种友爱中就不大有双方在理解上的分歧。泛言之，一切友爱与感情关系之中都有某种类似点。善的友爱的双方以他们彼此都是因对方自身之故而爱这一点相似，因它只是发生于好人之间，好人在具有德性和行为合于德性这一点上相似——这就是他们作为好人的本性，而德性和德性的活动都是相似的。因快乐而互爱的青年人因彼此都能从共同相处中得到快乐而相似。实用的友爱的双方则因他们彼此都愿望能从交往中得到好处而相似。坏人因他们可以因快乐和实用而成为朋友而相似。坏人在交往中总是想利用对方，并想从对方的邪恶中得到快乐，这是他们的本性，他们在这种本性上相似。③ 友爱似乎总是具有某种程度的相似性的。所以亚里士多德引用荷马的诗句：

　　神，他怎会总是把相似的东西与相似的东西引到一起……④

但是当双方不是由于相同的原因而发生友爱时，这友爱就在主要的方面是不相似的。我们来考虑亚里士多德的例子。一个国王和一个竖琴手做一次交易，条件是：琴弹得越好，

---

① 参见《尼各马可伦理学》1156a17-32，1159b10-24，1162b31-1163a12，1163b28-1164a23；《欧台谟伦理学》1237b8-1238a29，1239b6-1240a7。
② 参见《尼各马可伦理学》1162b22-36，1164a14-22。
③ 《尼各马可伦理学》1156a20-22，1156b17、23，1157a36-1157b2。
④ 《奥德赛》，pp. xvii, 218，见《欧台谟伦理学》1235a7。

国王付给的报酬越高。竖琴手演奏完,向国王索取报酬。国王却说他已经给了竖琴手以回报了,因为他已经使竖琴手得到了演奏音乐的快乐。① 在这个例子中,国王欲求的是快乐,并且把他与竖琴手的交易看作快乐上的交易;竖琴手欲求的则是实利,并把他与国王的交易看作以服务交换实利的交易。国王得到了他欲求的快乐,竖琴手却没有得到他欲求的实利。由于他"得到"的"演奏的快乐"并不是他所欲求的东西,所以他在这次交易中就相当于"一无所得"。这是一个智慧的故事,像是一个阿凡提式的"智力游戏"。亚里士多德想借用它说明的是,在这种不相似的友爱中,由于双方欲求的东西不同,如果他们各自得不到他们所欲求的东西,友爱就不能存在下去。友爱,亚里士多德认为,不能是一方有所得而另一方"一无所得"的。所以,这种双方所欲的东西不同的交往,按他的看法,应当是事先言明的或达到默契的。而且,只是言明或达到默契还不够,双方显然还必须承诺以行为回报对方。因为,当交往要产生一个结果时,

> 如果一方说他们的友爱是基于此,另一方说是基于彼,那是不光彩的。如果一方本应当以行为来回报,却只说些漂亮话,那么另一方就也会这样做。②

当双方对友爱的性质的理解不同时,常常是有一方对于友爱的性质的理解发生了错误。这有时是由于他自己的误会,有时是由于另一方的伪装和欺骗而发生的。所以,如果甲错认为乙是因德性而爱自己,而乙却并不是因甲的德性而爱他,

---

① 《欧台谟伦理学》1243b25—28;《尼各马可伦理学》1164a16—21。
② 《欧台谟伦理学》1243b5—7。

他就是自己犯了一个错误。如果因此产生感情上的损失，也只能怪他自己。但如果他是被乙的蓄意的伪装和欺骗而犯了这个错误，他就可以"公正地谴责欺骗者"，这种欺骗者比伪币制造者更可恶，因为"友爱比金钱更珍贵"①。

不相似的友爱，除了（1）双方必须互有所得，因而（2）双方所欲得的东西需事先相互知晓或默契地知晓，并且（3）相互承诺以行为回报对方之外，显然还有进一步的问题存在。我们会有这样的疑问：如果友爱的双方改变了，或者至少是其中的一方改变了，就是说，如果原来是有相似的原因或"言明的或默契的"不同的原因的，而后来这种相似的或已经明确了的不同原因改变了，友爱是否还能够保持。坏人之间的，或广而言之，一般的人之间的快乐的或实用的友爱，我们已经了解，一旦他们之间友爱的原因——不论是相似的或已经明确了是不相似的——改变了，这种友爱也就要改变，或者不再存在，或者改变成另一种由于新的原因而发生的友爱。但是，亚里士多德向我们指出，这个疑问在好人的善的友爱中也会发生。毕竟，人是不同的、有个性的。好人之相似在于他们都有德性，都基于德性而爱对方，然而他们的德性的高低是不同的，并且他们的德性显然还会由于身体与灵魂的生长和发展而发生变化。既然好人爱对方，如我们已知道的，是因对方自身之故，因对方还是他所是的那种人，这便会发生一个疑问，如果对方或我们自身极大地改变了，友爱是否还能以及还要保持如故？如果一个人是被作为好人交了朋友，却变坏了，还应该去爱他吗？亚里士多德说，

---

① 《尼各马可伦理学》1165b9—12。

这是"不可能"的，因为

> 不是一切的东西，而只是好东西才显得可爱。
[而且，]
> 爱坏人是错误的，不应当爱坏人，也不应当让自己去爱坏人。①

因为坏人不可爱，所以我们"不可能"爱一个坏人；因为爱坏人是错误的，所以我们"不应当"爱一个坏人。但是人们的经验可能是，在这种情形下，感情可能惶惑，像处在十字路口那样不知所措。理性的声音可能说，不应当再爱他，他已经不是过去的那个好人了。但感情可能依恋那个人的过去的好或那个过去曾是好人的朋友。或许，我们中国人在此情景中会有比较多些的依恋。亚里士多德也并没有完全忽略这种感情。在指出我们"不可能"并且"不应当"去爱一个已经由好人变成坏人的朋友的同时，他仍然给过去的感情留有一份空间：

> 那么，要立即断绝吗？并不一定全部如此，而只是对那些不可救药的坏人。对那些可以改正的人，更多的则是帮助，在道德上和生活上帮助。因为对友爱来说，这是更良好、更合其本性的作法。②

对于友爱双方中有一方的德性极大提高的情形，我们也就容易了解，按亚里士多德的观点，这种友爱也将难以以原有的方式保持。譬如，倘若与我们友爱的对方有了这种经历，这会使对方同我们保持的友爱对于他变得毫无价值。因为在

---

① 《尼各马可伦理学》1165b15—17。
② 《尼各马可伦理学》1165b19—23。

这种情形下，他就不可能与我们有一种有价值的交往生活，也就不可能与我们保持友爱。这正如，一个童年时的朋友，如果还保持着其儿时的智力，我们就不可能再与他有共同的兴趣和愿望以及有价值的交往生活，也就不可能与他保持友爱。因为，正如已经说过的①，共同生活就是友爱的承载体，没有共同的生活也就没有友爱。② 也许在这时需要有一方提出停止共同的生活，或者任由它慢慢地淡漠。所以，看来亚里士多德在暗示，如果我们愿意同一个有德性的人继续保持友爱，我们就至少不会愿望他在德性上提升得过快，以至与我们的距离变得过大。谁会真的愿意一个朋友达到最大的善，成为神，而使自己失去这个朋友呢？因为，失去一个朋友岂不是失去了一种重要的善？所以，亚里士多德说，即使就好人之间的善的友爱而言，一个真朋友是因朋友自身之故而愿望他的善是对的，这一条也需要加上些限制：我们所愿望于他的善是他还作为他那样的一个人而生活和存在的善，是他作为这样一个人的最大的善，而不是他成为一个另一样的人的善，即使那种善对于他更大些。③ 那么，我们是否还应当愿望我们自己的最大的善？如果是我们自己的德性极大地提高，因而同一个朋友有了很大距离，又应当如何？显然，按亚里士多德的看法，我们还应当追求有意义的共同生活，并且不去勉强地延续一种不再有有价值的共同生活。不过，亚里士多德又说，对于一个曾同我们有过共同生活的朋友，即使由于他在德性上无甚进步因而我们同他有了距离，也不应当以

---

① 见第 3 章第 5 节。
② 《尼各马可伦理学》1165b24—31。
③ 《尼各马可伦理学》1159a5—13。

对待一个陌生人的方式对待他。我们应当记得过去的那些有意义的共同生活，为那些过去的共同时光之故，我们对他应当比对陌生人有更多的友善。①

---

① 《尼各马可伦理学》1165b24—36。也许在中国士人所主张的淡泊之交中，亚里士多德所说明的这个矛盾是不存在的。因为，淡泊之交本无须甘厚的共同生活。即使朋友之间在德性上出现较大距离，淡泊之交仍可维系，并且双方仍然会珍视这种友情。在此种交往中，愿望一个朋友的最大的善和愿望我们自己的最大的善，似乎都更为自由些。不过，在中国的文化环境中，一个朋友在荣誉或权力上的极大提高也常常成为继续一种淡泊的友谊的障碍。

第 5 章

友爱分述（二）：平等的和不平等的

1. 平等的友爱

亚里士多德分述善的、快乐的和实用的三种异类的友爱，有两个相异而相互交错的角度。一个是如上提到的"相似的"与"不相似的"，这是从使友爱发生的原因于双方相同或不同来说的。另一个是"平等的"与"不平等的"，这是从友爱者双方在德性、财富、门第、用处上的地位的对等与不对等来说的。如果把这两个角度结合起来，我们在这一章和以下几章中将要谈到的各种具体的友爱就各有其一定的位置。

从这两个交错的角度综合地考察这些具体的友爱，便可以有四类性质上各不同的友爱：（1）平等者的相似的友爱，（2）平等者的不相似的友爱，（3）不平等者的相似的友爱，（4）不平等者的不相似的友爱。从亚里士多德在两部伦理学中的论说可以了解，平等同相似一样，也是友爱的"固有特点"：

	平等的	不平等的
相似的	兄弟的友爱 伙伴的友爱	家庭诸友爱 君主与臣民的友爱 施惠者与受惠者的友爱 好人与坏人的友爱
不相似的	公民的友爱① 爱者与被爱者的友爱	富人与穷人的友爱

友爱总在某种意义上"意味着平等"。② "平等的相似的友爱"是最好的友爱，——虽然亚里士多德没有直接将这两个限定语连用过，他好像宁愿说，他理解的最好的友爱既是"相似的"，又是双方地位"平等的"，——在《欧台谟伦理学》中就是"原本意义上的"友爱，在《尼各马可伦理学》中就是"完善的"友爱。从友爱发生的原因来说它就是善的友爱：只有善的友爱才只会是相似的友爱，因为有德性就是相似的。从友爱者双方的地位来说它就是平等者的友爱。因此，虽然如已说明的③，如果基于善的友爱的双方在具有的德性的程度上差别过大，他们就很难继续做朋友；但是只要双方还能够基于彼此的善做朋友，他们双方在"都有德性"这一点上就是平等的。所以，以善的友爱的本性说，它也是基于"某种德性的平等"的友爱。④ 与平等者的相似的友爱相比，次一等的友爱是不平等者的相似的友爱，以及平等者的不相似的友爱。前者低于平等的相似的友爱是因双方地位有高低之别，

---

① 公民的友爱，如下文指出的，分为非商业性交往与商业性交易两种，依亚里士多德的原意，非商业性交往仍应属于基于实用的相似的友爱之类。为简明，此处未加分列。参见第 7 章第 2 节关于公民的友爱的讨论。
② 《尼各马可伦理学》1158b27；《欧台谟伦理学》1238b16。
③ 见第 4 章第 4 节。
④ 《欧台谟伦理学》1238b17。

尽管双方的友爱仍是由于相似的原因而发生的；后者低于它是由于令双方互爱的原因于他们两方面各不相似，尽管双方地位平等。距离平等者的相似的友爱最远者是不平等者的不相似的友爱。在这种友爱中，不仅友爱的原因于双方不相同，而且双方的地位也不平等。

我们先从亚里士多德对平等的友爱的讨论谈起。

平等的友爱，依亚里士多德所说，是双方"提供同样的东西并相互期求同样的东西"，或者"以不同的东西平等地交换"的友爱。① 前者是指平等的相似的友爱，如兄弟的友爱、伙伴的友爱等，这两种友爱的确是很接近的，区别只在于一个是家庭内的，一个是家庭外的，所以亚里士多德总是以两者并提。后者是指平等的不相似的友爱，如公民作为城邦中的被治理的自由人的交往属此类友爱。公民的交往又有商业性交易与非商业性交往两种，后一种虽也是因实用发生，然而原因在于双方相似，所以又应属相似的友爱；这之中又有些是与公共善的分配有关的，有些是与之无关的一般交往。爱者与被爱者的友爱在亚里士多德的两部伦理学中主要是指②地位平等的两个人③之性爱，然而令双方互爱的原因却对于这

---

① 《尼各马可伦理学》1158b1-5。

② 亚里士多德有时也以与讨论爱者与被爱者的关系相似的方式讨论母亲与孩子、施惠者与受惠者的关系，原因在于在这些关系中被爱者极少回报相等的或比例的爱。但他认为前一种友爱与后两种又有区别：母亲，按亚里士多德的看法，不期求此种回报并且还同样地爱；爱者则期求此种回报。

③ 前已说明（引论第2节第4小节，第1章第4节，第2章第2节），柏拉图讨论的背景是成年男子与少男的爱，此中亦有少男向成年男子请教、问询的关系，因此在此种关系中爱者（成年男子）位尊。亚里士多德讨论的恋者关系是一种处于过度状的感情关系，此种问询与指导的关系只居次要地位，所以双方地位以平等为特点，但是他并不否认这种关系可以互有助益。见第2章第2节的讨论。在雅典社会中关于成年男子与少男的"相互启智"作用的观点，也见第10章第2节的有关部分。

双方是不同的，所以是不相似的友爱。

虽然平等的友爱和不平等的友爱都是友爱，亚里士多德说，平等的友爱却优越于不平等的友爱，因为只有平等者才彼此是朋友。[1] 与之相比，不平等的友爱可能只是单方面的友爱[2]：地位低的一方因自己对地位高的一方付出的感情多，觉得自己是对方的朋友，地位高的一方虽然提供的助益较大，但在提供这种助益时并不把自己看作受助一方的朋友；而且由于他不愿意付诸地位低的一方同样的感情，地位低的一方也觉得对方不是自己的朋友。为什么会如此？我们来考虑亚里士多德提出的说明。由于双方地位上不平等，地位高者认为这种交往对于自己"不值得"，他愿意多"被爱"，而不愿意以爱来回报对方。而如果双方地位平等，双方就都把自己看作对方的朋友，即便不是朋友，"爱的回报也有可能"。[3] 这个描述非常接近生活中的实例。设想甲与乙是地位平等的朋友，甲对于乙的感情就很自然地会得到乙在感情上的回报。但如果乙在财富或权力上大大优越于甲，他就会觉得甲已在与他的交往中沾了很大的光，就会觉得与甲的交往不值得，因而对甲的友好感情处之冷淡，甚至不屑一顾。由于此种原因，亚里士多德说，好人

> 不能与地位比他高的人交朋友，除非那个人德性上也更高，否则这个地位低的好人就不能保持其比例的平衡。而那种又有地位又有突出德性的情况是很少见的。[4]

---

[1] 《欧台谟伦理学》1239a4–5。
[2] 此种"单方面的友爱"，并不是有一方的确在口头上否认自己是另一方的朋友，而是吝惜给予对方感情。
[3] 《尼各马可伦理学》1159a14；《欧台谟伦理学》1238b29–30，1239a20–21。
[4] 《尼各马可伦理学》1158a36–38。

亚里士多德就像在给我们描绘一幅友爱者相互关系的社情图。显然，为避免在一种友爱关系中处于不利地位，一个人就应当寻求在德性与财富、权力上与自己相当的人做朋友，因为这种平等的友爱如果能建立在德性的基础上就会是最稳定、持久的友爱。但是正像他所说，这样的人"没那么多"，想把这种友爱建立在德性的基础上也没那么容易。而且，正如前面已经提到的①，这样的友爱双方也仍然可能由于在德性上变得差距过大而无法有于双方都有意义的共同生活。所以我们常常要不得已而求其次，选择一些快乐的和有用的朋友。像这样的朋友，可以多交，因为这样的人很多，而且"其中的益处可以同时感受到"②。在选择这类朋友方面，如亚里士多德指出的，我们也最好——如果能够的话——选择地位与我们接近的人做朋友，而不是选择在德性与财富方面高过我们太多或太低于我们的人做朋友。选择地位高过我们太多的人做朋友会使一个人——如果他是有德性的、自尊的人的话——难于找到平衡，这是容易体会的。与地位太低于我们的人做朋友的缺点，按亚里士多德所说是会使我们的生命减少价值。所以，如果"一位男子是小孩的朋友，那就荒唐了"，因为谁也不愿意使自己的心智保持在一个孩童的水准，而不望其向上发展。③ 在友爱上也和在其他与德性相关的事务上一样，中道与适合才是恰当的尺度。

从这两方面观察，兄弟与伙伴之间自然最容易发生友爱，无论是善的友爱，还是快乐的或实用的友爱。兄弟与伙伴之

---

① 见第 4 章第 4 节。
② 《尼各马可伦理学》1158a16—17。
③ 《尼各马可伦理学》1158a15—18，1158b31—34；《欧台谟伦理学》1139a5—6。

间，亚里士多德说，都年龄相近，并一起长大，而"年龄相近也就相亲"，一起长大也就感情和品性相近；如果他们是有德性的，他们的共同之处就会更多些。兄弟之间还由于有相同的血脉、得到共同的哺育和教育，在感情和品性上有更多的相似，他们"从生下来就知道相互关心"，他们的友爱也"经得起长时间的考验"[1]。亲属的关系从血缘上都是叔伯兄弟的关系的延伸，所以都以兄弟关系为根基，以共同的祖先为最终根源。亲戚间的友爱"都是从兄弟感情派生的"，这种感情的强弱也是与他们同共同祖先的距离的远近相对应的。[2] 这种以同共同祖先的关系的远近分亲疏，以兄弟的友爱感情论同伙伴以及更远的邻人、同邦人，乃至所有人类之同类感情的做法，大概于西方于东方，于古于今，大抵相同。我们中国人论博爱，便会说"四海之内皆兄弟"。西方人说博爱，也是从兄弟关系说起。希腊语中"博爱"一词，本义即是兄弟关系，英语中也是如此。[3] 这种论说友爱的方式不仅具有自然地把人与人的关系拉近的作用，同时也表达着一种事实上的真理，尽管这个"事实"距我们今日的生活已太过遥远，即今天的人类都有共同的动物祖先。中国人的俗话说"五百年前是一家"，这不是一个譬喻，而是一个述说。在已经说不清多少个的五百年前，人类的先祖们的确是一家，在那时的茹毛饮血的共同生活中，他们都是"平等的"兄弟。

---

[1] 《尼各马可伦理学》1161b34—36，1162a8—15。
[2] 《尼各马可伦理学》1161b36—1162a2。
[3] 希腊语"博爱"一词为 ἀδελφότης，原义就是兄弟关系；英语中在本义上说博爱的词汇是 brotherhood 和 fraternity，原义都是兄弟关系和兄弟感情；fraternity 来源于希腊语的 φράτηρ，意为兄弟，部落（clan）成员，"在一个寨子围篱里的人"，表达希腊部落生活时期人们对兄弟关系的理解，拉丁语对应词是 frater。

2. 不平等的友爱

另一类的友爱是不平等者间的友爱，比如父母与孩子的，老年人与青年人的，男子与妇女的，治（理）者与被治（理）者的，等等，在这种友爱中，"包含着一方对另一方的优越地位"①。这种优越，如已说明的，或者是基于德性，或者是基于年龄、性别这样的"自然的"因素，或者是基于门第、财富、地位这些社会的因素，或者是基于由于这些"自然的"与社会的因素而形成的能力，或者是基于上述的两个或更多的因素的结合。对于这些不平等者的友爱，亚里士多德指出它们的两个特点。首先，每一种不平等的友爱都与另一种不同，例如父母与子女的关系，就同治理者与被治理者的关系不同。子女在生活供养和教育上依赖父母，这种关系在子女成年之前是不可能改变，更不可能互换的，虽然父母、子女如果同是自由公民就在政治身份上是平等的。被治理者则是在这些方面都不依赖于作为治理者的自由公民，他们与治理者的不平等的政治权力地位是出于一种制度的安排，这种不同的地位可能是由于他们的平等的政治身份而改变或互换的。②亚里士多德在这一点上说的是一个平民政体的情形。这种情形其实也是一步步发展过来的。其次，在每一种不平等的友爱中，这一方与那一方的友爱也同那一方与这一方的友爱不同。例如，父亲对儿子的友爱就不同于儿子对父亲的友

---

① 《尼各马可伦理学》1158b14-15。
② 参见《政治学》1259a40-b5。

爱，丈夫对妻子的友爱也不同于妻子对丈夫的友爱。在他们之中，

> 每个人的德性和能力都有所不同。他们要求感情关爱的动机也不一样。因此，他们所感觉到感情和友爱都不相同。这种关系中，一方从另一方得到的和有权要求的，都与另一方不同。①

那么不平等的双方在友爱上还谈得上平等吗？在什么意义上还能够说这种友爱也意味着某种"平等"呢？

的确，亚里士多德是把那些"自然的"和社会的不平等的因素作为预设的，他认为我们的大多数的友爱都是基于双方在这些相关因素上的程度或大或小的不平等上的。亚里士多德不是一个社会改革论者，他是在向我们说明这些"事实上不平等"，说明大量的友爱是发生在地位不平等的两个人之间的这一事实。而且他还向我们表明，在这些相关因素中最好的那种因素，即人的善或德性，也是一种不可能于每个人都平等的事物。如果每个人拥有同等的善（德性），彼此同等的令人愉悦和有用，而人们还把这种事物称为善（德性），那将是荒唐的。善（德性），如果我们赞扬它，那必定是它不是人人都已经具有的东西。我们所称赞的是只有少数出色的人才能够占有得比较多，比一般的人多的东西。所以，他认为如果城邦中有一个人具有所有其他人远远不及的德性，由他一人来治理城邦就是最好的安排。②此外，他还坚持认为，我们人类身上的和动物相同的那些"自然的"本性，例如子女

---

① 《尼各马可伦理学》1158b17—21。
② 参见《政治学》1184a4—15，1188a8—10。

在供养、哺育上对父母的依赖，以及雌性对雄性的、女性对男性的依从，属于自然的安排，不可能根本改变；而且，这种安排本身还已经确定双方各自的独特的善（德性）。① 他从这些看法中引出的结论是男性更适合于领导和治理，善的王政是适合这种自然的安排的最好的政体，以及，共和②只是一种次好的政体。但是，他显然从男女存在自然差别这一点引出了过强的社会结论。他也没有看出，即使是善的王政也有内在的缺陷。并且，他不相信影响人在社会中的起点与正常发展的那些社会性的偶然因素有可能由多数人和少数人协商制定一些社会安排来调节和减轻——这是现代国家所努力采用的社会制度措施。这是他的局限性。但是如果要求他能够给我们提供所需要的一切建议，那是非常不合理的。亚里士多德是古代希腊的哲学家，我们不能要求他对我们今天还有争议的问题都给出现成的答案。

尽管在他看来大多数友爱都是双方地位不平等的，并且制度也不能去改变除人的政治身份以外的那些"自然的"与社会的不平等，亚里士多德说，这种友爱中的"平等"仍然是可以用感情来重建的：

> 平等者以同等的爱等等实现双方的平等；不平等者则按照地位的差别，以相应的反比的爱使之平等。③ [所以，] 双方有不平等处的人们，可以以此方式成为朋友，

---

① 参见《政治学》1252b1-5，1259b2-4。
② πολιτεία, polity, 依亚里士多德的归类，是寡头制（君主制的蜕变种）与平民制（或民主制，即资产制的蜕变种）的结合，因此优胜于寡头制与平民制两者，参见《政治学》1293a35-1294a29。
③ 《尼各马可伦理学》1162b1-4。

因为他们可以以此方式变得平等。①

为什么要由地位低者以爱来重建平等？亚里士多德指出了两方面的理由。一方面的理由是，在不平等的友爱中，一般总是地位优越的一方提供给对方的助益更大。如果双方是在具有德性的程度上不平等的——假定这种程度上的距离在一定范围之内的，那么德性上较高的一方就总是提供更多的快乐和更大的助益的一方。在基于快乐的和实用的友爱中，在财富、门第、地位、能力上较优越的一方也总是提供更多的快乐或更大的助益。② 所以，亚里士多德说，地位低的一方应当多向地位优越的一方回报以感情，补偿对方的较大的帮助：

> 在一切不平等的友爱中，感情都应该有一个比例，较好的那个人应当被爱多于爱，较有用的，或者是在其他方面较优越的那个人也应当如此。因为当感情相应于所应得时，就产生出某种意义上的平等。③

另一方面的理由是，地位低的人中间，有些人是本性卑劣的谄媚者或奉承者，谄媚者刻意地贬低自己的地位向位尊者献媚，尽管未必有特别的目的；奉承者则为财物而曲意逢迎位尊者，这两种人都或者是或者"装作"是"爱多于被爱"的。另一些人是本性上善的爱者，他们"本性上喜欢去爱，更乐意施爱而不是被爱"。而那些位尊者在交往的本性上则是相反的，他的本性是"接受爱而不是去爱"。由于这两方面的本性上的原因，以感情来使这种不平等的友爱关系"平等化"的

---

① 《尼各马可伦理学》1159b3—4。
② 参见《尼各马可伦理学》1162a35—b1。
③ 《尼各马可伦理学》1158b24—29。

应当是地位低的一方。但是亚里士多德又提醒我们在这些关系上每种友爱都与其他的友爱不同。父亲、治理者、君主，就与基于财富、门第或能力的位尊者不同，在道理上他们是接受爱而不爱，但是他们并不是真的不爱，而是报以"不等量的爱"或"以另一种方式爱"。最特殊的当然是父亲的情形：父亲给予儿子的是"施惠者"的爱，这种爱远超出儿子对父亲的爱。①

以这种方式在不平等的友爱双方间重建平等，在亚里士多德看来常常是可能的。因为，大多数人都是爱好荣誉的人。人们由于爱荣誉，就愿意被爱多于爱。所以一个爱荣誉的人如果地位较高，他就会喜欢得到对方的爱，因为被爱的感觉与"被授予荣誉的感觉"很接近。如果地位低，他就会希望从地位高的人那里得到荣誉。有些人希望从有权力的"大人物"那里得到荣誉，作为和"大人物"交往过的象征。另一些人则愿意从贤者那里得到赞扬，以便增加自信。② 既然这是"大多数人"的品性，所以，一个人如果地位比他的朋友优越，他就自然不会拒绝对方因他的帮助而奉献的感情。正是由于这个原因，人们更致力于追求自己地位优越的友爱，而不是与对方地位平等的友爱。

    因为这样，被爱和优越会同时为他拥有。这样，对有些人来说，谄媚的人比朋友对他更有价值，因为谄媚的人使他奉承的对象显得既被爱又地位优越。在爱好荣誉的人中间谄媚者尤其吃香，因为爱好荣誉的人的目标

---

① 参见《尼各马可伦理学》1127a6-8, 1159a14-45;《欧台谟伦理学》1239a28-29, 1238b29-30, 1241a40-b7。

② 参见《尼各马可伦理学》1159a14-15。

就包括使他自己地位优越。①

这的确是对常识道德的交友心理学的一篇非常细腻而出色的描述。把亚里士多德的这个描述与我们所熟悉的中国人的交友的常识心理学做一点比较应该是很有意思的。但是这将需要做专门的研究，而这超出了我们在这里的工作的范围，所以我们只对此做一点简要的评论。也许可以说，亚里士多德的描述在下面三个方面与我们"大多数"中国人的常识的交友心理既大致相符又有文化上的差异。其一，我们中国人一般都主张交友总要有来有往，所谓"来而不往非礼也"。多数人都会认为受人之惠而不回报是不合道理的。所以如若我们处于较低地位上并已接受了对方的帮助，我们就会认为回报以感情是理所应当的。但是在此同时我们又会寻求以自己力所能及的方式提供给对方一些有用的帮助作为回报，而不仅仅是以感情来补偿。这两种态度有细微的差别，在实践上也是如此。当然，我们需要把谄媚者的欺骗行径排除在这种态度之外。其二，那些在财富、门第与能力上地位优越者也同样期望"被爱多于爱"，这大概是在这些方面优越的人们的普遍心理。然而中国社会由于过去两千年的专制政体的延续，也使权力以及"势力"② 成为使人地位优越的重要因素。这与希腊的雅典平民政体时代治理者与被治理者的关系是一种政治的安排，两者在自由公民身份上地位平等的情形有很大的不同。其三，我们一般都愿望在与朋友的交往的"人情账"中不欠账，并且最好是有"顺差"而不是"逆差"，这大概有

---

① 《欧台谟伦理学》1239a21-27。
② 我在这里所说的势力，是指由于权力而直接或间接地产生的对于社会关系的影响力。

一点类似亚里士多德说的希望在交往中处于"优越地位"。但是，我们愿望的这种"优越地位"，主要的旨趣是在"不欠人情债"，而不是期望"被爱多于爱"，所以又与亚里士多德所说明的旨趣不同。而且在这点上还恰好可以成为一个对照，我们不希望太多地被爱，因为被爱太多就似乎会在人情账上欠账太多。

3. 家庭的友爱

希腊人的重要的家庭人伦关系，如前所说，是主奴、夫妻、父子三伦。① 主奴关系涉及同一个非自由人的关系，这种关系被列入家庭之三伦是因家奴是家庭劳务乃至活动的重要工具。与这种关系相比，夫妻、父子关系自然更为根本和重要，这两者就如经与纬，构成家庭的支撑。

其一，父子的，或父母同子女的友爱。

父子的，或父母同子女的友爱是家庭中的友爱延续的根源。亲属的友爱，最终都是从父母对子女的友爱衍生的。前已说明②，按照亚里士多德的看法，父母与子女的友爱本于人类的动物性。父母与子女总是相互地友爱。父母爱子女，是因为子女是他们的生命的"一部分"，是他们的生命的延续。

---

① 兄弟关系，如已指出的（见上节结尾处），在亚里士多德看来与伙伴关系类同，而且是衍生亲戚关系的根源，所以未被视为家庭中的核心的关系。关于夫妻、父子、主奴三种关系，可参见《政治学》1252a24-b26，1253b3-13，1259a37-b17，1260b13 等。父子关系在亚里士多德看来与母子关系有所不同，他在两部伦理学中对母子关系间或有过一些单独的讨论，但是他认为父子关系是更根本的。这种见解是父系社会中人们对家庭人伦关系的普遍见解。

② 见第 3 章第 2 节及本章上节的有关讨论。

子女爱父母,是因为父母是他们的生命存在的"来源"。然而,虽然这种友爱是基于这种血缘关系和家庭的共同生活的,亚里士多德说,在这种友爱中,父母对子女的爱和子女对父母的爱却在性质上有所不同。

> 父母更知道孩子是己出,孩子则对自己是父母所出知之较浅。[父母作为]生育者更把被生育者看作属于自己的,被生育者则不大把生育者看作属于自己的,因为产品总是属于创造者,而创造者却不属于产品,至少在属于的程度上要小些。父母对孩子的爱在时间上也更长些:父母从孩子一出生就爱他们,孩子则只有经过一段时间,并获得了理解力或至少是知觉能力之后才爱他们的父母。①

所以,在这种关系中,父母更了解子女,更把子女看作属于自己的,也爱得更长久。把对方看作属于自己的,如我们说过的②,是基于血缘的和部落的牢固关系的友爱的最根本的观念。父母和子女在这种观念上的不同,也特别地表现出父母对子女的爱与子女对父母的爱的性质的不同。在这种关系中,由于父母总是把子女看作是属于自己的,他们总是要尽心力地为子女操劳。而子女由于很少有这样一种观念,总是较少考虑为父母做事情。所以,父母在这种关系上总是付出较多的一方。在这种相互的感情的关系中,始终存在着父母方面的"单方面的优势的恩惠"③。

对父母在与子女的感情关系中的此种地位,亚里士多德

---

① 《尼各马可伦理学》1161b19—27。
② 参见引论第 2 节第 3 小节及第 3 章第 2 节的有关讨论。
③ 《尼各马可伦理学》1161a20。

在两部伦理学中以"创造者"(或"施惠者")与"君主"两种方式来做类比：

《欧台谟伦理学》[所罗门(Solomon)英译本] 1238b23-26：

> There is a difference between the relation of father to son, and of husband to wife, the latter being that of ruler to subject, the former that of benefactor to beneficiary. (父子关系不同于夫妻关系，后者是治理者与被治理者的关系，前者是施惠者与受惠者的关系。)

1241b29：

> The government of the children by the father is royal…（父亲对儿子的治理是君主制的。）

《尼各马可伦理学》(罗斯英译本) 1168a21-23, 27：

> Again, all men love more what they have won by labour; e. g., those who have made their money love it more than those who have inherited it … This last point would seem to apply to benefactors.（所有人都对自己劳动得来的东西更珍爱，例如，那些自己挣得钱的人就比继承钱的人更珍惜它。最后这一点似乎也是施惠者的情形。）

1160b23-24：

> The association of a father with his sons bears the form of monarchy…（父子关系具有君主制的形式。）

这两种类比在他的讨论中非常重要。它们一方面在意义上有联系，"创造者"与"君主"都是对于另一方有恩惠的位尊者,另一方面又有区别。"创造者"或施惠者的类比更形象,君主的类比则更富美感。父母作为创造者或施惠者、孩子作为受惠者的关系的一个突出的特点,按照亚里士多德的看法,是施惠者爱受惠者多于受惠者爱施惠者。这一点当然与前面讨论的不平等的友爱中的感情关系的特点是相反的。在这种友爱关系中,子女作为受惠者显然是地位低的一方,所以被爱的本当是作为施惠者的父母,可是情形恰好是相反的:被爱的不是施惠者而是受惠者,施惠者不是被爱而是爱。① 例如在父子关系中,总是"父亲更爱孩子,而不是孩子更爱父亲"。当孩子长大成人后,孩子又"更爱他们的孩子,而不是更爱父母"②。托尔斯泰(L. Tolstoy)有一则"乌鸦与小乌鸦"的寓言,就好像是在给亚里士多德的这一层意思做注解:

> 老乌鸦抓着第一个雏儿,想带着它飞过大海。它飞呀飞呀,觉得很疲倦了。它问小乌鸦:"将来我老了,你长大了,你会不会像我这样照顾你?""我会的。"小乌鸦说,它害怕老乌鸦把它丢到大海里。老乌鸦越来越飞不动了,小乌鸦终于掉到了大海里。老乌鸦又带着第二个雏儿飞越大海,第二个雏儿也是同样的回答,结果也是同样的命运。老乌鸦又带着第三个雏儿飞越大海。老乌鸦还是那样问,但是小乌鸦回答说:"不,爸爸,我不会这样照顾你。""为什么?""因为我那时会有我的雏儿,我要养活和照顾它们。""它说的是实话,"老乌鸦想,"它那时应该照顾它的孩子,像我现在一样。"这样想着

---

① 亚里士多德的详细的讨论,请参见《尼各马可伦理学》1167b19—1168a27;《欧台谟伦理学》1241a135—b9。
② 《欧台谟伦理学》1241b5—7。

想着，它竟终于坚持着带着小乌鸦飞过了大海。

为什么父母与子女，施惠者与受惠者会有这样特别的感情关系？亚里士多德说，首先，这是由于这种关系就是"活动与其结果"、"匠人与其作品"的关系。父母作为创造者的恩惠是把他们的对象即他们的孩子造就为他潜在地是的那种存在，他们给予对方的恩惠是他们自己的创造活动。对于作为施惠者的父母来说，那个因受惠而提高了福利的孩子就是他们的创造活动的结果，就是他们的生命活动的结果，就是他们的作品。所以在这种关系中，父母作为施惠者总是爱自己的"作品"。原因在于，存在对于一切人都是值得选择的和值得爱的，而创造者是通过活动（即通过生产、养育和行动）来存在的，作品也就是创作者在活动中的存在，所以他爱他的作品，因为他爱存在。① 而且，在把孩子看作自己的"作品"和"结果"这一点上，亚里士多德说，母亲还要胜过父亲：母亲比父亲更爱孩子，因为她们付出了"生育的辛苦"，她们认为孩子"是她们的结果"，她们"更有权利说孩子是自己的"。不仅如此，母亲对孩子的爱还是更纯粹、更高尚的：因为母亲总是以爱为喜悦，

> 如若不能期求回报，她们也并不索取爱的回报。只要看到子女有前程，她们就心满意足了。即或子女由于不认识而不把她们当作母亲看待，她们还是照样爱他们。②

---

① 《尼各马可伦理学》1168a6-8。

② 《尼各马可伦理学》1159a28-32，1161b27-28，1168a25-27。古希腊城邦生活中，有母亲将子女交他人抚育的做法。在斯巴达，更有妻子公育的制度，所以亚里士多德有"子女不认识"母亲之说。

所以，按照亚里士多德的看法，母亲对子女的爱，是最接近于"原本意义上的"或"完善的"善的友爱的爱：它完全是因孩子自身之故，没有任何利害关系；它是一种本性的积极的爱，始终是行动的；同时，它包含最多的共同生活。不过，以亚里士多德的看法，母爱也与父爱一样存在缺点，不过仿佛是由自然界刻意安排，这两者正好可以互补。母爱一般地只是为着孩子的"活着"的，它关注着孩子的现在。父爱则是为着孩子的"好的生活"的，它关注着孩子的未来。① 就这一点来说，似乎父爱比母爱更高。但是由于父爱关注着孩子的未来，并且因父亲未亲历生育的痛苦，父爱中的亲情也就不及母爱来得强烈和痛切。所以父爱总是由于有某种距离才显出美，母爱则要以紧密的共同生活和强烈的感情才显出其自然的美。② 其次，父母作为施惠者之所以更爱孩子，还因为这种爱于施惠的行为中"有着高尚的东西"。施惠是高尚的行为，相比之下，受惠则没有那么高尚，因为这种活动没有什么可爱之处。创作者的爱是积极的爱，因为它总是目前的活动。受惠则只是对积极的爱的接受，就其本身来说，当然与积极的爱没有什么相似之处。与对未来的希望和对过去的回忆相比，目前的活动更令人愉悦，也更可爱。所以友爱的高尚更多地是在爱，在积极的爱之中，如已说过的③，友爱作为德性更在于爱而不是被爱。④

亚里士多德的"君主"的类比较之"施惠者"的类比有

---

① 《尼各马可伦理学》1166a1-3；《欧台谟伦理学》1240a24-29。
② 参见《欧台谟伦理学》1240a26-31, 33-37。
③ 见第 3 章第 6 节。
④ 《尼各马可伦理学》1159a27, 1168a11-22；《欧台谟伦理学》1237b40。

更强的美感。并且这种类比由于具有距离的美，更适合于说父亲对于孩子的爱。亚里士多德说父亲与儿子的这种关系又类似神与人的关系，所以荷马把宙斯称为"父亲"①。但是神同人的差距毕竟太大，所以君主与臣民的关系是父子关系的更恰当的比喻。

> 君王（君主）对臣民的友爱是仁惠，如若他是个好人，他就要努力提高他们的福利。②

一个真正的君主是德性与外在善一应俱全的人，他无财富之忧，所以一心考虑的是他的臣民福利。父亲也是一样，他总是关心子女，一个有德的父亲齐家置业，也是为使子女健康成长。这两种关系，就好像是"牧人与羊群"的关系：牧人驱赶着羊群，然而总是把羊群赶到水草最丰沃的地方，因为他关心它们的福利；他总是远远地观赏着羊群在草地上徜徉，思考着它们的福利。所以，他说，荷马又把阿伽门农（Agamemnon）称为"牧人"③。基督教牧师把自己称为"神的牧人"也是源于亚里士多德此说。神是主人，牧师是神的仆人；神离人远，无法关切人的尘世幸福，牧人是神之所遣，在人间关照人的灵魂。这是基督教的观念。亚里士多德说，父亲与儿子的关系，虽是像这种"牧人与羊群"的关系外，但还有差别。父亲的"恩惠"更大些。因为父亲是子女的生命存在的"原因"；而且，他还要抚养和教育子女，使之成为一个有善德的人；此外，这种感情关系中还有"更多的快乐和助益"，在孩子长大成人的过程中，父亲总是给予帮助最大

---

① 《伊利亚特》，I，第503页。
② 《尼各马可伦理学》1160b24—27，1161a10—12。
③ 《伊利亚特》，II，第243页。

的人。① 所以，亚里士多德说，子女对父亲（父母）的恩惠总是报答不完的。因为，如托尔斯泰的那则寓言所说，在他还没有能充分回报父母的恩惠时，他又要像那只"小乌鸦"所说的那样，去抚养他自己的子女，而无法再全力地回报父母的恩惠。这就像人对神的恩惠是报答不完的一样。所以在这种关系中，

> 儿子是欠债者，本应当还债，而儿子欠父亲的债是还不完的，他是一个永远的负债者。这就是虽然不允许儿子不认父亲，父亲却可以不认儿子的原因。债权人可以免除债务人的债务，所以父亲可以否认儿子。②

这是亚里士多德关于家庭友爱的论述中受到批评最多的地方。但是我们应当注意到，亚里士多德在这里说的只是父母对子女以及子女对父母的感情关系上的问题。这种感情关系上的"债权"与"债务"并不带有子女在人身关系上永远依附于父母的含义。因为如已经说明的③，在希腊社会，尤其是在雅典，父母是公民的子女一旦成年，就成为一个独立的公民，成为一个既享有家庭坛火，又分享公共坛火的自由人。在他与他父母之间，并不存在人身依附的关系，他参与城邦的军事、政治方面的公共事务完全是作为一个独立的公民，尽管人们都知道他的身世和他的父母。亚里士多德其实只是说，在父母与子女的感情关系上，始终是父母付诸在子女身上的感情更多。这很接近于我们中国人在说"可怜天下父母心"

---

① 《尼各马可伦理学》1161a15-19，1162a6。
② 《尼各马可伦理学》1163b19-22。
③ 见引论第 2 节第 4、5 小节。

这句老话时所内含的那种常识道德观念。亚里士多德所欲强调的是，对父亲（父母）的报答，与对神的报答一样，只有"尽力"去做才是足够的。所以他说，"一个尽力而为的人就被认为是一个有德性的人"。因为在我们与父母的感情关系上，实际上没有人能报偿父母所应得的东西。①

其二，夫妻的友爱。

亚里士多德在两部伦理学著作中，与对父母与子女的友爱的讨论，比对夫妻友爱的讨论相对少些。然而他认为夫妻男女间的友爱是家庭中最原初的友爱关系。家庭是他的政治学讨论的起点。而家庭首先是男女的结合。除了男女的结合，还要有主人与奴隶的结合。有了男女与主奴这两种关系的结合，便组成了家庭（oikia）。男女的最初的结合，亚里士多德说，完全是出于生理自然：他们必须结合，才能繁衍子嗣；而人类和一般动物以及植物相同，都要使自己留下形性相肖的后嗣。②

与需要政治相比，人自然更需要配偶。因为家庭制度先于城邦并且更加根本。而繁殖后代是为各种动物所共有的特点。其他动物的结合只是为了繁殖，而人的结合就不仅是为生儿育女，而且是为了生活的各种目的。男女的结合的一开始就有劳动的分工，男子和妇女就各有不同的职能，他们相互帮助，把自己所固有的特长投入到共同事业中去。由于这样的缘故，这种友爱既有助益又有快乐。③

---

① 《尼各马可伦理学》1163b16—19。
② 《政治学》1252a26—35、b10—11。
③ 《尼各马可伦理学》1162a16—25。

但是，亚里士多德又说，男女的这种友爱也可以基于德性，如果他们都具有德性的话。每种性别都各有其德性，所以这种德性也可以是相互吸引的原因。① 这种友爱，如果是基于双方各自的德性的，就是善的友爱。但是我们不应误解亚里士多德，以为他认为男子与妇女在德性上是完全处于平等的地位的。如已指出的②，甚至德性在人们中间的分配都是不一样的。不同的人有不同的德性，每一个人占有适合于他的德性的程度也是有高有低。所以男子与妇女的德性在亚里士多德的理解中应当是有区别和有差别的。主张德性于男子与妇女都无差别，这是柏拉图在《美诺篇》中表达的观点。这是亚里士多德所不同意的。首先，对亚里士多德来说，男子与妇女对于某些共同的德性占有的程度就是不同的。例如"勇敢"与"节制"在男子与妇女中就显然有"不同的性质"：

> 一个男子的勇敢倘使仅仅及到一个妇女的勇敢，人们就会说这个男子是懦夫；反之，如果一个女子没有像一个好男人那样缄口，就会被认为利口伤德。③

因为勇敢与节制，男女所占有的程度不同，所以表现出的特点也不同。男子的勇敢表现在"敢于领导"，女子的勇敢则表现在"乐于服从"。④ 这使我们想起《耶稣受难图》中的妇女，她们"勇敢"地、深怀同感地面对耶稣的死，内心充满对他所说的话的信从。这是基督教给我们的对妇女的"勇敢"的

---

① 《尼各马可伦理学》1162a26—27。
② 见本章第 2 节。
③ 《政治学》1277b20—23。此处依周伊特英译本。"利口"在希腊文本中为 λάλος，本义为善谈，此处亚里士多德当是在出言失检的意义上使用，以其与放纵相近而与节制相对立之义。参见吴寿彭译《政治学》，商务印书馆，1965 年，第 125 页。
④ 《政治学》1260a20—23。

图解。我们可以在亚里士多德这里找到根源。其次，男子与妇女各有适合他们的不同本性的不尽相同的德性。诚然，德性总是相似的。然而德性又总是相对于具体的人或具体的一类人的。所以男子与妇女又有一些不同的德性。例如"实践智慧"是男子的专门的德性，"真实意见"则是妇女（以及城邦中的被治理者）的专门的美德。除了这些，借用索福克勒斯的诗句来说：

   娴静就是妇女的美德。①

因为这样的德性显然不能用来称赞一个男子。

  男子与妇女的专门的德性，亚里士多德认为，要分别和他们各自在家庭中的"治理者"与"被治理者"的地位相适合。男子与妇女在家庭中是"治理者与被治理者"的关系，这是在《欧台谟伦理学》与《政治学》中明确提出的。②《尼各马可伦理学》中虽然没有直接使用这个说法，它却是其中的隐含之义。在家庭中，亚里士多德说，有三种基于自然的安排的主从关系：主奴间的主从关系，父母与子女间的主从关系，夫妇间的主从关系。③ 第一种主从关系，以城邦的政制类比，是僭主制的，因为奴隶不具有自由人的人格，主人对奴隶的关系没有同为自由人身份的平等基础。第二种主从关系，我们已经了解，是君主制的，是父母为着子女的福利与安全而对他们进行的治理。但是这种关系一旦退化，就成为

---

 ① Sophocles, *Ajax*, 293. 见《政治学》1260a29-30。
 ② 《欧台谟伦理学》1238b25："夫妻关系是治理者与被治理者的关系"（所罗门译本）；《政治学》1259b2："就天赋来说，男性比女性更适合作主导"，1260a10："丈夫对于妻子是［另］一种［主从组合］"（周伊特译本）。
 ③ 《政治学》1260a9-10。

僭主制的,例如"波斯人使用儿子如奴隶"。夫妇间的主从关系是贵族制的,即男子因他的德性高而治理。① 贵族制,亚里士多德指的是少数人的基于德性的治理。它不同于君主制之处在于,善的君主制是基于一个人的超群的德性的治理,贵族制则是少数德性突出者基于其德性的治理。男女双方既然各有德性,所以这里适用的只能是贵族制而不是君主制,即由德性较高者即男子来治理。同时,既然各有德性,男子与妇女又应各做自己应当去做的事情,所以丈夫不能事无巨细地包办代替。

> 丈夫要主持与他身份相称的事情,做男人所应该做的事情。而那些适于妇女做的事情,就让妇女们去做。如若丈夫主宰一切,就会变成寡头制。因为他这样是违反了各尽所长的原则,而不是在基于其品质上的优越进行治理。②

按照亚里士多德的看法,男女的这种"治理者与被治理者"的友爱与城邦中的"治理者与被治理者"的友爱,在性质上是相同的。男子与妇女作为自由公民,政治身份上是平等的,妇女在家庭中对丈夫的依从,就类似于

> 民众对那轮流担任的执政者的崇敬。③

区别只是在于,前者是出于自然的安排,后者则是出于政治的安排。后者由于是基于政治的安排,就较为容易变化,所

---

① 《尼各马可伦理学》1160b24—34;《欧台谟伦理学》1241b2631。但是他在另一个地方又说夫妇关系是"共和制的",见《政治学》1259b1。
② 《尼各马可伦理学》1160b33—37。
③ 《政治学》1259b9—10。

以治理者与被治理者要定期通过这种安排来互换位置，轮流执政。前者由于是基于自然的安排，就更牢固，所以双方位置不大会互换，所以"丈夫就终生受到妻子的尊重"①。这种自然的安排的根源，也和政治的安排一样，在于男人与女人的灵魂的结构的不同。我们记得柏拉图《斐德罗篇》中的由一个驭手驾驭的两匹马的"灵魂的马车"②，在亚里士多德的灵魂结构中只有一匹马和一个驾驭它的驭手。这样我们就在灵魂中看到一个更清楚的主从的组合。灵魂中的这种主从的组合，亚里士多德说，也"显见"于"家庭和城邦"，所以我们在家庭中看到三种"主从"的组合。在这三种组合关系中，男子的灵魂同时具有欲望与审思这两个部分，因为他是"领导者"。奴隶、妇女和子女具有灵魂的这些部分的程度是不同的：奴隶不具有审思的功能，妇女具有一部分，孩子则只具有不成熟的审思功能。③ 所以，亚里士多德认为，妇女适合于在男子的主导下做适合她的事情。只有在少数场合情况才会相反。例如妻子作为女继承人而主宰一切。而在这种情况下，家庭的治理就不是基于德性，而是基于财富和势力，就像寡头制的情形一样。④

关于这种友爱中的相互助益的方面，似乎已无须详加考察。我们已经了解它本身就是基于一种分工的"共同事业"。举例来说，男子的功能就是获得财富，女子的功能则是保持这些财富，所以这种友爱是为着两个人的共同的利益的。⑤ 而

---

① 《政治学》1259b10。
② 参见第1章第3节。
③ 《政治学》1160a10—14。
④ 《尼各马可伦理学》1160b, 37—38。
⑤ 《政治学》1277b23—24, 1279a39—40。

且，双方还要共同抚育孩子，孩子是双方的"共有的善"。①所以，这种友爱至少是一种实用的友爱，双方是"合作者"。②而如果它成为善的友爱，如果双方各具德性并且因他们各自的德性而相互吸引，它就会是更经久的，也有着更多快乐与相互的助益的友爱。

---

① 《尼各马可伦理学》1162a27-28。
② 《欧台谟伦理学》1242a32。

第 6 章

相反者的友爱

除了相似的与不相似的友爱和平等的与不平等的友爱，亚里士多德还讨论了相反者①的友爱。这不是一种分类，而是一种类型。亚里士多德讨论相反者的友爱，一是补充对相似的与不相似的友爱和平等的与不平等的友爱，以完成对于不同种的友爱的考察；二是把自然哲学家关于相反者才相互友爱的意见考虑进来，以便完善对不同种的友爱的伦理学的诠释。

1. 相反者的友爱的性质

我们已经说明②，亚里士多德认为，友爱作为某种关系或

---

① 在友爱上，亚里士多德所说的相反者大抵有相反的关系（如平等的关系同不平等的关系），相反的性质（如善与恶），与相反的人（如好人与坏人、富人与穷人、爱者与被爱者）。这些相反者，依他的见解，对于一事物一般地并不是非此即彼的，例如一种友爱关系未必或平等或不平等，一种友爱的性质未必善即恶，一个人未必非好即坏，等等。参见秦典华译《范畴篇》11b34-12a25，13b36-14a25，《亚里士多德全集》第 1 卷，第 34-35、40-41 页；苗力田译《形而上学》1018a26-37，《亚里士多德全集》第 7 卷，第 124-125 页。

② 见第 3 章第 1 节。

性质，可以从它们是否包含相反者的角度考察。从他的形上学方法来说，从相反者的角度对友爱的考察，可以有两种方法。一是考察友爱作为关系或性质是否包含相反的关系或性质。在这一点上，我们在前面的讨论已表明，依亚里士多德的看法，在具体的意义上，不同种的友爱中包含着一些不平等的关系与不相似的性质，那些极不平等者或极不相似者，即是所谓相反者。不过，在不同的友爱之中，只有好人的善的（德性的）友爱才配称作友爱自身，因为人们所称赞的只是这种友爱。二是考察是否有某种具体的友爱可能在两个相反的即两个极不平等或极不相似的人中间存在。我们接下来讨论的是亚里士多德的这第二种意义上的考察。亚里士多德在两部伦理学中对这种类型的友爱只做了非常简约的讨论，但是我们可以从他对友爱问题的整个讨论中看出这种类型的友爱地位非常重要：没有这一部分的讨论，他对于实用的友爱与快乐的友爱，尤其是对于不相似的友爱和不平等的友爱的讨论就将是不充分的、根据不足的。因为首先，友爱从相似到不相似，从平等到不平等，似乎都有一个很大的范围，像光谱的频幅范围一样。这个范围的边缘始终是难以确定的。人们所说的相反者是处在这个范围的两端的人或物。这种相反的事物，是在同一种属内"具有"、"蕴涵"、"能够承受"或"能够产生"最大的差别的事物。① 作为相反者的两个事物或两个人或者是"极"不相似的，或者是"极"不平等的，

---

① 参见苗力田译《形而上学》1018a28—33，《亚里士多德全集》第 7 卷，第 124—125 页。亚里士多德区别两种相反性：一种是在种属上不同因而"不能同时出现于同一事物中"的性质，一种是属于同一种属但具有、蕴涵、能够承受或能够产生最大的差别。友爱上的相反的人当指后者。

或者同时是这两者。如若这两个端点上的双方不存在任何相互的吸引，不相似的友爱或不平等的友爱中的相互吸引就似乎是没有得到充分说明的。其次，相反者的友爱似乎是一个"观察的事实"。亚里士多德既然倾向于把他的伦理学讨论建立在经验观察的基础上，他显然必须面对这一观察事实的检验。此外，他还必须面对自然哲学家的一个范围更广的观察，即在整个自然界，与在人类生活中一样，都是相反的事物才相互吸引并构成一致。他的整个哲学都没有脱离"自然哲学"，他的伦理学与政治学的讨论都为人类的"自然本性"（动物的与植物的本性）保留着重要的位置，他的友爱的讨论也需要对在相反者的友爱上人类如何是与自然界联系的做出说明。

柏拉图在《李思篇》中似乎对相反者的友爱持一种相当积极的肯定态度，因为他把相反者是互有助益的这一点看作是不存疑问的，并且认为两个好人（有德性的人）不能在德性上互有裨益。柏拉图的这种积极态度是受到欧里庇得斯的影响的。按照欧里庇得斯的看法，相反的事物或人是相互需要的。柏拉图引证他的见解。首先，同行（同类）都互怀敌意，例如赫西阿德说，"陶匠和陶匠是冤家，吟游诗人和吟游诗人是对头，乞丐和乞丐是仇人"，所以人们说"同行是冤家"。最相似的人中间总是充满着最多的妒忌、争斗和仇恨。相反，那些最不相似的人之间却充满最多的友爱。比如，因为由于需要帮助，穷人不得已成了富人的朋友，弱者成了强者的朋友，病人成了医生的朋友，无知者成了有知识的人的朋友。这样说来，愈相反的东西反而是愈好的，比如，干欲望湿，冷欲望热，苦欲望甜，锐欲望钝，空欲望满，等等。

相反者竟成了友好者，最相反者就对最相反者最为友好，因为每种事物都欲望与其相反的事物，

> 相反物是相反物的食物。①

在《斐德罗篇》与《理想国》中，柏拉图则更强烈地受到自然哲学家关于"一致来自对立"的见解的影响。我们已经从《斐德罗篇》中了解，灵魂的一致是与它内部的相互对立的部分的活动不可分离的。这一概念结构的重要性在于，对立是存在于统一体"内部的"，并且是由于它们都良好地发挥各自的功能才造成整体的"一致"。这一观念在《理想国》中得到进一步引申。一个人是自己的主人也就当然是自己的奴隶，反之亦然，是自己的奴隶也就是自己的主人，因为所说的都是同一个人。在城邦中也是一样。节制就是在本性优与劣的部分中"谁应当统治，谁应当被统治"这个问题上表现出来的"一致"与"和谐"，

> 它贯穿全体公民，把最强的、最弱的和中间的都结合起来，造成和谐，就像贯穿整个音阶，把各种强弱的音符都结合起来，产生一支和谐的交响乐一样。②

亚里士多德的讨论大致是沿着柏拉图的理路推进的。首先，相反者是相互需要的。最重要的例子是主奴相互需要，男女相互需要。主人需要奴隶来服务于他的利益，奴隶是主人的工具；奴隶需要主人是由于他的奴性：他甚至不能是自己的主人；不能自制地掌握自己，也不能与另一个人形成一种契约的关系。两个异性的"野蛮人"的结合也只是一个女

---

① *Lysis* 215.
② 郭斌和、张竹明译《理想国》430e—431a，432a-b，商务印书馆，1986年。

奴加一个男奴。简言之，主奴关系这种安排于双方都有益处，因为他们是互相需要的。① 男女的相互需要我们已无须在此重述，前面②对于亚里士多德的男女的友爱的观点的讨论，已经非常清楚地说明了亚里士多德的下述看法：男女的结合最初就是出于自然的相互需要并且始终都存在这种相互需要。其次，在结构整体的一致就是来自结构内部的相反部分的活动这一点上，亚里士多德也与柏拉图持相同看法。友爱，譬如好人与坏人的友爱，或富人与穷人的友爱，它们都是城邦共同体③中的友爱，就如工匠与农民的友爱一样。在更进一层的意义上，相反者的友爱的范围总是与他们同属的一个具体的共同体的范围一致的。这与灵魂的情形是同样的。

与此同时，亚里士多德似乎看到了柏拉图的一个内在的矛盾。柏拉图在《会饮篇》中说相反的双方都是在欲望另一个"好的东西"，而不是像剧作家阿里斯托芬所想象的，在欲望"属于自己的""另一半"。在《会饮篇》讲述的故事中，阿里斯托芬借"符木"④比喻人，说人原本是双体的，有双雄体、双雌体、雌雄体三种，后来宙斯为削弱人的力量，就把人都分成两半，于是每个人就都欲望着自己的那另一半，所以有的人生来就欲望着另一个原本属己的同性，有的人则生来就欲望着另一个原本属己的异性。阿里斯托芬本来是要说

---

① 参见《欧台谟伦理学》1239b25；《政治学》1252a30 – b10，1152b5 – 7，1155b12。
② 参见第 5 章第 2 节与第 3 节第 2 小节的有关讨论。
③ 关于城邦共同体及其他友爱共同体，请见第 7 章中的有关讨论。
④ 符，在中国古代为君主与朝廷发布命令或调兵遣将的凭证，由君主或朝廷与将军各执一半，合之完整方可证明为真。符木，即木制的符。朱光潜先生据阿里斯托芬所言，判断古代希腊也有此物。见朱光潜译《柏拉图文艺对话集》，第 240 页注。

明许多人本性上是同性爱恋者，有点戏言的味道。对话中的"苏格拉底"（柏拉图）认真地对待这一"理论"，认为一则说每个人都欲望自己的"另一半"是不妥，二则如若说每个人是在这样欲求，那么那另一半必定与自己同，所以人没有在为他自己欲望更好的东西，这也不妥，因为"人只爱好的东西"。① 按这一理路，如若对立的相反者其自身或在偶性上是恶的，就不应欲求它。可是如已说明的，柏拉图却说"每种事物都欲望与其相反的事物，相反物是相反物的食物"。即使坏人欲望好人是在欲望于他是善的东西，好人欲望坏人岂不是在欲望对他是恶的东西？

显然是由于这个原因，亚里士多德在他的讨论中把"需要对方"和"欲求对方"区别开来。所以，就阿里斯托芬的两块分离的"符木"来说，每块符木都"需要"对方，但并不是"欲求"对方，或者换一种说法，并不是把对方当作目的来欲求，而是把它当作"手段"来欲求：

> 相反物是令人愉悦的东西，并被当作有用的东西而被欲求；但是它不被包括在目的里，而是被当作达到目的的手段；因为当一物获得了所欲求的东西时，它也就实现了目的，而不再欲求相反物了。②

所以，相反物作为手段的特点之一是它非常有效，因为另一方（与它相反者）只要获得了它，也就获得了所欲求的那个目的。那么，那个目的是什么？我们已经了解，它必定是一种善，或者准确地说，是对这对相反者双方都是善的东西，

---

① 参见柏拉图《会饮篇》189b–193e，201a–206d；中译本见朱光潜译《柏拉图文艺对话集》，第 237–244、257–264 页。
② 《欧台谟伦理学》1139b26–29。

因为就这对相反者是人来说，他们只欲求对他们而言是善的东西。而且，它不是对方自身，因为每一相反物并不是把对立面当作目的，都不是因对方自身之故而欲求对方。那么，亚里士多德说，目的就是那种适中的或中间的状态：它对于双方都是善的东西，尽管对于它们意味着不同的善，例如对于冷它意味比冷要热的东西，对于热它意味比热要冷的东西，干和湿也是一样的。这里重要的是，柏拉图的第一个命题必须修正：对立的双方不是彼此欲求对方，而是欲求那个适中的状态。例如，热不欲求冷，干不欲求湿。① 但是，亚里士多德说，相反者双方要达到对于他们各自是善的那个适中状态，似乎必须要先获得对方，就如矫枉先要过正，因为

> 当人们过冷时，他们要使自己稍热一下来回到适中的温度，当他们过热时，则要使自己稍冷一些来恢复适中的温度；在其他方面，情况也是这样。②

所以相反者作为手段的另一特点是它非常必要，它是一个必需的手段：如果双方要达到适合自己的那种适中状态，就必须先超出那个适中的状态，即先得到对方。因为如果不是这样，相反者就会不断地处于欲求的状态，因为它始终没有达到它的目的，即那个对于它的适中的状态。③

由于相反者双方所欲求的目的都是对于双方是一种善的那个适中状态，双方的这种友爱也是由于一种善的东西而发生的友爱。但是这种互爱是偶性的。他们每一方爱对方，只是因为他们自己处在与对方相反的那个极端上。他们的这种

---

① 参见《尼各马可伦理学》1159b21—24；《欧台谟伦理学》1139b26—35。
② 《欧台谟伦理学》1139b35—37。
③ 参见《欧台谟伦理学》1139b37—38。

爱不是当他们处在正常状态下会具有的那种爱，因为，处于正常（适中）状态的人们以"在正常状态下是令人愉悦的那些事物为愉悦"，只有处于非正常的极端状态下的人们才以"所有那些处于非正常状态才令人愉悦的事物为愉悦"，例如，呆板的人以滑稽的①人为愉悦，好动的人以懒惰的人为愉悦，等等。②

所以，亚里士多德说，这种友爱只是基于实用的友爱。因为他们每一方都是这样，一旦有某种需要，就"以其他东西来交换"。所以富人与穷人、好人与坏人，都可以因相互有用而成为朋友，尽管这样的友爱"难于持久"。好人和坏人可以是朋友，首先是就他们可以相互有用说的。一个坏人可以对好人的"当下的选择"有用，而好人也可以对一个坏人的合乎他的正常本性的选择有用，或者是对一个有正确的思虑但不能坚持的不自制者的当下的选择有用。③ 对坏人来说，他在这种友爱中欲求的当然是对他是善的东西，因为合乎他的本性的那些选择对于他是善的。然而，好人在这种友爱中欲求的也是对于他自己是善的东西，因为：

> 他愿望朋友的善，绝对地愿望那绝对的善，也相对地愿望那相对于他的朋友的善：在贫穷或疾病对他的朋友有益的意义上愿望那相对的善。他愿望这些也都是为着绝对的善之故：服药是一件具体的事情，没有人愿望

---

① 所罗门英译本此处为"witty"（机智的），疑为误译，徐开来中译本此处译为"油滑"是对的，因为机智依亚里士多德说是中道，呆板与滑稽是两对立的极端。
② 参见《尼各马可伦理学》1159b21—22；《欧台谟伦理学》1239b33—34，38—43。
③ 《欧台谟伦理学》1238b2—6。

服药，除非是为着某个具体的目的才愿望它。①

而这对于他（好人）自己也是善。因为，如果他的一个坏人朋友改善了，这对他也是一种善。但是，亚里士多德又说，好人和坏人也可以是在快乐的友爱的意义上的朋友。他还说，也可以把爱者与被爱者、美貌的人与丑陋的人的友爱"算在"相反者的友爱里。② 这与相反者的友爱都是基于实用的友爱的说法有些矛盾，因为快乐的友爱与实用的友爱是不同的。依普赖斯的看法，亚里士多德的这一说法应当是在一个人能"带来"或"产生"快乐也就是"有用的"这种转义上说的。③ 坏人之间，不好不坏的人之间，如已说明的，都可以有快乐的友爱。而如果他们能相互使对方产生快乐，他们对于对方就是有用的。好人与坏人之间也是这样。坏人相互间也可以是令人愉悦的，但不是作为坏人，而是作为有某种"共同的特性"——例如某种共同的音乐爱好——的人。因为，在一切人都有某种善的东西的意义上，即使是坏人也不是一无善处。正是由于这一点，坏人也会因某种原因而愿意与好人交往。此外，既然人人都有某种善，那么即使是一个好人与一个坏人也可以在某个方面相互适合；而且人们显然可以是在某些特定的范围——例如音乐爱好——内交往，在这样的交往中，他们主要关注的是他们的共同的兴趣的对象，所以一个坏人也可以在这些方面是令人愉悦的，而一个好人则总是

---

① 《欧台谟伦理学》1238b6-9。
② 《尼各马可伦理学》1159b15-16。
③ 有关讨论见 Price, "Appendix 4: Aristotle on Erotic Love", in *Love and Friendship in Plato and Aristotle*, Clarendon Press, 1989。

令人愉悦。①

2. 爱者与被爱者的爱

我们应当在此谈一谈亚里士多德关于爱者与被爱者的友爱的讨论，这不仅因为如上文所说，他在一种转义上把爱者同被爱者的友爱当作相反者的友爱的一个例证，而且因为我们需要从他的这种讨论方式中来进一步了解他对于性爱的主要看法。但是限于在这里我们的工作的目的，在后面这个方向上我们不能把话题引得太远。

亚里士多德所说的爱者与被爱者的爱是 ἔρως（性爱，情爱），而不是 στέργειν（慈爱）或 ἀδελφότης（兄弟爱，伙伴爱）。② 我们已经了解③，ἔρως 在古代希腊不仅指两个异性之间的爱，而且指两个男子之间的爱。这种男子同性爱在那个时代是一种时尚，甚至得到上层社会的鼓励。我们也已经说明④，亚里士多德讨论的性爱已丧失了柏拉图讨论的性爱的一个特点，即这种爱既是"迷狂"而又总是不会偏失：它始终引导一个人达到对美的型式的回忆，追求智。以亚里士多德对于性爱的观点来看，性爱或爱的本质是感情，是一种自然地包含着欲的过度的感情，过度恰恰是它的缺点。如已说明的⑤，爱作为感情是听从理性的，爱智的。不过，爱不是理

---

① 参见《欧台谟伦理学》1238b9—14。
② 关于 ἔρως、στέργειν 与 ἀδελφότης，参见引论第 32 页注 2，及第 2 章第 1 节。
③ 参见引论第 2 节第 5 小节。
④ 见第 2 章第 1、2 节。
⑤ 见第 2 章第 2 节。

智,爱是没有选择的。因此,尽管爱自然地亲近智,这种感情的过度仍然会时常妨碍它追求智慧。所以,虽然爱者关切他的爱在被爱者方面是否得到愉悦的回应,当处在爱的沉迷中时,他对智的爱也会由于感情的过度而受到阻碍。此外,欲似乎比伴随任何别的感情都更多地伴随着爱,在爱中我们所爱的是所欲的东西,而不是所期望的东西。① 因为,它由于被偶性的欲宰制而偏离它的听从理性的本性。这种为欲所掣肘的爱自然不是在追求智,而是唯一地追求一种视觉的快乐和一种肉体的快乐。所以,爱者总是欲望与被爱者的共同生活。由于这一点,爱很像是友爱,因为爱者欲望一种共同生活,尽管不是以最适当的方式过的共同生活,而是按感性的方式过的。② 爱者欲望同被爱者的共同生活,所以期待着看到他,注视他:

> 对于爱者来说,最令人愉悦的感觉是观看被爱者,他们喜欢这种感觉胜过其他的感觉。爱主要地是在观看中存在和生成的。③

"注视"(或"观看")在亚里士多德和柏拉图的哲学中都是十分重要的。柏拉图的"型式"(δέα, εἶδos),如已指出的,原意就是注视或观看,指注视到的"型"。所以对柏拉图来说注视是导引我们达到最真的东西的感觉。《会饮篇》中"苏格拉底"说,随着人的灵魂的提升,人可以学会"看到"心灵的美、制度的美、知识的美,以及最后"看到"美的"型式"。在另一处,他对亚尔西巴德说,你如果确信我有一种力

---

① 《欧台谟伦理学》1235b2 1。
② 《欧台谟伦理学》1235b25-27。
③ 《尼各马可伦理学》1171b29-30。

量能帮助你提高你的修养,你就还不"愚笨",你就一定"发见"了我有一种真正伟大的美,远超过你的貌美。对亚里士多德而言,"看"仍然是向我们转达最真实的信息的那种感觉能力与活动:与听觉一样,视觉是最不依赖于外部条件的感觉功能,而且,所"看到"的东西都是自身完整的,而不是处于"偶然"的"运动和生成"中的。它们"不缺少什么,所以也不需补足什么",就如记忆与希望是完整的而不需补足一样,虽然肉体的美是"看得见的",灵魂的美是"看不见的"。① 重要的是,对亚里士多德来说,那吸引了爱者的视觉的东西必定是美的。爱者喜欢注视被爱者,一是他所回应的愉悦的爱,或者用柏拉图所说,是被爱者眼中的爱意的"眼波"②,这是被爱者的感情的美;二是他的美好的形体,这是为欲宰制的爱者尤其喜欢注视的。但是亚里士多德说,只是有了当下的对注视另一个人的愉悦感还不等于就是爱,只有不在一处时就想念,就期求见面,只有有了对再次的和不断的注视被爱者的期盼,才是真正的爱。③

所以在亚里士多德的看法中,爱者与被爱者的关系不应当是那种由少男向成年男子崇拜地问询请教的关系。因为,成年男子的主要的善在于他的感情听从理性和导向智慧,倘使这种优点由于感情的过度而迷失,他便没有特别的善可言。一成年男子与一少男的共同生活倘若是感情适度的,这种感情便是在追求着智,他们的感情就是爱智的友爱的感情。尽管在希腊生活中这同时也会包含自然的性爱,亚里士多德认

---

① 参见《尼各马可伦理学》1173a31-b21,《政治学》1255a1-2。
② 《斐德罗篇》,《柏拉图文艺对话集》,第 255 页。
③ 《尼各马可伦理学》1167a4-6。

为肉欲之爱将妨碍对智慧的求索。男子之间研究哲学、沉思艺术的共同生活大抵在亚里士多德看来是最好的共同生活，沉溺肉欲的生活则是卑污的、动物式的。① 成年男子的优点就在于他能够与另一个人过此种共同生活。倘如这种共同生活蜕变为唯一追求肉体快乐的生活，他的优点便不再具有。因为，为欲宰制的爱是本已偏失的爱，爱者只是偶性地在欲的宰制下追逐肉体的快乐。在此种爱中，显然可爱的只是被爱者的形体，爱者本身已无可爱处，所以少男对成年男子的崇拜就更显得没有道理。在古代希腊人中间，大概少男的请教总是出于对成年男子的某种崇拜。在柏拉图的讨论中，对于成年男子常常持着崇拜的态度的少男被认为是被爱征服了的朋友。例如在《李思篇》故事结尾处，参加谈话的人都散去后，"苏格拉底"向李思和他的同龄朋友美涅克塞奴戏言说，那些方才走开的人要说我们觉得自己是朋友了，因为我一直在和你们说话。② 在《会饮篇》中我们也看到青年亚尔西巴德承认曾经崇拜苏格拉底的论辩的言辞。③ 所以一个请教的少男与一个指教的成年男子是一对朋友或恋人，这在雅典大概很常见的事情。而就多数希腊人的实践而言，依亚里士多德的看法，由于感情常常受欲望掣肘，成年爱者总是一个欲望者，欲望分享被爱者的美的生命，尤其是肉体生命。所以在亚里士多德的讨论中这个爱者已不再像柏拉图所说的，是那个既感受到被美激起的"迷狂"而去"追随"他的被爱者，又由于自己具有"身心调和的整体"而不会为这迷狂带偏了路，

---

① 参见《欧台谟伦理学》1245a22。
② *Lysis* 223.
③ 朱光潜译《柏拉图文艺对话集》，第 274 页及以后。

因而有资格去"教育"他的被爱者并受到后者的崇拜的男子。相反，这个爱者已经变得既不美又失去了他本有的善，并且对被爱者来说，他已经"没有什么可爱之处"①，除了他的献殷勤（φεραπεία）②。

然而，以亚里士多德的看法，这个爱者却常常不明白这一点。他不明白在这个关系中可爱的是被爱者而不是他自己。因为他常常不了解，他的善只是在他以适度的方式运用他的爱时才存在，如果他的爱失去听从理性的优点，他的善也就将失去。他不但不了解这一点，反而把他在性中的作用看作他的主要的优点。而如果他能够在爱的时候也使被爱者产生同样的快乐与满足，他就还是有用的。但是显然在具体的性活动中这种用处总是短暂的。一旦性活动停止了，一方变化了，另一方也就变化了，这时爱者对于被爱者也就不再有用处。③ 相比之下，被爱者则有更大的优势保持他的可爱之处，因为肉体的美的魅力总是更长久些：美的形体只要还保持着美，便总是可爱的。由于爱者与被爱者双方的性质是如上说明的情形，亚里士多德认为，尽管双方地位上平等，在双方之间也很容易产生冲突与抱怨。因为一旦相互的感情被放到从属的地位，爱的关系就会蜕变为快乐的友爱那样的关系。而这种关系一旦蜕变，爱者与被爱者作为两个地位平等的人，就会相互要求同等的东西，即快乐，就像有着不同快乐或用处的人之间那样：

快乐也是不同的，有自己的财产或孩子的独立自足

---

① 《尼各马可伦理学》1159b19。
② φεραπεία，侍候，献殷勤，讨好，见《尼各马可伦理学》1157a8—10。
③ 《欧台谟伦理学》1243b20。

的人的快乐就与没有这些而即将拥有它们的人的快乐不同，实用的朋友和快乐的朋友的快乐也同样不同，而他们有些人是彼此平等的，有些人则是地位上有高下的。因此，那些认为彼此地位平等的人们，如果另一方对他们不是同样地有用，不是同样地有助益，就会抱怨。在快乐上他们也是这样。这在爱者与被爱者的情形中是很明显的，因为这经常是他们之间发生冲突的原因。①

在快乐的友爱中，如已说明的②，只有当在人们都获得了快乐，并且是从同样的事物中得到这相同的东西，比如两个机智的人都从他们的机智中得到相同的快乐，友爱才能存在。一旦一方感到自己得不到同等的快乐，友爱就将解体，双方也不会相互抱怨。如上所说，这甚至不是爱者与被爱者之间的情形。因为这两者所得到的是不同的快乐，而且他们各自的快乐不是来自同一个来源。对爱者来说，令他快乐的只是被爱者的美的形体，他得到的快乐就在于"注视"对方。被爱者的快乐则来自爱者的献殷勤，他得到的快乐就是对方恭维他的美给他带来的愉悦。所以，他们所欲求的快乐事实上是来自不同事物的不同种的快乐。③ 对于同一个来源的同种的快乐，平等的双方相互从对方获得快乐的程度比较好判定。而即使一方认为自己所得的快乐少于对方，由于前面④在讨论快乐的朋友的关系时所说明的原因，他也没有理由抱怨，因为他本可以不加入这一爱的合作。而对于不同来源的不同种

---

① 《欧台谟伦理学》1238b30-37。
② 见第 4 章第 2 节。
③ 《尼各马可伦理学》1157a7-10。
④ 见第 4 章第 2 节。

的快乐，双方就难于判定彼此获得其快乐的程度。假如双方互知对方的快乐与自己的既不同源又性质不同，双方的冲突还可能会少一些，因为他们至少会明白这样的计较会有很多困难。而如果双方不知道他们各自的快乐既不同源又不同种，这种冲突便会十分激烈。然而情形恰恰就是，亚里士多德说，性爱的这双方，至少是爱者，不懂得他们双方的激情的原因是不同的，他总是认为被爱者的爱和他的爱是出于同一个"理由"，这样，性爱双方的冲突就无可避免，所以就会出现爱尼克斯（Aenicus）所说的情况，即被爱者这样说，爱者们却那样说①：

> 爱者抱怨他的最热烈的爱没有得到爱的回报，被爱者则时常抱怨爱者先前许诺这、许诺那，现在都成了空头许诺。这类争议之所以会产生，是由于爱者是因快乐而爱被爱者，而被爱者则是为了好处而爱爱者，但双方都没有各如其愿。②

按理说，爱者要求得到爱的回报，被爱者要求爱者说到做到，这看起来都是合理的要求，但这要求却是根源于双方都没有达到自己的愿望。亚里士多德的这个观察是很重要的。但是为什么会是双方都未能如愿呢？在性爱上，难道不是有一方如愿，另一方未如愿更符合实际的经验？亚里士多德认为，由于在这种特殊的关系中，双方所交换的已不是快乐，而是获取。爱者要求获取爱的回报，被爱者则要求获取爱者先前的承诺。③ 普赖斯所提出的看法，即亚里士多德认为使一个人

---

① 《欧台谟伦理学》1238b36-41。
② 《尼各马可伦理学》1164a2-5。
③ 《尼各马可伦理学》1157a 11-12。

产生快乐在转义上也就是有用的，使我们对亚里士多德在这个问题上的观点的理解又深入了一层。在这个意义上，爱者与被爱者可能相互抱怨。基于实用的友爱，如前已提到的①，充满了相互的抱怨，如果双方找不到一个共同的尺度的话。②普赖斯说，在爱者与被爱者之间的确可能基于这一点相互抱怨，因为他们对于对方对己方的快乐的贡献同己方对于对方的快乐的贡献孰大孰小，相互可能持着不同的看法：

> 爱者认为他（爱者）使得被爱者快乐，就像被爱者使得他（爱者）快乐一样；所以他（爱者）期望被爱者像他一样有用，但是被爱者认为他（被爱者）提供给爱者的是更大的快乐，所以期望从爱者那里得到更大好处作为报答（因而总是等着爱者来偿还）。这里含有一个比他（亚里士多德）以往更清楚的见解，使我们看到一个爱者在正常情况下欲求的是什么：他（爱者）所欲求的是被爱者不仅接收到他（爱者）的爱并且回应他（爱者）的爱，是被爱者从他（爱者）这里接收到与他（爱者）从被爱者那里接收到的同等的爱。亚里士多德提供了一个有趣的而不是令人吃惊的结论：由于一般都能认识到上述的这种情形，在这种性活动中，爱者还常常存有一个具体的希望，即他（爱者）的贡献是独特的，被爱者也许会是有经验的因而不会反驳这一点。③

看起来，普赖斯的这个分析是有道理的，它使我们能够把亚

---

① 见第 4 章第 2 节。
② 关于这一问题的进一步的讨论，请见第 7 章第 3 节。
③ Price, "Aristotle on Erotic Love", in *Love and Friendship in Plato and Aristotle*, Clarendon Press, 1989, pp. 244–245.

里士多德在两部伦理学中关于爱者与被爱者的性爱的那些分散的评论以一条清晰的线索联系起来。然而，我们显然还缺乏证据，说亚里士多德所说的爱者期求的爱（或感情）的回报是指被爱者在爱的活动中与他（爱者）的积极合作。因为如已提到的，他所表明的是在爱之中感情比与性更值得选择；而

> 如果爱主要指向感情，那么感情也就是爱的目的，故性交或者根本不是一个目的，或者只是相对于感受到的感情才是一个目的。①

不过，在以上述那种方式理解亚里士多德时，我们实际上承认了一个假设：在他的伦理学中，性爱的目的也包含性活动中的互爱。这个假设也是有道理的，因为亚里士多德在两部伦理学中关于爱者与被爱者双方关系的讨论方式的确加强了这一假设。沿着这一理路，我们可以达到对于亚里士多德的性爱论的那个稍稍乐观的方面的理解：地位平等的爱者与被爱者可能由于双方在性活动中的积极的爱而互爱，因为在这种双方的积极的爱中，每一方都没有理由抱怨对方。这种可能性如果是现实的，那么依亚里士多德的看法，必然需要双方都——而不是只被爱者一方——是可爱的，而且这可爱不能建立在不经久的东西的基础上。因为如果爱者一方并不可爱，他期求被爱者回报以同样的积极的爱就是"可笑的"；如果令性爱双方可爱的原因都是"附带的、不经久的东西"（即偶性的东西），这些原因一旦消失，性爱也就将瓦解。而最终说来，只有他们各自的善才是经久地可爱的东西。所以，经

---

① 余纪元译《前分析篇》68b2-8，《亚里士多德全集》第1卷，第234页。

久的性爱必定是基于双方的善的。因为，有用的善只是偶性地可爱，快乐的善也只是在快乐时才可爱，唯有品性的善才始终可爱，不仅因为它稳定不变，而且它才属于一个人自身的那种善。所以，如果双方在爱中渐渐地相互喜欢对方的品性的善并且"在品性上变得相似"，这种性爱就会是经久的。这样，我们大概最终还是会回到哲学的爱：爱智慧者才可能因相互的属于他们自身的善而互爱。就希腊生活来说，按照许多人的看法，这种爱当然是自然地包含着性的哲学的爱。因为如上面刚刚说明的，成年男子的基本的善使他有能力同另一个人过爱智的或研究哲学的生活。然而重要的是，按照亚里士多德的观点，即使存在从性爱的互爱发展到基于品性而互爱这种可能性[1]，爱哲学的互爱却不可能从成年男子与少年男子的性爱中产生。因为，一旦离开对智慧的追求，当少年男子作为被爱一方欲求另一方的"作用"，双方想要的东西就变得不同，友爱就会解体。[2]

---

[1] 《尼各马可伦理学》1157a10-12。
[2] 《尼各马可伦理学》1164a7-13。

第 7 章

共同体，友爱与公正

在以下的三章中，我们将分别讨论亚里士多德友爱论中的三个重要的理论问题：友爱同公正的关系，友爱自身的目的，以及友爱同自爱的关系。这三个问题中，友爱与公正的关系问题不仅在理论上十分重要，而且与友爱的实践最相关切。在这个问题的那些最重要的方面，亚里士多德给我们打开了思考的线索。人们在共同的生活中不但需要公正，而且需要友爱。友爱与公正作为两个人之间的以及城邦生活的联系纽带，总是同时存在于特定的共同体之中的。这种关系的复杂性在于，我们将从以下的讨论看到，由于人们共同生活的共同体不同，每种友爱中的友好感情与公正，甚至双方相互间的友爱与公正，以及由此产生的实践准则也都不同。

1. 共同体与友爱和公正

亚里士多德在《欧台谟伦理学》中提出两个问题：朋友

应当怎样相处？友爱中的公正是什么？① 他在《尼各马可伦理学》没有再提出这些问题。而且，除了对公民的商业交易这种友爱关系的公正做了比较清楚的说明之外，他也没有对于这两个问题是否有一个一致的解答这一点做明确的讨论，而只是向我们陈说了许许多多的类型、场合和情况以及关涉的公正的复杂性。我们也许可以合理地做一个揣测，即亚里士多德意识到，在各种各样的友爱中，不可能有一个一致的公正的尺度或实践解答。他在《欧台谟伦理学》里似乎就已经了解了这一点，因为他在那里就指出，如果要弄清一个人如何在友爱中做了所应当做的事情，我们就要注意到：

> 我们提出的友爱的定义，在某种意义上都属于友爱，但又不都属于同一种友爱。对一个有用的朋友、一个施惠者，事实上对任何一种朋友——因为这条定义不区分友爱的类别，我们所愿望的是对他是善的东西；对另一种朋友，我们愿望他生存；对第三种朋友，我们愿望与他交往；对快乐的朋友，与他悲欢与共才是最好的礼物。所有这些定义都适合于某些友爱，但又不是都适合于某一种单独的友爱。因此，有很多的定义，每种都看起来属于某种单独的友爱，其实却并不属于它。②

友爱所关涉的是具体的公正③，包括分配的公正、矫正的公正

---

① 《欧台谟伦理学》1234b18—22。
② 《欧台谟伦理学》1244a20—29。
③ 亚里士多德在《尼各马可伦理学》第 5 卷区分"整体的公正"与"具体的公正"：前者是对待他人的一般的关切态度，其行为的表现是"守法"；后者是在具体交往中对待另一个人的恰当态度，其行为表现是"平等"，不"多取"。参见该书第 5 卷第 1、2 章。

和回报的公正,其中最重要的是回报的公正。① 大概是由于意识到由友爱的种类引出的友爱中的公正的复杂性,亚里士多德没有涉足在此基础上的各种具体的公正的复杂内容。而且,我们从他的伦理学中看到两种不同的说法,它们把我们对于友爱的公正的看法拉向两个相异的方向。一个说法是,"既做了朋友就不必再论公正";另一个说法是,"朋友与朋友应该怎样相处的问题似乎最终是一个公正的问题"②。前一个声音的暗示似乎是,朋友之间不会相互计较对方做事情是否妥当适度(公正);后一说法的暗示则是,朋友之间更要行为妥当适度(公正)。

与此同时,亚里士多德似乎还更清楚地意识到,这些私人交往中的友爱与公民交往中的友爱,以及这两种友爱中的公正,有更大的区别。私人交往中的友爱,即我们对父母、兄弟、伙伴、朋友的友爱中的公正,亚里士多德称为"伦理的"。公民的友爱即对于一个一般的同邦人的友爱中的公正,他称为"法律的"。这一区别是很重要的,因为它隐含着多种区别。首先,"伦理的"友爱都是涉及"感情"的。如已说明的,家庭的、兄弟伙伴的以及由此衍生的朋友的友爱,都是基于父子这种自然的友爱关系的,这种友爱在其本性上包含着一种自然的感情。所以"伦理的"公正也是一种"较为友好的公正"。"法律的"友爱则是不涉及感情的,因为法律是"无感情"的;并且依系于法律的友爱也不是出于自然的,而是出于"习惯的";公民之间有友爱,但不是"朋友"。所以

---

① 关于亚里士多德对友爱中的回报的公正的讨论,见本章第2、4节。
② 《尼各马可伦理学》1155a24-25,1162a29-30;《欧台谟伦理学》1241a20-21。

公民之间的"法律的公正"是"较为真实的公正"。其次，私人的、伦理的友爱由于是根源于自然的、家庭的尤其是父子的友爱的，也就在根源上内含友爱双方的地位差别，虽然兄弟的、伙伴的与朋友的友爱并不含有这种不平等。所以这种友爱中的公正也是在范围上较小的公正，只涉及地位平等或不平等的两个人。公民的友爱则在根源上是平等的。基于"习惯"的友爱也有两种，一种是"君主式"的，另一种是"轮流执政式"的，公民的友爱是后一种，因为公民身份是这种友爱的基础。最后，私人的、伦理的友爱既可能是为着有用的，也可能是为着快乐或为着善的，因为私人的交往可以是为多种目的的。所以在私人交往中的公正就较难于确定：回报的责任虽然是清楚的，但是回报的关系只有在具体的场合中才能确定。而公民的友爱则只是基于有用的，因为公民的交往只是为了相互有利。由于双方的地位是平等的，这种友爱中的公正是较为明确的，因为回报的责任与关系都是比较清楚的。①

亚里士多德认为，友爱与公正的问题都要与产生每一种友爱的那种"合作体"或"共同体"② 的特殊性质相联系的。一个共同体或合作体是作为其成员的人们在其中有共有和共享的资源并进行着交往的社会有机体。人类社会中一定存在这类有机体，因为就其本性而言，人不是离群索居的动物，而是要合作共处，与本性上亲近的人交往。一个共同体的成

---

① 参见《欧台谟伦理学》1242b22—1243b14；《尼各马可伦理学》1155a25—26，1161b10，1162b22—32；《政治学》1286a16。

② κοινωνίαι，共有、共享的事物之义，罗斯译 community（共同体），莱克汉姆（Rackham）译 association（社团），所罗门 partnership（合作）。罗斯与所罗门译法较妥。此处依罗斯。

员都有某种共有和共享的资源。共同体就意味着共同的东西。家庭是最古老的共同体，它比城邦还要古老。在家庭共同体中一切资源都是其成员共有和共享的。兄弟与伙伴的友爱共同体在这方面与家庭共同体是相似的，因为正如"朋友彼此不分家"这句俗语所说的，在兄弟与伙伴中间，

> 一切都是共同的。在其他的人中间，则某些特定的东西是共同的：在有些人之中这种共同的东西多些，在有些人中则少些，因为友爱也是有些深些，有些浅些。①

在伙伴与公民共同体之间，亚里士多德还指出了一类中间的利益的或兴趣的共同体，例如同船的人、同伍的士兵、同氏族（部落）的成员、同教区的居民等等。这些共同体的成员之间都或者有某些共享的资源，或者有某些共同的目的，或者两者兼有，所以是以共同的"具体的利益为对象的"。例如，水手们的共享的资源是他们的船和共同的航行，他们的目的是为了赚钱；同伍的士兵的共同资源是他们的集体的战斗力，他们的目的就在于去战斗、掠夺和取胜；此外，同部落的成员，同教区的居民还常常为献祭和娱乐的目的而举行一些仪式和活动，等等。② 依亚里士多德的看法，友爱与公正的昌行或衰败与这些不同层次的共同体的状况有直接的联系。每一友爱共同体都有一种最有益于友爱与公正的昌行的形式。例如，父子关系的最好形式是君主制式的，夫妻关系的最好形式是贵族制式的，兄弟关系以及伙伴关系的最好形式则是资产制式的。而在它们各自的蜕变形式中，友爱与公正就会

---

① 《尼各马可伦理学》1159b33—36。
② 《尼各马可伦理学》1159b30—32，1160a10—17。

衰败。一个好的君主制式的家庭中父亲对子女有最多的恩惠，子女对父亲也就有最多的崇敬，家庭中就存在着公正。反之，一个蜕变为僭主制式的家庭中，父亲同子女就不是君主同臣民那样的关系，而是如同波斯人那样是主人同奴隶的关系，在这样的家庭中就没有友爱与公正。① 亚里士多德之所以把每种友爱共同体的好的形式及其蜕变的形式都同一个城邦的政体做类比，是因为他认为城邦的政体对城邦中友爱与公正的昌行与否有最大的影响。一个城邦要使友爱与公正昌行，成为牢固的联系纽带，立法者就要设计好的适合城邦公民社会的政体，并且使德性得到最大的尊敬。② 对有些城邦来说，最好的政体——如果有一个德性大大超群的杰出人物的话——是君主制，对另一些城邦是贵族制，对其他一些是共和制。在所有的蜕变体中，友爱与公正都趋向衰败。僭主制下的友爱与公正最少，因为一个僭主甚至不愿公民相互友好和团结。不过，共和体的蜕变形式民主制却是个例外，在民主制下友爱与公正最多，因为在平等的公民中共同的东西是很多的。③

虽然亚里士多德可能如我们所推测的那样认为，由于产生着友爱的家庭共同体、伙伴（朋友）共同体、利益/兴趣共同体和政治共同体在性质上有如上所说的区别，在友爱的公正上不存在适用于所有共同体的一致的尺度，他在同时肯定地认为，即使在不同的共同体背景下，友爱与公正之间也有一种"相近"的关系。友爱与公正，亚里士多德说，或者是

---

① 《尼各马可伦理学》1160b24—1167a7。
② 参见《尼各马可伦理学》1155a21—25；《政治学》1287b36—88a32。
③ 《尼各马可伦理学》1161a31—32，1161b9—11；《政治学》127919—b3。

"相同的",或者是"相距不远的"。① 为什么？亚里士多德做了如下的说明。首先，友爱与公正都是对于另一个他人的态度。这种态度就是平等。平等在公正上以"比例的平等"优先，以"数量的平等"次之；在友爱则以"数量的平等"优先，以"比例的平等"次之。所以在两个相互联系着的人地位平等时，"数量平等"的友爱便居首位；但他们地位不平等时，"比例平等"的友爱便居首位。② 这就如同公正把一个人同另一个他人联系起来，友爱加强这种联系的纽带。在这种关系中，如苔西托（A. Tessitore）所观察的，公正有更大的容纳性：德性、财富、权力以及智慧上的鸿沟将排除友爱的可能性，但不排除公正的可能性，因为"比例的平等能协调更大程度的不相似的东西"③。其次，友爱与公正尽管在要求上不尽相同，但这两者总是共在的：

> 在所讨论的问题上和所涉及的人的关系的范围上，友爱与公正两者是一致的。在所有的共同体内，我们都可以发现所涉及的某种友爱与公正。同船的旅伴、同伍的士兵伙伴，都相互称为朋友。其他属于朋友的共同体的人们也是这样。他们在多大范围上有共同的活动，就在多大范围上有友爱，也就在多大范围上存在公正问题。④

友爱与公正总是以这种方式相互联系着：有友爱存在，就有

---

① 《欧台谟伦理学》1234a31—32。
② 《尼各马可伦理学》1158b29—34。
③ A. Tessitore, *Reading Aristotle's Ethics*, State University of New York Press, 1996, p. 79.
④ 《尼各马可伦理学》1159b25—31。

公正的问题存在。但是如上文已说明的，我们不能反过来说没有友爱，也就没有公正的问题。友爱与公正的联系是一种积极的联系，因为只有在这种联系中人们才能看清楚：一个人仅仅有公正还是不够的，"还需要有一些友爱"①。再次，人们的常识经验也表明，公正的人就可以做朋友，一个公正的人既是好人又是朋友，因为友爱是一种道德的品质。一个人如果不想对别人做不公正的事，他就离朋友不远，就足以做一个朋友，因为朋友之间不应当做不公正的事。而一个人如果是公正的人，就无须"不想"也不会做不公正的事，因为公正的人不会不公正。这一判断的否定形式也为常识意见所支持。"彼此不能公正相处的人不可能是朋友"。所以人们才会认为，"德性对于造成友爱是有用的"。所以，公正与不公正特别体现在与朋友相处的方面，因而最与朋友相关。② 最后，公正与不公正也总是随友爱的不同而在性质上、程度上不同。正如每种友爱都与其他的友爱不同，友爱中这一方对那一方的关系不同于那一方对这一方的关系一样，每种友爱中的公正也在这些方面不同。例如，父母同子女间的公正就与兄弟间的公正不同，伙伴间的公正也与城邦公民间的公正不同；在（例如）父母与子女的例子中，父母可以要求于子女的东西，如已指出的③，也与子女可以要求于父母的东西不同。但是在这种特殊的友爱关系中，与这种友爱的特殊性一致，如果子女对父母做了他们所应当做的，父母对子女做了

---

① 《尼各马可伦理学》1155a25。
② 《欧台谟伦理学》1234b24—31。
③ 见第 5 章第 3 节。

他们所应当做的，这种友爱就是公平和公正的。① 而且，公正与友爱的这种相近关系，还特别表现在每种友爱中出现的不公正都与这种友爱在程度上相呼应，而且朋友关系越近，其错误也就越大：

> 从一个伙伴那里骗钱比从一个公民那里骗钱更加可恶，拒绝帮助一个兄弟比拒绝帮助一个外邦人更加可鄙，殴打自己的父亲更加可耻。同样，友爱越强烈，对公正的要求也越高。因为友爱和公正存在于同一些人身上，在同样的范围中并存。②

就大多数人而言，爱有差等的确是共同的经验，对友爱至深者的不公正的伤害也的确被认为是更可耻、更应当受谴责的。亚里士多德的这一层观察，显然是得到常识的支持的。

所以，按照亚里士多德的看法，每一种共同体作为与其他的共同体不同的背景，都不仅使在这种背景下发生的那种友爱具有不同的色彩，而且也使与这种友爱相联系的那种公正具有与之相同的性质色彩，并且这两者都由于前者（友爱）的强弱程度上的变化而改变着色调。

2. 公民的友爱

作为背景底色影响公民的友爱的最大共同体是城邦（polis）。亚里士多德说，同城邦这一公民的政治的共同体比起

---

① 《尼各马可伦理学》1158b22—24，1159b35—1160a1。
② 《尼各马可伦理学》1160a2—9。

来，家庭、伙伴关系，以及利益/兴趣共同体都是些狭小的、特殊的共同体。这些特殊的共同体是政治共同体的组成部分，它们都从属于政治共同体，因为

> 政治共同体所关心的不是当前的福利，而是全部生活的福利。①

城邦是所有有自由身份的成员作为公民加入的那种共同体，它在范围上最大，在目的上也最远大和高尚，所以从目的上说，城邦"先于个人和家庭"②。作为其公民的政治的合作的共同体，城邦与家庭共同体之间的最大的区别在于与城邦相联系的一切都是产生于习惯的。但是亚里士多德补充说，这不等于城邦本身是产生于习惯的。城邦也和较它更为古老的家庭等社会组织一样是自然地产生的，它是这类以自然方式产生的社会形式中的最后的一个。③

为什么会产生城邦？人们为什么自然地要在家庭之上组成一个最大的合作共同体？亚里士多德认为，最重要的原因是个体与家庭的不自足性。一个城邦需要有农民生产食物，工匠制造用具，营造师建造房屋，武士保卫疆土和抵御入侵者。通过城邦，人们才能有一种自足的生活。因此从其本性来说，人类是自然地"趋向于过城邦生活的动物"④。城邦的产生虽是出于自然的、自发的过程，然而与城邦相联系的那些生活形式则是出于习惯的。城邦作为其公民的合作的政治共同体，按亚里士多德的看法，是通过政体来组织的。君主

---

① 《尼各马可伦理学》1160a10, 20-21。
② 《政治学》1253a20。
③ 《政治学》1252b31-33。
④ 《政治学》1252b28-29, 1253a3-4, 1328b5-23。

制虽是一种善的政体，但它能容纳的公民的友爱与公正却比较少。因为在善的君主制下，为公民谋虑福利的是君主一人，公民的爱也就集中于君主一人身上，就如羊群爱它们的"牧人"。在统治者与被统治者没有共同点的地方，例如在僭主制下，就既没有友爱，也没有公正。在各种政体中，亚里士多德说，公民的轮流执政的民主制是能容纳"最多"的友爱与公正的政体，因为这种政体虽然是"资产制"的蜕变体，它的治理的基础却是作为"同类的人"的公民的平等的自由身份。而"在平等的公民中，共同的东西是很多的"。例如，人们寻求轮流执政，寻求"分享同等的善和分担同等的义务"，等等。①

公民的友爱，按照亚里士多德的讨论，可以区分为商业性的与非商业性的两类。公民的商业的友爱包括交换（交易）与合伙，这是城邦中的经济生活事务。非商业性的友爱主要涉及对城邦的公共资源的分享，这是城邦中的政治生活事务。我们先从亚里士多德对公民的非商业性的友爱的讨论谈起。

(1) 非商业性的友爱

公民在城邦事务中的交往，如已说明的②，在性质上是"法律的"，出于习惯的。这种交往的最主要的特点，按照亚里士多德的看法，在于它的规则是人们约定俗成的，"仿佛是建立在某种契约基础上的"。同邦人、同族人、同船人在彼此交往时，就好像在按照某种共同的契约或默契而行动着。每一个人在这种交往中都需要遵守这种成文或不成文的规则。一个人只要自己遵守这种规则，就可以同任何一个同样遵守

---

① 《尼各马可伦理学》1161a10—15、b10—11；《欧台谟伦理学》1242b27—31。
② 见本章第1节。

这种规则的人有友爱。同样，一个人同每一个"能够参与法律与契约过程"的人的关系中，也都有某种公正。① 而在城邦中，显然每一个自由公民都应当有能力参与这种法律与契约的过程。

由于希腊生活的已经说明的那些特质，公民对城邦的共有资源的分享必定是城邦的最重大的生活事务之一。按照亚里士多德的看法，与家庭共同体和伙伴共同体相比，城邦作为政治共同体所共有和共享的资源显然是最少的：人们相对来说只是把很少一部分东西拿出来交与政治共同体的成员们共享；属于政治共同体的共有资源只有那些为城邦全体公民共有并可以为他们所分享的那些善的事物，即共同的资财、荣誉和公共职司等等。② 而这些有限的资源又显然是人人都想得到的。因此对城邦共有资源的分享必然是一件存在竞争的事务。与公民对城邦的共有资源的分享最主要的相关因素是人们对城邦福利与事务的贡献，因为人们一般都同意应当"按照某种应得原则"分享城邦的共享资源。但是问题在于什么才是决定着这种应得的价值，因为人们在这一问题上的说法是不同的。亚里士多德列举了三种说法：(1) 按照"自由身份"或"需要"，这是"民主派"的要求；(2) 按照"财富"或"用处"，这是"寡头派"的要求；(3) 按照"德性"，

---

① 《尼各马可伦理学》1161b6-7, 15-16。
② 亚里士多德对共有、共享的公共资源的讨论如文中所表明的，主要涉及作为对公共职司的报酬而分配的公共财富与荣誉，而不涉及新近西方学术界讨论的"公共善"（公共产品）。所谓"公共善"，例如在布坎南（J. M. Bucanan）和罗尔斯（J. Rawls）以及许多经济学家的讨论中主要指由政府提供（生产）的具有公共性和不可分割性的产品，例如公共设施、公共安全与国防等。这类公共善在新近的讨论中被看作公共资源的产品，因而是公共财富的重要的一部分。而亚里士多德讨论的公共财富在性质上都是可分割的。这一公共财富的概念与现代的概念有明显的差别。参见罗尔斯《正义论》，何怀宏等译，中国社会科学出版社，1988年，第2编第5章第42节。

这是"贵族派"的要求①:

> 比较有德性的人认为他应当多得,因为好人应当多分享。同样,比较有用的人也认为他应当多得,他们说,没有用的人不应当得到有用的人所得到的那么多,因为如果从友爱中得到的东西不符合于工作成果的所值,友爱就不再是友爱,而是施舍。因为他们认为,正如在商业的合伙中投入多的人就得利多一样,在友爱中也应当是这样。另一方面,穷人或地位低的人则提出相反的要求。他们认为,好朋友之所以是好朋友就在于帮人所需。他们说,如果一个有德性的或有能力的人一毛不拔,与他做朋友还有什么用呢?②

我们从亚里士多德的上述描述可以看出,希腊城邦制度在他的时代存在着深刻的内在矛盾。亚里士多德看出,在富人、贵族和平民(穷人)这三方中间,如果有一方不公正地得到了较大的份额,他们之间的友爱就将"解体"③,城邦也将面临解体的危险。人们对于应得原则发生分歧,如亚里士多德看到的,其实是因为这三方各自为城邦提供的东西不同。穷人或自由平民是战争中海军与轻装步兵的主要构成者④,富人提供给城邦的是财富的税收,贵族提供的则是他们的德性和上流社会的风范。亚里士多德关心的是城邦公民间的友爱能加强维系着城邦的这三部分公民的公正纽带。在他看来,可以把城邦的公共事务看作这三部分人的基于相互有用和有利

---

① 参见《尼各马可伦理学》1131a28—31,1163a25—b1。
② 《尼各马可伦理学》1163a25—b2。
③ 《尼各马可伦理学》1163a24—25。
④ 参见《政治学》1304a23—24,1321a13—14。

的友爱。而这三部分人的关系实际上只是两部分地位不平等的人之间的关系：一部分是地位优越的人们，包括有钱的富人和有优越门第的贵族，另一部分则是穷人或平民。这两部分人之间的友爱如果要存在下去，就必定要如所有相反者的友爱那样，完全要基于双方相互有用。既然城邦的公共事务是这两部分人之间的相互有用的友爱，显然最重要的是他们要各自得到所期求的东西，而且不超出应得的份额。亚里士多德提出了两项方案。一方案是，这两方从公共资源中所得到的应当是不同的东西。那些地位优越的人得到的应当是荣誉，那些地位低下的人得到的应当是钱财或收益。这是一种合理的分享方式，不仅因为这样每一方在自己所得的事物上都得到比另一方多，而且因为"荣誉是对德性与善举的奖赏，而收益则是地位低下者所需要的帮助"①，因而这是一种各得其应得的安排。但是这里还有一个进一步的问题，所说的这两方是否都只期求各自的所应得？于穷人的方面这似乎没有疑问：他们期求收益而不是荣誉。但是地位优越的人是否对于公共资源是否只期求荣誉而不是钱财上的收益？在这点上，亚里士多德阐述的原理是一个人不能在这两方面都得到比别人更多：

> 一个人不能从共同的财富中既得钱财又得荣誉。因为谁也不会满足于在所有事情上都只得到较少一份。所以，人们对在钱财上受损失的就在荣誉上给予补偿，对期求在钱财上得到回报的就给予钱财。正如所说过的，

---

① 《尼各马可伦理学》1163b2—5。

这种各得所应得的安排既重建了平等，又保全了友爱。①

亚里士多德的另一方案是，把我们引向对于分配的公正的讨论，因为对公共资源的分享正是严格意义上的分配。我们已经看到，在不平等的两个人之间，地位低下的一方需要以成比例的感情来回报他所得到的较大的助益。同样，亚里士多德认为，在对公共资源的分享上也应当按照四项式的几何比例，即按照

$$A : B = c : d$$

的比例来安排，其中 A 与 B 是两个要从公共资源中分享自己应得的份额的人的地位，c 与 d 是他们应得的份额。从这里很容易看出这一比例的另一层关系，即

$$A : c = B : d$$

A 与他所分享之公共资源之比和 B 与他所分享之公共资源之比相等。亚里士多德说，这种比例组合就是分配的公正的组合，如果份额以这样的方式与人组合，分配的结果就是公正的。② 亚里士多德的这一表达值得我们注意的一点是，供分享的各种公共资源必须至少在理论上是可以一个尺度来衡量的：资财、荣誉和职司，都必须是能用一个尺度来衡量的，如果要把它们看作可供分享的公共资源的话。如果由此得出结论说亚里士多德表达的是一种经典功利主义的观点，那是理由不充足的，因为他在这点上所考虑的是对合作的共同体所产生的总资源的分享问题，而不是福利总量的增加的目的。

---

① 《尼各马可伦理学》1163b10-13。
② 《尼各马可伦理学》1131a32-b10。

但是，如果把资财、荣誉看作可以用一种共同的尺度来衡量的，那么功利主义推理的一个主要的障碍就消除了。所以，尽管亚里士多德在所有地方都表明各种善是性质上相互不同的，并且总是相对于具体的人和具体的目的的，但是当他说"荣誉是公共财富"① 时，他仍然为某种功利主义的推理留下了可能性。

（2）商业性的友爱

对于公民间的友爱，亚里士多德讨论更多的是公民间的商业性的友爱。在这个方面，亚里士多德考虑了两种情形：合伙和交换（交易）。

关于公民间的商业性合伙，我们从上文中所引用的亚里士多德的描述中已经了解，在富人看来，对城邦的共有资源的分享应当像商业合伙的分配那样，"投入多的人就得利多"。所以在当时的实践中商业合伙的分配是按照比例的分配，适用的公正也是分配的公正。这种分配与对城邦公共资源的分配在性质上的相同处在于，它们都是对合作所产生的共同利益的分享②：分享城邦的公共资源的是公民，他们是作为合作者加入城邦共同体的合作的；分享商业合伙的共同利益的则是参加这一合作的双方或各方（如果合作是多方的）。在这种商业合伙中，如合作双方的投入是等额的，公正的分配就以数量的平等即 1∶1 的比例实现；如果双方的投入是不等额的，公正的分配就以几何比例的平等来实现。③ 在商业合伙的实践中，通常是有一方经济实力较强，在合伙中的投入份额

---

① ἡ τιμὴ δὲ κοινόν，荣誉是公共的东西。
② 《尼各马可伦理学》1131b27—28。
③ 《欧台谟伦理学》1242b11—15。

较大，就像我们今天见到的许多实例一样，因而比例的分配的公正是至关重要的。因为，这种分配永远是对共有的东西的分享，而对共有的东西，合作的每一方都有权分享。所以，这种公正永远在于"按照各自提供物品所占的比例"来分配，不公正就是违反了比例。当不公正发生时，总是做不公正的事的人违反比例地多占了，另一方所得到的少于按比例应得到的份额。①

　　对于公民间的商业交换（交易），亚里士多德做了更为详细的讨论。但是在这里令我们产生兴趣的问题首先是，亚里士多德何以要把似乎完全是偶然地发生的交易看作两个交易者之间的一种"友爱"？这种因为"用"而发生的联系，不仅在一般情况下没有情感上的关注与付出，甚至没有商业合伙的那种必要的持续性。对于这一问题，我们大概只能得到两点解答。其一是，如我们在"引论"中指出的②，古希腊的大多数城邦以及亚里士多德所讨论的城邦，其实都是不很大的城镇。在城邦生活的范围内，人们几乎都互相熟悉。所以公民之间发生一次交换的行为，就仿佛是一次相互的"恩顾"。这在今日的小城镇中也仍然是一种典型的关系，与大城市中的商业交换行为主要在素不相识的人中间进行的情形不同，在小城镇中这种行为主要在"老主顾"中间进行，所以这种关系也自然而然地被看作一种友爱。其二是，亚里士多德把公民之间的友爱看作"把城邦联系起来的纽带"，而公民之间是通过那些最普通的日常行为彼此联系起来的。因此他关注的是如何可以使公民间的交换这种城邦中最常见的行为成为

---

① 《尼各马可伦理学》1131b16—19、25—31。
② 见引论第 1 节第 4 小节结尾处。

相互友善的行为，而不是引起相互抱怨的行为。他认为最为重要的是这种行为是建立在公正的交换的基础上的，而公正的交换（交易）行为在其本性上也就是交换的双方都得到了他提供的交换物的公正的回报的行为。

交换中的具体的公正是回报的公正，即每一方都从对方得到自己的提供物的恰当的回报的公正。亚里士多德是这样考察回报的公正的。考虑一个由于分工而形成许多专门行业的城邦的生活。两个同行——例如两个医生之间不需要交换①，但是一个医生和一个农民之间就要进行交换。总的来说，不同行业的人之间就要进行交换。如果这些交换不发生，城邦的生活就要成为不可能的。但是如果交换要发生，显然双方提供交换的东西必须是相互对等的。这是回报的公正的第一个要求。设交换双方为 A 和 B，他们各自的产品分别为 c 和 d。假如交换的双方在价值上相等（A=B），那么尽管他们生产的东西不同，他们生产的产品仍然是相互对等的（c=d），他们以自己的产品相互交换，即 A 得到 d，B 得到 c，就是公正的。但是交换总是发生在具有不同价值的人之间，因为不可能避免一个人的劳动价值高于另一个人的情况。假定营造师的价值 A 是鞋匠 B 的 n 倍（A=nB），那么 A 的产品 c 在价值上也就是 B 的产品 d 的 n 倍（c=nd）。在这种情形下，他们就应当成比例的产品相互交换，即 A 得到 nd，B 得到 c，只有按这样的比例进行交换，他们各自才得到了自己的劳动的公正的回报。② 这种按比例的（而不是完全等同的）回报的

---

① 我们需要理解，古希腊人在说"同行是冤家"时，其含义不仅是同行互相竞争生意，而且是同行互无来往、互不恩顾。
② 《尼各马可伦理学》1132b32—1133a20。

公正，亚里士多德说，是"维系交换关系的纽带"，是"城邦存在的基础"。因为很显然，在一个具体的交换行为中，如果不能确定出这样的比例，交换就不会发生，交往也就不会存在。这种观察的事实后面更深层的原因在于：

> 人们总是要求以怨报怨，若实现不了他们就认为自己处于受奴役的地位。人们也总是希望以德报德，若做不到他们就不会有交换，而正是通过交换，人们才有共同来往。①

公民之间的交换是他们的自愿的和自由的行为，没有人会自愿地选择在交换中接受价值上低于他交换物的东西作为回报。所以在亚里士多德看来，不以比例达到等值的交换必定在本性上是不可行的。他正是从这个角度理解货币作为交换媒介的产生的原因：

> 因此，凡是在交换中的东西，都应该在某种形式上可比较。为了做比较，人们发明了货币，它是作为中介物而出现的。②

通过发明货币并赋予它一种法币的形式，不仅鞋匠与农民之间的交换成为可能，而且"智慧与财富"之间的交换也成为可能：货币"可将一切事物公约，并加以等价化"③。

亚里士多德接着提出了一个进一步的复杂问题：价值应当由谁决定？由提供者还是由接受者？在他看来，由提供者还是由接受者提出是很不同的。因为接受者总是说，他所接

---

① 《尼各马可伦理学》1132b33—1133a2。
② 《尼各马可伦理学》1133a19—21。
③ 《欧台谟伦理学》1243b30—35；《尼各马可伦理学》1133b16—17。

受的东西没有多大价值，而且他从别人那里也能得到，而提供者则总是说他提供的东西价值有多么大，而且这东西是从任何其他人那里都得不到的。这显然是因为双方的立场不同，提供者希望多得回报，而接受者则希望少付回报。亚里士多德认为，既然所提供的服务或产品是作为对于对方"有用"的东西提供的，它对于对方有用的程度，即它的价值，就应当由对方来确定；而且他相信，由将使用这一服务或产品的接受者事先确定其价值并依此来付给提供者报酬，将减少事后产生抱怨的可能性。给朋友的"事先讲好的工钱"，用赫西阿德的话①说，就谁也不好改口。由此，亚里士多德提出公民商业交换中回报的公正的第二个要求，即一项服务或提供交换的产品的价值应当由接受的一方来确定，并且应当在接受它之前确定。② 可以看出，与第一个即等值回报的要求相比较，第二个要求是一个程序性的要求，旨在从程序上保证第一个要求的实现。

我们不能简单地从纯粹经济学的方面来思考亚里士多德提出的上述观点，因为他所讨论的是作为友爱双方的公民的经济交换行为的性质，而这种行为，如已指出的，也带有双方相互"恩顾"的含义。我们可以从中猜测的一点是，在亚里士多德的时代，大概每一个到市场上购物的人都能够对他打算购买的物品或服务的价值做出行家的判断。这很可能是

---

① 赫西阿德《工作与时日》：μισθὸs δ'ἀνδρὶ φίλῳ εἰρημένος ἄρκιος ἔστω，莱克汉姆英译为：Let the wage stated to a friend stand good，中文意思是："朋友的工钱，讲好多少就是多少。"参见 Rackham, *Aristotle: The Nicomachean Ethics*, William Heinemann, 1925, p. 520, n. b.

② 《欧台谟伦理学》1243a15-31；《尼各马可伦理学》1163a13-18，1164a25-29。

真实的。因为在那个时代，有许多产品——如我们在引论中已经提到的①——是由家奴和从事田间耕作的农奴生产的。我们也的确从引论中引述过的罗马人瓦罗的著作中看到，至少在罗马时代，自由公民家庭消费的大部分产品都是自己的农庄生产的。一个公民作为奴隶主，必须也是一个地道的农庄主。既然自由公民们总要在家庭中指导奴隶们生产家庭需要消费的产品，并且还要致力于研究家务管理的技艺②，他们也的确可能都具有判断此类及其他产品的价值的经验。而所有这些，注意到这一点是重要的，都已经与人们今天在市场上购物的情形极为不同。

3. 交换（交易）中产生抱怨的原因

从上文的分析已经可以看出，按照亚里士多德的看法，公民间的商业交换中产生抱怨从程序上说主要是由于回报（报酬）没有事先讲好。在这种情形下，接受者就可能抱怨提供者索要得太多，而提供者也可能抱怨接受者付出的报酬太少；或者，像琴师与国王的交易的例子那样，提供者由于接受者的狡计而一无所得，因而产生抱怨。但是，他又说，在事先讲好甚至预付了报酬的情况下也可能出现抱怨，因为接受者可能抱怨提供的产品或服务没有达到所许诺的价值，例如智者们在授课前先收费，结果听课者抱怨智者们没有提供

---

① 见引论第1节第2小节。
② 参见《政治学》1255b15-1256b39。

他们所许诺的那样好的知识。① 然而无论是出自这两种情况的哪一种，抱怨始终是交换中获益较少的一方对另一方多获利益的抱怨，因而是在于回报的公正的实质性要求没有得到满足。

发生这种抱怨的更深层的原因，亚里士多德认为，在于交换的双方忽略了这种交换行为只是一种实用的友爱这种本性上的事实，而期望这种契约的、法律的关系成为一种"伦理型的"和"伙伴的"关系。② 这种错误的期望可能发生在一方身上。在这种情形下，有一方把这种交换看作伦理的关系，而另一方则把它看作商业的关系。例如当一方从另一方接受了某种好处时，他可能会认为对方不是为了获得所进行的交换的回报，而是为了友爱，并且期望这种交换不单单是一个契约的法律的行为，而且是一个真正的友爱的开端，而实际上对方只是为了得到交换的回报。所以，以这种方式接受另一方的好处从"一开始"就是错误的。③ 这种错误的期望也可能同时发生在双方身上，尤其是容易在一方允许另一方在稍迟的时间"偿付"的时候发生。在这种情形下，双方都由于期望而误会了他们的交换关系的性质，人们相互赠送礼品好像是朋友一样，原本应当以契约确定的事项变成了口头的商定，原本应预先付款的交易变成了"信任对方的偿付"。这其中的原因是，他们虽然知晓这种交往的商业性，却又想使它同时具有伦理的（即私人的）交往的外观。

他们结合是为有用之故，但却要把他们的友爱表现

---

① 《欧台谟伦理学》1243a25-32；《尼各马可伦理学》1164a14-35。
② 《尼各马可伦理学》1162b24；《欧台谟伦理学》1242b32。
③ 《尼各马可伦理学》1163a4-5。

为伦理的——就像好人之间的友爱那样,并且装得彼此信任,造成他们的友爱不单是法律的友爱的表象。①

由于在这种"伦理型"的交换关系中,总是有一方或双方存在着错误的期望:

> 在这种友爱中最常出现相互指责的情形,其原因在于它是反乎本性的;因为实用的友爱与善的友爱是不同的。法律型的交往以偿付来终结,而伦理型的交往是以自愿的同意来终结的。因此,在有些城邦,法律不受理有这种伙伴合作关系的人们涉及他们的自愿交易的讼案。这也是对的。因为好人之间的交易自然不会诉诸法律,而这些人也是像好人和相互信赖的人那样在彼此交易。在这类友爱中,由于他们的信任是基于品性而不是基于法律的,一方会如何指责另一方是完全不确定的。②

所以,一个作为交换开始的交往,应当把它只作为交换来终结,即以接受产品或服务的一方的"偿付"来终结。如果接受方期望以"伦理型"的实用的友爱的方式终结这次交往,提供产品或服务的一方就会抱怨。③ 因为对后者来说,这种终结这次交往的方式与开始它的方式不同。即使在开始一项交换时双方都希望它将以"伦理型"的方式终结,使之成为一种私人友爱的开端,它也不可能以这种方式终结,而只能是在提供产品或服务而没有收到回报的一方发出抱怨后,以接

---

① 《欧台谟伦理学》1242b36—1243a2。

② 《欧台谟伦理学》1242b37—38,1243a9—14。亚里士多德在《尼各马可伦理学》中进一步把有"确定条文"但出于友爱原因而允许推迟付款的实用的友爱,区别于不依据明确条文的"伦理型"的实用的友爱,把前者归于"法律型"的实用的友爱的一个变形种类。见《尼各马可伦理学》1162b25—32。

③ 《尼各马可伦理学》1162b24—25。

受方最终以某种方式偿付来终结,否则就将是一次没有终结的交易。这是因为,任何与这种友爱的本性相反的做法都不能成功,就像任何反乎自然事物的本性的习惯不能生成一样。① 这其中的道理就在于,所有的人或大多数人希望的是行为高尚,选择的却是利益:

> 施恩不图报是高尚的,但受到回报却是有利的。②

所以,只要公民期望他们的交换是"伦理型"的,他们的交易中就难免会有一方发生抱怨。在"法律型"的公民友爱中就不大会出现抱怨,因为这种友爱要以偿付来终结。如果在"法律型"的公民的友爱中也发生抱怨,那必定是提供方由于考虑到伙伴的友爱关系而信任接受方的延迟偿付,并且这种偿付发生了问题。③ 而在善的友爱中,如已指出的④,这类抱怨就不会发生。在善的友爱中,即使报酬没有事先讲好,也不会产生抱怨,因为所提供的服务是为对方自身之故的,对方得到了服务,友爱的目的就达到了。这就是善的友爱的本性。⑤

库珀在这点上提出了一个重要的修正性的评论。他认为,亚里士多德的友爱论并不必然迫使他把"相互的善意"和"相互的善行"单独地赋予善的友爱;这个理论可以承认"善意"与"善行"为所有这三种友爱所具有,然而所具有的是不同的"善意"与"善行"的态度;公民的"善意"与"善

---

① 《尼各马可伦理学》1103a21—22:"例如石头的本性是下落,你不能把它训练得习惯于上升,即便你把它向上抛一万次也不行"。
② 《尼各马可伦理学》1162b35—37。
③ 《欧台谟伦理学》1243a6;《尼各马可伦理学》1162b28—29。
④ 见第 4 章第 2 节。
⑤ 《尼各马可伦理学》1164a36—b2。

行"是基于对公民的交往是一种潜在的、互惠的安排,"他自己在正常情况下也受惠于他人的活动"这一共同的认识的。①库珀的评论的重要性在于,它提醒人们考虑公民的"非商业性"交往包含的互惠性的善的价值和某种相互的善意,从而对亚里士多德的观点构成一个有价值的修正。我们看到,亚里士多德在对公民的非商业性的友爱的阐述中,没有把契约的"合作"态度作为一种政治的德性来阐述,并且最终附庸了富人的"政治共同体中的合作也是商业性的合伙"的意见。对于政治共同体(合作体)的这种对待方式将给政治共同体注入不稳定的因素,因为它倾向于排除对"政治共同体是令其所有成员潜在地互惠的安排"这样一种态度的发展,而这种态度对政治共同体是至为重要的。如库珀所说:

> 在一个由公民的友爱联系起来的共同体中,每个公民都假定,所有其他公民,甚至那些他几乎或完全不认识的公民,都是他们共同制度的自愿的支持者,都是社会的共同产品的自愿的提供者;而他,以及所有其他公民们,都在从这些制度和这些产品中受益。于是,他们就将以一种相互友善的精神来进行商业的或为着其他目的交往,并且愿意按照友爱的要求,为那些相互的利益而牺牲他们自己的直接利益。②

这种相互的善意,毋宁说就是公民们出于对政治共同体的上述性质的默契的共同认识,出于对自己的政治存在的关切,而产生的对于所有他人作为同等的人的政治存在的关切。库

---

① J. M. Cooper, "Aristotle on the Forms of Friendship", I, V, VI, in *Review of Metaphysics*, Vol. 30 (1976/1977).
② Ibid., VI.

珀在这点上是对的：这种相互的善意的关切可以从对于政治共同体的互惠合作性质的共同认识中产生出来。

但是，库珀提出的公民的商业性交往也包含着特殊的相互的善意与善行的论点似乎不很有说服力。公民间的基本的相互善意与善行，如上所说，是政治共同体的互惠性质的影响的结果。如果政治共同体具有较多的合作互惠的性质，这种影响就自然会比较强，和亚里士多德所说的"整体的公正"相联系的基本的相互的善意也就比较容易发展。这种态度的发生与发展并不是由于商业的交往的影响。亚里士多德说商业交往的发生原因是交换和获得回报是对的。亚里士多德在指出不能强求为着从对方得到回报的行为同时是为着对方的善的这点时也是对的。

而且，如果缜密地考察亚里士多德的观点，我们可以发现，从他的观点中可以引申一种对交换的友爱的双重性质的关系的解说。因为他在谈到这种实用的友爱时，假定有些交换双方的关系"不仅是法律型的，而且是伙伴型的"，这种关系并不随着一次交易的终结而终结，因为作为伙伴他们还继续交往。① 所以，如果这双方是基于实用的朋友，那么按照亚里士多德的看法，他们的友爱与商业的交换关系没有性质上的矛盾，因为后者不过是具有明确的法律的和契约的性质的关系。所不同的只是他们可能还会继续做其他的交易或甚至进行商业上的合伙。而如果他们彼此间能够有基本的相互信任，他们的相互交往就具有那种"老主顾"的色彩。如果他们是基于善的朋友，那么这种交换就成为彼此因对方之故的

---

① 《欧台谟伦理学》1243a4-6。

相互的帮助。他们不是以获得回报为目的，而是以帮助对方为目的。如果他们在德性上接近，他们之间的帮助就会更有效。同时，尽管他们都不以对方的回报作为目的，他们却都了解，对方在具有能力时会以适合的方式回报，而如果他们在德性接近，他们在能力上也就接近。即使对方由于意外原因丧失经济偿付的能力，他们也会把这种交往当作一次共同的患难，而不会抱怨。这种信任是出于他们对于对方的品性的了解的。所以，他们之间的交换与一般公民之间的交换非常不同。事实上这种交换只是他们的持久的友爱的一个部分，一个插曲。然而，如亚里士多德所说，善的友爱从来是非常罕见的。并且实际上，善的朋友之间也很少进行严格意义上的商业性交换。他们宁可作为朋友交往，而不做商业的交易。总起来说，对于交换的友爱的双重性质的亚里士多德式解说就是，这种具有双重性质的交换或者会靠近实用的友爱，或者会靠近善的友爱，前一种情形是常见的，后一种情形则是罕见的。

4. 私人友爱中的回报的公正

在上面的讨论中，我们已经附带地讨论了亚里士多德的公民友爱中的回报的公正的概念。这种概念，如我们已经看到的，在公民的商业的交换中具有最为清楚的含义。它的第一个要求是等量。这种等量的回报是通过价值的比例和中介物实现的。它的最直接的形式是偿付。它的第二个要求是程序性的，即由接受方根据对所提供的产品或服务的估价事先确定回报的数额。我们接下来需要考察这些要求在私人友爱关系中的性质。

我们发现，在亚里士多德的讨论中，这些要求在私人的交往中常常变得不很明确。因为，如已说明的，按照亚里士多德的看法，在感情和实践事务上，只有在对象明确时才具有确定的性质。① 回报的公正的第一个要求仍然是基本的、优先的要求。但是它的具体的含义要随着具体的友爱关系的性质而确定，所以亚里士多德的这些方面的讨论听起来都像是一些经验之谈。对于一个在与我们做交易却希望表现得是在与我们交朋友的人，如有可能，对所接受的东西都应当给予相应的回报，并且出于意愿地这样做。因为，

> 我们决不可以违背一个人的意愿而与他交朋友。我们必须承认，我们一开始就错看了人，从一个不该受其好处的人那里接受了好处。因为这好处不是来自一个朋友，或一个为了给予而给予的人。然后应该与他终止来往，就仿佛已经按照明文的条件终结了一次交易。我们从一开始就应该考虑从什么人接受，以什么条件接受，考虑是在这些条件上接受还是拒绝。②

对于实用的朋友也是这样。重要的是，只要可能，所回报的一定要和所得的利益一样多。否则，对方就可能抱怨。③ 但是等量回报的要求在快乐的朋友、善的朋友中似乎变得弱化了。快乐的朋友的快乐在于相互陪伴，而且对他们来说，快乐与愉悦总是相互的。善的朋友做事情都是为着对方自身之故，

---

① 《尼各马可伦理学》1165a13-14。
② 《尼各马可伦理学》1163a2-12。
③ 《尼各马可伦理学》1163a21。

他们并不期求对方回报，然而他们每个人又都会以适合的方式回报对方。而且，如已说明的①，善的朋友总是及相互愉悦又相互有用的。所以在这些友爱关系中，等量的回报不再是一个明确的要求。家庭的友爱是另一个重要的例子，因为在这里不可能有等量回报。对父母的恩惠始终是回报不完的。这就如人同神的关系那样。实际上对有些善的朋友的关系也是这样。例如对那些传授哲学的人我们就不可能充分地回报。因为他们的价值既无法用金钱来衡量，也无法用荣誉来补偿。因此在这类友爱中，等量回报的要求只能表现为一种"尽力回报"的弱化了的形式：一个"尽力回报"的人，就是一个有德性的人。②

在亚里士多德的讨论中，回报的公正的第二个要求在私人交往的范围内有更大的改变。在通常的情况下，它弱化得似乎已不成其为一个"要求"。然而在实用的朋友中间这正是他们会产生相互抱怨的一个主要原因。既然他们每个人总想在这种交往中得到便宜，而他们又都由于相互看作朋友而不事先说好回报的数额，所以他们总是觉得自己没有得到所想要的东西，因而总是抱怨他们的朋友。③ 但是在快乐的朋友、善的朋友以及家庭的友爱中，一般地，如人们所经验的和观察到的，通常不需要事先讲好做事情的报酬。与此相联系的另一个复杂之处是，在私人友爱中几乎无法找到衡量友爱的相互重要性的共同尺度。因为在这个范围内友爱主要是一种感情的事情，而感情的事情是不可能有统一的衡量尺度的。

---

① 见第 4 章第 1 节。
② 参见《尼各马可伦理学》1156b13—16, 1157a1—2, 1163b15—19, 1164b3—6。
③ 《尼各马可伦理学》1162b16—21。

与此成为对照的是，在公民的交换活动中，所交换的都是劳动的产品与服务，这些事物可以用货币这个共同的尺度来衡量。① 所以，回报的公正的这个程序性的要求基本上是公民的商业交换活动中的要求。

私人友爱中的回报的公正中更为复杂的地方，还在于对各类朋友都要区别情况而以不同的适合他们各自的东西来回报。例如，如已提及的②，对生活地位不利的朋友来说，适合他们的是提供他生存的必需品，所以对这类朋友应当回报以生活资料，但不必与他们相处，因为作为朋友我们愿望他的是生存。对地位上高于我们并对我们助益较大的人们，应当回报以适合于他们的爱与感情；但是如已说明的，好人不能同地位上优于他太多的人交朋友，因为否则就难以保持感情上的平衡。适合于有用的朋友的是对他有用的和善的东西，对这类朋友应当回报以这类东西，因为这是他们所期求的回报。适合于快乐的朋友的是与他们悲欢与共，所以与他们共度时光，分享他们的以及让他们分享自己的快乐与痛苦，对他们来说是最好的回报。适合于善的朋友的是与他共同相处，因为这种共同相处总是既相互愉悦又相互有益；同时，对一个善的朋友的回报必须符合对方的意图，因为在这种交往中善意的意图是本质的东西：我们的朋友是为着我们自身的善之故而为我们做事情，我们的回报也应当是为着他们自身之故而做事情。③ 简言之，在所有这些不同的友爱关系中，一个

---

① 《尼各马可伦理学》1133a19—22；《欧台谟伦理学》1243b28—30。
② 见本章第1节。
③ 参见《尼各马可伦理学》1157a35—38，1158b24—25，1164b2—3，1165a16—19；《欧台谟伦理学》1244a15—32。

人都应当只回报以不同的适合的东西,

> 那些在不应该时把所有东西都给予所爱的对象的人是没有价值的。①

在家庭的友爱中也是这样。对父母的回报一是要奉养,二是要尊敬。一个人如果要提供生活资料给什么人,首先就要奉养自己的父母,因为我们"欠他们的恩"。奉养父母比支持我们自己的生活更高尚。对父母除了奉养还要回报以尊敬。但是这种尊敬又要有所区别:对父亲有适合于父亲的尊敬,对母亲有适合于母亲的尊敬;

> 一个人不必为父亲做所有的事情,但对母亲则有些事情是应当做的。②

这就如同对不同的神的尊敬都是不同的一样。对家人与亲属也都要有区别地对待。婚丧大事都要请家人和亲属参加,对所有长辈都要按年龄回报以相应的尊敬,对亲属、同族人、同邦人也都应当回报以他们所应得的东西。对所有这些都要有所区别。常常是,在同类的人之间做出区别比较容易,对不同类的人之间做出区别就比较费力。但人们"不应逃避困难,而应当尽可能地加以区别"③。我们可以从亚里士多德的上述讨论中得出两点结论:第一,私人交往中的每一种友爱关系都是个别的、特殊的,因而都是需要以与其他友爱的相异的方式做出回应。所以,回报的公正的两个基本要求总是要在具体关系的背景下做出调整。第二,做出有区别的对待

---

① 《尼各马可伦理学》1158b22—26;《欧台谟伦理学》1244a15—27。
② 《尼各马可伦理学》1165a24—26;《欧台谟伦理学》1244a13。
③ 《尼各马可伦理学》1165a28—33。

对每一个人都是一件有困难的事情，然而这件事情又似乎是我们每个人都无法免去的。因为，我们都需要友爱，而友爱都是来往的关系，有来而无往就不成其为友爱。

回报的公正在私人友爱和公民的商业交换中是否始终是一个优先的公正，以致我们如果没有先进行回报，就是在做不公正的事情呢？按照亚里士多德的理解，常常与回报的公正发生冲突的是友爱中的积极的爱这一本性的要求。积极的爱要求我们给予，要求我们去帮助另一个人。在两者冲突时，我们应当先回报一个人，还是先帮助另一个人？亚里士多德让我们考虑这样的例子。在生病的时候，应当听从父亲还是听从医生？在选将军时应当选自己的父亲还是选"最能干的士兵"？我们可能很难把这两个例子同回报与给予的冲突联系起来，但是它们在希腊人的生活观念中是联系着的。听从父亲，选父亲做将军，是在以尊敬来回报父亲；听从医生，或选一个能干的士兵做将军，则是在施惠于另一个人。影响判断的因素或者说判断的标准，他认为有三个：重要程度，高尚程度，必要程度。做出判断要根据对这三个因素的考虑和权衡。所以很清楚的一个结论就是，没有一个人，在上面的例子中具体地说就是父亲，可以在任何场合都优先。在有的场合中我们应当先表现对父亲的尊敬，在有的场合则应当先做别的事情；所以就是对父亲的要求也不能"全都优先满足"①。在一般情况下，

> 也许更应该先报答所受的恩惠，而不是施惠于伙伴，正如应该先归还债务，而不是先借钱给一个朋友一样。

---

① 《尼各马可伦理学》1164b23-31，1165a15-16。

但甚至这一点也不总是对的。例如，一个被朋友赎回的人是应该先把钱还给赎他出来的人，还是应该先把父亲赎回来？也许首先应该把父亲赎回来。所以，正如所说，欠债一般应当归还，然而如果赠与更高尚、更必要，那么就应该先赠与。①

先还钱是回报的公正的要求，先赎回父亲在这个例子中是一个"赠与"。在这种场合应当先赎回父亲是因为这样做更高尚、更必要。亚里士多德还举出另一个近乎刻薄的例子来说明有时候回报还会是不公平的：一个好人把钱回借给一个他知道是坏人的人，因为那个人曾借钱给他。坏人在把钱借给他知道是好人的人时有希望收回钱，而好人在把钱借给他知道是坏人的人时则没有希望收回那笔钱，所以说是不公平。②所以最终地说，对于私人友爱中的回报的公正的实践准则，亚里士多德表达的看法就是，尽管先回报的确是一个一般的规则，在具体的场合中是否应当先回报还要根据对那个场合的性质的判断来决定，因为有时先回报是公正（正确）的，有时却是不公正（不正确）的。

---

① 《尼各马可伦理学》1164b32-1165a3。
② 《尼各马可伦理学》1165a5-11。

第 8 章

主奴关系与友爱

我们在本章中讨论的问题涉及对于每种友爱关系共同体的目的的看法。友爱按亚里士多德的看法是追求着某种善的。他使我们洞察到每种友爱共同体的目的一般来说是一种更好的生活存在，并领悟了这目的对于我们的丰富含义。友爱共同体的目的问题上的最大难题，是这种目的是对于每个共同体来说都属于友爱的双方，还是对一部分共同体是这样，对另一些则不是。亚里士多德提供的看法，我们将在下面的讨论中看到，至少某些关系共同体的目的不可能为双方共有。他所提出的最重要的例证是主奴关系。亚里士多德的友爱理论的这个重要方面在今天受到了最多的检验。

1. "自然"奴隶的预设

如已说明的[①]，主奴关系在古代希腊被看作家庭内的一种

---

① 见引论第 1 节第 3 小节。

人伦关系。这一观念表明双重的意义，即这种关系是一种"自然"的、主从的关系。说它是"自然"的，是说它是基于自然的差别的和在家庭之内的，家庭在亚里士多德的政治学中是"自然"地发生和发展的制度，奴隶则作为"财产"而属于家庭。说它是主从的本无须解释，但我们却需要在此将它与家庭中另两种主从关系——夫妇关系和父子关系做些进一步的区别。丈夫对妻子以及父亲对子女的治理都是对有自由身份和有亲缘关系的家庭成员的治理。奴隶则既无自由身份又非与主人没有亲缘关系的家庭成员。这两点区别中自由身份上的区别在希腊社会中尤其重要。妻子与丈夫一样属于城邦政治社会，尽管她的主要责任被认为是管理好家庭。子女当成年时也将属于城邦社会，他们都是或将是城邦政治共同体的成员。而奴隶则不属于城邦政治社会。在希腊各个城邦，尽管奴隶阶级构成人口的大多数，他们却完全没有自己的政治社会。奴隶是作为生产城邦的物质资料的阶级而附属于公民社会的。与奴隶同样属于生产阶级而在大多数城邦被排除在公民社会之外的还有农民和工匠。只是在雅典，工匠才获得了公民的资格。所以迪金森说：

  在希腊人的观念中，公民是贵族。而这些生产者因为职业的缘故，不论他们是奴隶还是自由人，都被拒绝于完全公民的生活以外。[①]

在希腊各个城邦，这是一种公开的、毫无隐蔽的制度：奴隶，以及农民和工匠，作为生产阶级，是城邦的物质存在的手段，其使命就是生产城邦存在的资料。在这个生产者阶级中，奴

[①] 迪金森《希腊的生活观》，彭基相译，第83页。

隶地位最卑下，因为他们在人身上都属于主人。

所以，对亚里士多德来说，对奴隶的治理与对妻子和子女的治理是不同的。对妻子和子女的治理是对自由人的治理，男子对妻子和子女来说是家长，就好像是在家庭中的一个政治家或君主。对奴隶的治理是一个人对于他的所有物的治理，在对奴隶的关系上他不是家长，而是主人。① 但是为什么奴隶在生物学上同为人却被作为"有生命的"财产而隶属于另外一个人呢？亚里士多德讨论了两种可能的伦理上的理由，即自然本性上的理由与战争的理由。这两条其实是对雅典人获取奴隶的两种主要方式的伦理学的解说。雅典人的奴隶，如已指出的②，除了通过奴隶贸易而获得外，还有两种重要的方式：通过"狩猎"捕获，或者从战争中俘获。这两种方式在当时的雅典都是"合法的"。③ 所谓"狩猎"捕获奴隶，其实也就是一种个人对个人的战争，而战争也就是由狩猎发展而来的。"狩猎"是高等生物以武力把低等生物捕获并作为自己的所有物而占有的行动。正如它在动物界是普遍发生的，它在古代希腊人看来也发生在他们认为的"优等的人种"与"低等的人种"之间。所以，这是一种"自然"的获得所有物的方式：

> 既然自然造就的任何事物都不完备，而它又不白白地造就任何事物，那么其内含的意义就在于它是为人而造就了所有的动物。所以从某种观点来看，战争技术是一种自然的获得的技术，获得的技术就包括狩猎这项我

---

① 《政治学》1255b15—20，1260a9—10。
② 见引论第 1 节第 3 小节。
③ 《政治学》1256a38—39。

们应当对野生动物以及被自然造就来接受统治而又不肯屈服的人使用的技术,这种战争天然地是公正的。①

这大概是当时的希腊人的一种普遍的观点。这种战争在他们看来与捕获野生动物在性质上完全一样,因为"野蛮人"与其他动物一样是为"文明人"预设的可供捕获的猎物。不过,在亚里士多德看来,通过这种个人对个人的战争获得奴隶同通过公开的战争俘获奴隶在性质上不同。从战争中俘获奴隶是获得奴隶的更重要的来源。在希波战争和伯罗奔尼撒战争中,有大量战俘沦为奴隶。亚里士多德为什么将以集体的公开的战争获得奴隶看作与通过个人的战争获得奴隶不同?如罗斑(L. Robin)指出的,亚里士多德是认为,战争的权利是人为"约定的",而不是"自然的"。② 战争可能因不公正的原因发生,所以以战争获得奴役权可能包含着原始的不公正。而且,战争可能使不应沦为奴隶者沦为奴隶。这是战争奴隶不及"自然奴隶"合理的两个主要之点。狩猎虽然是原始的个人对个人的战争,即对野蛮人的个人的战争,它却是基于自然的暴力。这种暴力总是对于一个野蛮人的,它所产生的都是"自然奴隶",即天生"应当"做奴隶的那种奴隶,所以不包含不公正。集体的战争则可能造成不公正,因为这种战争可能发生在文明人即希腊人之间,所以它可能产生"非自然的奴隶",即使一些不"应当"做奴隶的人成为奴隶。这个判断的背景我们知道就是伯罗奔尼撒战争。因为在伯罗奔尼撒战争中各城邦时常相互战争,使希腊人常常交相沦为交战

---

① 《政治学》1256b20—25。
② 罗斑《希腊思想和科学精神的起源》,陈修斋译,商务印书馆,1965年,第322页。

城邦的奴隶。而且，父母一旦作为战俘被卖为奴，其子女也就随之沦为奴隶，这在亚里士多德看来是极不公正的。① 所以最终说来，亚里士多德区分自然方式与战争方式，主要是要区分将沦为奴隶的人是希腊人还是"野蛮人"。这一点最清楚地表达在对他那个时代的希腊人的优等种族观念的以下的描述中：

> 希腊人谁都不愿意称希腊人为奴隶，他们宁愿将奴隶这个名称局限于野蛮人。而在使用这一称呼时，他们实际上是指在前面所说的"自然奴隶"。因为必须承认，有些人在哪里都是奴隶，另一些人则在哪里都不是奴隶。这一原理也同样适用于说高尚性上。希腊人认为自己不仅在本国，而且在任何地方都是高尚的种族，他们认为野蛮人只是在其本国才高尚。所以，高尚与自由就有两类，一类是绝对的高尚与自由，另一类是相对的。西奥德克底剧本中的海伦说：
>
> > 双亲出于神族，
> >
> > 谁得呼我为奴？②

我们可以从这段话以及他接下去说的"现在的所有奴隶或自由人并不完全是自然奴隶或自然的自由人"这句话来判断，在当时的希腊城邦中有不少希腊人被其他城邦俘获而成为奴隶。这部分人通常在战胜者城邦被卖为奴隶，所以常常要靠赎金才能重获自由。从上文引述过的亚里士多德关于是否应先归还朋友为自己付的赎金的讨论来判断③，这笔恢复自由的

---

① 《政治学》1255a28-29。
② 《政治学》1255a28-39。
③ 见第7章第4节结尾处。

赎金通常要由被俘获者个人承担。如果被俘获者无力交付赎金，通常的结果当然是终身为奴，除非主人认为他服劳有功而解放他。所谓"解放"，其实就是由主人免去一个被卖为奴隶者的赎金而恢复他的自由人身份，这在希腊时代被看作主人对奴隶的一种很大的恩惠。亚里士多德在临终前对奴隶穆尔麦克斯做了特殊的安排[1]，诚然是因为他与后者有友好的关系，但也很可能与穆尔麦克斯是希腊人，是在亚里士多德看来不"应当"成为奴隶的人这一点有关。

是怎样的"自然"或本性使得捕获一个野蛮人做奴隶，以及作为主人而统治这样一个奴隶成为合理公正的事呢？就奴隶本身而言的本性，亚里士多德说明了两点。其一，奴隶都体格强健，"适合劳役"。而自由人则体格俊美，不适合体力的劳役而适合政治的生活。但是也有例外，有些奴隶的体格也非常俊美，不过那似乎只是偶性的事例，不是自然造就人类的身体的本意。自然的本意是使人类在体格上有所不同，但又不是像神与人的区别那样大。[2] 其二，奴隶尤其在灵魂方面有天然的缺欠：他们虽然能感应理性这种人的最高等的功能，却不具备这种功能，因而也不具备属于理性的明智。因此，奴隶没有能力参与政治的生活，因为政治的生活所需要的是运用人的思虑功能即明智。作为统治者的德性必须全备，因为他要起一个大匠师的作用，所以必须能够运用理性。[3] 作为形上学的证明，亚里士多德认为，这种自然的差别是普遍存在的，并且基于这种差别的一方对另一方的宰制是对于双

---

[1] 参见引论第1节第1小节。
[2] 参见《政治学》1254b27—36。
[3] 《政治学》1260a10—19。

方都有利的自然的安排。他举出三个例证。第一个例证是灵魂与肉体的关系。这种关系里面既存在"专制式的治理"又存在"宪政式的治理"：灵魂统治肉体就像主人统治仆人，理性统治情欲则如政治家或君主统治被治理者。这两方面不能平等，也不能转换关系，否则就于双方都有害。另一个例证是人与兽的关系。动物受到人的治理都能得到更好的保全，并且也变得更为驯良，足见这种治理关系于双方都有益。男人与女人的关系是又一个例证。如前已说过的，这种男子治理、女子被治理是自然形成的关系，令双方互惠，但是男子要基于他的更优等的德性来进行治理。① 依照这三个例证来类推，

> 如若一些人同其他人的分别就如同肉体同灵魂或兽与人的分别，那么，这低下的一等人就自然地应当成为奴隶。而且，就如一切低下的类属一样，能够被一位主人统治，对于他实际上比较有益。所以，凡能成为，因而已经是另一个人的财产的人，凡只知道有理性存在而又不能具有此种理性的人，就是自然的奴隶。②

然而亚里士多德的这一步推导，即从人与兽以及男人与女人的自然差别推导出人对兽的统治和男人对女人的政治的统治，似乎是在从"自然的"东西中推出过强的结论。③ 如果要从这里猜解自然的"意图"，哲学家们就得谨慎从事。人类

---

① 《政治学》1254b3—13。
② 《政治学》1254b15—22。
③ 这里所做的评论只涉及亚里士多德的后两个例证，而没有涉及第一个例证。因为第一个例证所涉及的是一些更深层的问题，讨论这些问题超出了我们在这里需要考虑的范围。

拥有动物所没有的智慧，并且总能靠运用这种智慧而胜过动物。但是说这表明人可以宰制动物仍然没有根据。即使男人在体力与智力上一般优于妇女，这也不能成为男人可以对女人进行政治的统治的证据。我们必须意识到，自然提供给人的只是它的"安排"，在从中引出人类生活法则的结论时我们可能走错路。我们需要考察人类的现存状况中那些真正经久的活动关系形式，但是至少理论地说从这些仍然不足以推知未来。同时我们也不能夸大所观察到的差别，否则就更无法找到它们与人类的活动关系形式的联系。从这些已知的差别推导某种人种对被称为"野蛮人"的其他人种的统治就更不消说了。亚里士多德的这一推导至少已经被人类今天的生活表明是不合理的。人们今天的生活表明，在一个社会内的有利的门第、地位以及财产等都实际上是一些影响人的肉体与灵魂的完善的外在的幸运条件，一个人的人种上的所属似乎也是这样。人种上的差别，如果人们不加以夸大的话，也许并不比家庭门第对人身体与灵魂的发展完善的影响更大些。而且，这个世纪给我们提供了一些不容忽视的见证：没有任何一个种族愿意接受奴役状态，即使由于所有这些条件的限制在身体与灵魂上只有较低的发展的人们也同样向往自由，参与政治的社会并不要求最高等的身体与灵魂。北美黑种人的争取消除种族歧视的运动，马丁·路德·金（M. L. King）的著名演说，最后一个实行种族隔离的政治国家南非的废除种族隔离的政治法律改革，都是这种正当要求的表达。这是这个世纪的真理的声音。所以我们应当公正地说，亚里士多德关于自然奴隶的合理性的预设是不合理的，尽管它可能是那个时代的希腊人的普遍意识。

2. 闲暇问题与目的问题

今天的动物保护主义者和女性主义者的讨论已经对亚里士多德的论点提出了重要的挑战。从动物保护主义者的观点看，人类的活动并没有给这个星球的动物界带来好处，相反却造成成千上万种动物的灭绝或濒临灭绝。所以显然，如果如亚里士多德所说人是动物界的统治者，他至少不是一个好的统治者。如果我们作为人类寻求的是相对于人自身的善，那么就自然地会提出这种追求是否需要以对动物的统治为条件的问题。即使我们人类由于是这个星球上最高等的生物因而我们最适合于做关照其他动物的福利的工作，对动物的统治也并不是一个必要的预设，说这种关系是帮助与被帮助的关系也许更好些。至少，其他生物是人类的所有物这种观念不可能有真正的证明。不过，谈论这些问题会把我们引得过远。我们在这里需要把讨论限制在人与人之间的治理与被治理，尤其是亚里士多德所说的那种"专制式的治理"关系的有关问题上。在这些问题中最为重要的是这种"专制式的治理"关系的目的问题以及与之密切相关的闲暇问题。①

亚里士多德认为主奴关系是一种于双方都有益的安排，在奴隶的方面的原因就是，他在本性上要由一个主人来统治。因此，如果这种关系之整体作为"一"而有一个目的，这个目的只能是主人的目的。奴隶作为"财产"属于主人，是从属于主

---

① 关于女性主义讨论中提出的女性的教育机会的问题，见本节最后部分对科尔的有关观点的讨论。

人而又可与之分离的外在的手段,一种"有生命的"手段,主人运用"它"完成所需的活动,实现他的目的。在这个过程中,奴隶通过履行其作为手段的功能而得到益处。作为另一种类比,目的是整体的"一"的理由,奴隶是这个整体中的部分,主人则是这个整体。这就如同主人是头脑,奴隶是四肢,四肢总是要听从头脑的命令。作为部分与整体,他们必然利害相关。在整体的利益里也就有部分的利益。所以主人不能滥用主人的权威,滥用这种权威必然损害主奴双方的利益。① 但是如罗斑所指出的,亚里士多德并不把主奴关系看作一个利益的"共同体",因为奴隶在这种关系中不构成"另一方":

> 但是,既然灵魂对肉体、工匠对工具、主人对奴隶的关系相同,这每种关系中的双方间就没有合作,因为它们不是二,而是前者是一,后者不是一,而只是这个一的部分。善也在双方之间不可分,而属于作为它们双方存在的理由的那个一。因为肉体是灵魂的天生的工具,奴隶则仿佛是主人的一部分和一件可分离的工具,正如工具是某种无生命的奴隶。②

如已表明的,因为在一个共同体中作为"另一方"的,必须是地位对等或可以在数量、比例上达到这种对等的人。而主人与奴隶两者虽然利益相关,但是一个是目的,一个是手段,两者没有共同点,也就不构成友爱与公正的关系。一种手段,无论对于目的多么有用,都不能与作为目的存在的人构成政治的结合。而且,作为手段,奴隶甚至自身也不能联合成为一个政治

---

① 《尼各马可伦理学》1161b2—3;《政治学》1254a5—7、15—17,1255b10—13,1260a12,1334a24—25。
② 《政治学》1241b18—24。

的社会。① 那么主奴关系整体的目的是什么？亚里士多德说，这种目的也就是城邦政治社会的目的，即好的生活。公民个人的目的与城邦的目的是相同的，最好的公民个人的目的也就是最好的城邦政体的目的。最好的公民的目的是完满自足的生活，也就是幸福。所有的人都认为城邦的幸福与个人的幸福是相同的。所以城邦也不仅是为生活而存在且应当为好的生活而存在。② 个人的与城邦的完满自足的生活都在于合德性的活动之中：

> ［一个人或］一个城邦如果不做正确的事情，就不是在正确地活动。而一个人或一个城邦如果无德性，无智慧，就不可能做正确的事情。于一个人是公正、智慧和明智的，与一个城邦亦然。［所以，］无论对个人而言还是对城邦而言，人的最好的生活都是那种具备了足够的外在善以成就善行的德性的生活。③

奴隶不可能享有这个目的，他没有"自由意志"，也没有目的，或者说他的目的就是生存。假如奴隶们组成一个城邦，那就将是一个野兽的城邦。事实上也并不存在这样的城邦。④ 凡好的城邦，为着这种好的生活，都必定要操心全邦公民的德性与善行，都要订立好的法律来培育此种德性与善行。而公民的德性与善行，既是见诸身体的，又是关切灵魂的。灵魂的德性虽不可见，却是更为要紧的。所以，凡是可称上一个城邦的，都要以促进公民的德性为目的。⑤

---

① 罗斑《希腊思想和科学精神的起源》，第 322 页。
② 《政治学》1280a30-31，1281a1-2，1324a5-7，1334a11-12。
③ 《政治学》1323b32-35，40-1324a2。
④ 《政治学》1280a31-34。
⑤ 《政治学》1254b36，1280b5-7。

而公正、智慧、明智等德性的培育，亚里士多德说，尤其与哲学的、审美的（例如音乐的）闲暇的活动有关，因此需要闲暇。城邦的政治的、军事的活动都不能说是闲暇的，从事这些活动的人都没有闲暇。这些活动的目的都在它们自身之外，人们并不是因这些活动自身而选择它们。理智的思辨则在自身之外别无其他目的，并且，这种活动有着自身特有的快乐和最多的自足、闲暇与追求。① 为着公民人人能培育德性，在一个政治修明的城邦中，必须人人都有闲暇。因为，只有人人都有闲暇，公民们才能学习哲学，通过哲学的、审美的活动以及健身的运动发展自己的体格的和灵魂的德性。如果人人都为生活之所需而忙碌，公民的德性就无从培育。所以，一个城邦安排闲暇的方式非常要紧。城邦的立法者的最要紧的事务，亚里士多德说，就是要让城邦的上流社会始终有闲暇，不论他们在位还是不在位，而不要让他们去从事生计的职业。尽管一个立法者也要关注财产在城邦事务中的地位，他必须把职司与闲暇赋予德性上相称者，防止富人用财富购得城邦的公共职司。在保障了使上流社会享有充分的闲暇之后，重要的是使每个公民获得闲暇。② 劳动是获得闲暇的手段。劳动与闲暇的关系正如战争与和平的关系。战争是为了获得和平③，劳动是为了获得闲暇。理想城邦的公民要有劳

---

① 《尼各马可伦理学》1177b5—24。
② 《政治学》1269a34—35，1273a32—37。
③ 《政治学》1333a35—37，1333a41—1333b1，13333b12—14、25—29。亚里士多德阐述战争的目的为和平，意在批评斯巴达人把军事征服作为城邦的根本目的。这虽然有雅典在伯罗奔尼撒战争中败于斯巴达的背景，但是主要地还是表达了他对于战争的目的的看法。他认为以军事征服的目的立国一则必定会选择专制这样一种善德较少的政体，因而偏离了城邦的好生活的目的，所以不可能培育公民的德性；二则也在其内部孕育重大隐患，例如执掌军队的将军僭越权力而建立僭主政治。参见《政治学》1333b6—35。

动与作战的能力,但这是为了过和平与有闲暇的生活。所以闲暇对于劳动以及所有其他活动来说自然地显得是一个目的:

> 我们的全部活动的目的是获得闲暇。劳动与闲暇都是必需的,但闲暇比劳动更好,并且是劳动的目的所在。[因为]闲暇自有其内在的快乐、幸福和人生的愉悦。繁忙的人是体会不到这些的,只有有闲暇的人才能体会。繁忙的人老在追求某些尚未实现的目的,而幸福则就是人生的目的[止境],惟有快乐而没有痛苦。①

生产者阶级的劳动,如前面已说明的②,尤其是为了生产出闲暇,但不是为自己享用,而是为公民社会享用。闲暇是目的,但不是一个属于生产者阶级的目的,因为生产者本身没有这个目的。生产者阶级的劳动正是为了使公民社会减少劳动而获得更多的闲暇。与城邦生活中的闲暇最为相关的另一个问题是人们如何运用闲暇。人们不是自然地就能够运用好闲暇的。然而,自然的本性又要求人类不仅要能恰当地劳动,而且要能运用好闲暇。很多城邦的公民不能运用好闲暇。例如斯巴达人只崇尚勇敢德性,以勇敢为获得外在善事物的唯一德性。他们在战争时、在劳动时表现得非常勇敢,但一到和平和闲暇的日子就会放纵,因为他们不培育智慧。勇敢和坚忍是战争和劳动的品德,智慧是闲暇所需的品德。倘若人应当为不能善用人生诸善而惭愧,那么他首先应当为在有闲暇时不能善用这些善物而惭愧。用闲暇来培育智慧因而具有智

---

① 《政治学》1333a41—1333b1,1337b30—34,1338a1—6。
② 见引论第 1 节第 2 小节。

慧的人会使闲暇内具的快乐与幸福达到对于人的最大的程度，因为他能把闲暇用于对人最高尚的活动。① 希腊人的古谚说，"没有奴隶可享用的闲暇"②，按照亚里士多德解说，这似乎是因为：其一，奴隶天性低劣，只能去从事体力的劳作，并且也只有在体力劳作中才能表现他们的德性；其二，奴隶——如已说明的③——没有思虑功能，没有自由意志，因而不具备享用闲暇的必要的德性。

我们需要在这里对亚里士多德关于闲暇的观点做些评论。我们应当同意亚里士多德关于闲暇是人的自由发展的必要条件，并且作为这种条件自然地是人类活动的一个目的的观点。我们的确倾向于这种看法：虽然劳动与闲暇都是人所需要的活动形式，闲暇却更为我们向往；人们一般都把劳动看作为了获得闲暇；人们向往获得闲暇，也自然地向往某种自由的发展，虽然常常由于职业的限制而只在某些特定的方面发展。工业时代以来的职业活动造成的人的机械式的、片面的发展引起的普遍抗议，是这种向往的最确凿的见证。人类意识到他在获得技术的能力时也在失去他的原始的活动的全面性。这不仅见证于生产者阶级中，甚至也见证于上流社会中。在20世纪的发达工业国家中，我们还见证了人们对于他们意识到失去的东西的苦涩的追求：在得到工业与今天的信息技术给他们带来的闲暇时，人们向往与自然更为贴近的闲暇生活方式，期望在这种生活中找到自由。同时，我们还应当同意

---

① 《政治学》1333a24—25，1334a35—b5，1338a8—9。

② 《政治学》1334a21；周伊特英译为：There is no leisure for slaves；威廉（William）英译为：Rest is not for slaves。

③ 见第5章第3节第2小节结尾处。

亚里士多德的下述论点：与劳动相比较，闲暇是一个人们更需要学习和培育必需的德性才能运用好的活动形式。运用好闲暇的确如亚里士多德所说需要培育理智的德性，使理智的德性能够支配我们对于闲暇的安排。但是我们倾向于否定他关于闲暇的社会安排的理论的观点。因为这个理论得不到事实的支持。首先，根据生产者阶级（尤其是奴隶）没有表现出对闲暇的向往这一点推断生产者没有获得闲暇的目的是根据不足的。一个被排除于政治的社会之外、不得不为这个政治的社会以及它自身生产生存资料的人群不可能表现出对闲暇的向往。但是这并不足以证明这个人群不能够有潜在的对闲暇的向往。就如20世纪向我们表明没有一个种族愿意接受一种奴役状态一样，它也表明人类的每一个个体都至少是潜在地愿望拥有闲暇和获得某种自由的发展。即使那些必须用全部时间来争取最低水准的生活资料的贫困的人，也总会表现出对丰裕的、有闲暇的生活的羡慕，而这种羡慕就是上述向往的间接的表达。所以，我们也许有理由假定，亚里士多德所阐述的闲暇作为目的基本上是对于每一个正常发展的人类个体都适用的。康德（I. Kant）的原则在这里更具合理性：每一个人都必须被当作一个目的，而不是被当作另一个人或另一些人实现其目的的手段。

其次，在通过教育培育运用闲暇的必要德性这一点上，亚里士多德表现出双重的标准。这种教育在他看来对每一个公民都是必要的，尤其是，如果不通过实践来培育理智的德性，人们就不会具备运用好闲暇的必要德性。但是，如果生产者阶级——尤其是奴隶——更为缺少这些德性，那么合乎逻辑的结论应当是，这些人应当在这方面得到更多的教育的帮助。然而亚里士多德却得出了应当把这些人排除于教育机会之外的相反的结论。一些女性主义者进一步把这个问题提到了男子与妇女的关系的范围，指出女性的理智功能上的弱点本可以通过教育来弥补，然而亚里士多德主张的男性公民的政治统治的实际作用是维持女性公民在教育机会上的不利的状况。科尔（E. B. Cole）提出了这样的看法，在亚里士多德的讨论中男子与妇女的关系和主奴关系具有相同的性质，亚里士多德在同样的性质上也把妇女看作男性公民社会的手段。科尔的最直接的理据是亚里士多德没有引出一个他本应当引出的三段式推理的结论：

〔大前提〕　妇女与奴隶在实践理性上有欠缺。

〔小前提〕　实践理性是教育的结果。

〔结　论〕　所以，妇女和奴隶应当受到教育。

她并且认为，亚里士多德没有引出这个结论是出于更深的经济上的理由：

亚里士多德与他的同时代人构建了一种道德的意识形态，这个意识形态认可一种本质上是经济的需要的东西：让那些自愿的劳动者去构造和生产那个文化的物质基础。亚里士多德能做到这点，尽管他自己的观点是实践的推理在人类中都存在，尽管他主张的国家负担的普遍教育完全是为着男性公民作为政治的思虑者起作用。[1]

按照科尔的看法，正是由于这种经济的原因，一方面，妇女与

---

[1] E. B. Cole, "Women, Slaves, and 'Love of Toil'", in *Critical Feminist Readings in Plato and Aristotle*, ed. by B.-A. Ban On, State University of New York Press, 1988.

奴隶才在政治上和道德上始终被排挤在希腊社会的边缘，而得不到他们所需要的教育；而另一方面，妇女与奴隶却在经济方面被看得非常重要，他们在家庭中成为劳动的伙伴，为希腊社会生产生存的资料以及男性公民政治社会的新的成员。科尔关于希腊社会中奴隶被排除于教育机会之外是出于经济的原因的看法无疑是对的。她对于希腊社会中妇女与奴隶的劳动伙伴的观察也是有启发性的。就妇女被认为应当主要管理好家庭、操持家务劳作这一点来说，从亚里士多德的观点可以做这样的引申，即作为男性公民的从属，妇女的作用是为他们提供从事政治的、军事的、哲学的活动的必要闲暇。但是，他的本来的观点却不含有妇女是手段、男性公民是目的的看法，尽管由于把妇女看作男子的从属，如我们所指出过的[1]，亚里士多德夸大了男子与妇女的自然的差别，因而在公民的教育方面，他的讨论主要是以男性公民发挥其在城邦事务中的作用为背景的。[2]

3. 与"作为人"的奴隶的友爱

我们还应当讨论亚里士多德对与主奴关系的观点的较为

---

[1] 见本章第1节。

[2] 关于对亚里士多德的妇女观的讨论，请参见 P. DuBois, *Women and the Prehistory of the Great Chain of Being*, University of Michigan Press, 1982; J. Hughes, "The Philosopher's Child", in *Feminist Perspectives in Philosophy*, ed. by M. Griffiths & M. Whitford, Indiana University Press, 1988; E. Keuls, *The Reign of the Phallus: Sexual Politics in Ancient Athens*, Harper & Row, 1985; E. Cantarella, *The Role and Status of Women in Greek and Roman Antiquity*, Johns Hopkins University Press, 1987; W. W. Fortenbaugh, "Aristotle on Slaves and Women", in *Articles on Aristotle*, Vol. II, St. Martin's Press, 1977; D. H. Coole, *Women in Political Theory*, Wheatsheaf/Lynne Rienner, 1988。

温和的方面，否则我们对他的观点的理解就将是不全面的。对他的观点的这个方面的讨论将表明在主奴之间仍然有形成某种友爱的可能。

像一切奴隶制度一样，希腊奴隶制度的基本的性质是政治的和经济的，即在政治上把奴隶排斥于政治的社会之外，在经济上把奴隶当作提供劳役的阶级。但是与埃及奴隶制、罗马时代的工场奴隶制及许多其他奴隶制比较，希腊奴隶制又有相对温和的特点。这种特点与希腊的一些城邦，如雅典，以家庭奴隶制为主体有关。希腊奴隶有城邦奴隶与家庭奴隶两种。有的城邦只有城邦奴隶，公民社会作为整体占有这些奴隶，这些奴隶的最通常的劳役是耕种城邦的公共土地以生产食物，这种制度即城邦农奴制。依亚里士多德的看法，这种制度不易构成最好的社会组织。① 另外一些城邦既有城邦奴隶又有家庭奴隶，城邦奴隶在有的城邦多些，在另一些城邦则少些，这些奴隶作为农奴为城邦府库生产食物与用具。家庭奴隶，如已说明的，又有在份地上从事农作的农庄奴隶与从事家庭劳作的家奴之分，其中显然尤其是家奴与主人家庭的活动的关系最为密切。在以家庭奴隶为主的城邦，希腊人一般主张要友善对待奴隶。迪金森说，"希腊人坦然以为不能含有虐待是很相宜的"，尽管像在所有其他奴隶制中一样，在希腊奴隶制中也必然有虐待，但是"最好的希腊人显然承认对奴隶的待遇应该是和善与仁慈"②。

希腊人的这种倾向，首先与他们自视为高贵种族的观念有关。自视为高贵种族，他们一方面自认为有权捕获"野蛮

---

① 《政治学》1269b11—12。
② 迪金森《希腊的生活观》，彭基相译，第 85、86 页。

人"为奴并奴役他们,一方面又认为高贵者应当举止高贵,不应以粗暴方式对待奴隶。因此,粗暴对待奴隶被认为是滥用主人的权威。这种倾向可能尤其是在家庭奴隶制的环境下形成的。其次,希腊人与家庭奴隶的较为温和的关系,也与把奴隶看作属于自己的"财产"的观念有联系。一个人对属于自己的财产,一方面当然可以支配,另一方面则也要爱护,就像爱护一件工具那样。在亚里士多德看来,这尤其是对于家奴来说的,因为家奴就是主人的活动的"管理者"①,而主人的生命也就在于他的活动。这里所隐含的意义就是,主人善待家奴,就是善待自己的生命活动的工具,也就是善待自己的生命活动。所以在主奴关系整体中,虽然是奴隶作为部分属于整体,这种整体又依赖于部分,并且要依靠这个部分去实现整体的目的,即一种好的生活。这种作为整体与部分的主奴关系的合乎自然的状态,就是灵魂与肉体的关系状态:灵魂像主人一样支配肉体,肉体按照作为主人的灵魂的意志去完成指定的活动。当主人与奴隶这两者处于这种自然的关系中时,他们之间就有友爱和共同的利益。因为,在道理上、性质上他们是"一",因而像灵魂与肉体间一样不存在友爱与公正的关系,然而在人身上他们又是相互分离的两个人,因而可以有友爱。②

但是按照亚里士多德的看法,如果这种友爱是两个人之

---

① 《政治学》1254a6—7;周伊特英译为:the minister of action,中文意思是:行动的管理者。在希腊和罗马时代,家奴实际上管理着主人的许多日常活动,如弗里德伦德(Friedlaender)在《罗马风俗史》(Sittengesxhichte Rom's)中写到的,在罗马,不仅记忆被庇护人的名字的事被指定给专门的奴隶来做,甚至主人的日常起居活动都要由家奴来提醒。见包尔生(F. Paulsen)《伦理学体系》,何怀宏、廖申白译,中国社会科学出版社,1988年,第448页。

② 《政治学》1255b10—13。

间的友爱,它就不可能只是他们作为主人与奴隶的关系的基础上。如已指出的①,因为在这种关系中,奴隶作为主人的所有物也不构成友爱关系中的另一方;作为所有物,他只是主人的工具,因而与主人没有共同点。

在统治者与被统治者没有共同点的地方,就没有友爱,也没有公正,例如工匠与工具,灵魂与肉体之间。虽然[在两例中]后者都因被使用而受益,对这些没有生命的东西却不能有友爱与公正。对一匹马、一头牛,以及一个作为奴隶的奴隶,也是这样。因为在这两方面之间没有共同点。奴隶作为奴隶,对于他不可能有友爱;但奴隶作为人,对于他则可能有友爱。因为,一个人同每一个能够参与法律与契约过程的人的关系中都似乎有某种公正。因此,同每一个人都可能有友爱,只要他是一个人。②

所以在亚里士多德看来,奴隶仍然有作为一个人的属性,虽然这个人在自然本性上很低劣。值得我们注意的是,亚里士多德把奴隶的作为人的属性同"能够参与法律与契约过程"联系起来。一个奴隶如何参加这种过程?作为奴隶,法律的公正要求他忠实地服务于主人的目的。一个这样地提供服务的奴隶也是守法的。但是这显然不是亚里士多德意义上的参与法律的过程。我们再次看到亚里士多德谈论的背景是家庭奴隶。家庭奴隶,尤其是家奴要替主人从事大量的与外界打交道的活动,正如北美奴隶制的情形一样。在这些活动中,

---

① 参见本章第 2 节。
② 《尼各马可伦理学》1161a32—b8。

一个奴隶"可能"表现出是否能按照法律和商业的契约缔结与另一方的关系。不难理解,一个在这些方面表现良好的家奴容易得到主人的信任甚至友爱的表示。至少在雅典,家奴在这方面的活动与作为自由人的工匠相差不多。所以,当一个奴隶因提供了忠实的服务因而得到主人的友爱并最终得到了自由作为报偿时①,他常常会成为一个工匠,通过某种自由的职业活动挣得自己的生存。

主人和作为人的奴隶可能有友爱关系的更主要之点还在于,主人有责任教育奴隶,不仅要教育他掌握各种劳役的技艺,而且要教育他具备奴隶所需要的德性。奴隶应具备的德性并不是与主人的德性根本不同的另一类德性,但是奴隶需要运用的是灵魂的非理性部分的德性,主人需要运用的主要是理性部分的德性。主人需要运用的德性还要更完善、程度更高,而奴隶只要运用完成他的自然赋予的职责所需的德性。② 然而与工匠相比,奴隶则需要具备更多的德性。因为

> 奴隶是与主人的生活联系在一起的,工匠与主人的联系就不那么紧密。工匠越是接近于奴隶就越具有德性。因为工匠只在某个方面是奴隶,奴隶是如其所是的那样是一个奴隶,一个鞋匠或其他工匠则不是。③

工匠是些有自由身份而没有形成其自由人格的人,他们关心的只是获得钱财,要使这种人具备德性显然更加困难。而工匠既然不是奴隶,当然就不在某个主人的治理之下,也就没有人去教育他获得德性,所以在德性上自是无望得到提高的。

---

① 《政治学》1130a32。
② 《政治学》1160a2-7、15-17。
③ 《政治学》1160a40-b3。

所以，在亚里士多德看来，一个奴隶如果获得自由成为工匠，从德性这点来看反倒不是有益的事，因为在做奴隶时有主人教导他以德性，获得自由独立谋生存后则没有人再指教他以德性。而对主人来说，重要的是，只在于教育自己家庭的奴隶，对家庭奴隶的德性的教育是一件既对主人极其要紧又在他掌握之中的事。而且，这种教育还是主人的专门的责任：

> 所以显然，奴隶应当由主人来教育，使之具备适合他的职责的那些德性，而不是由一个其责任是教他使用劳役的技艺的监督人来代为教育。①

不仅如此，在亚里士多德看来，一个奴隶的德性状况还反映出他的教育者主人的德性状况，正如孩子的教养水准总是反映着父亲的教养水准一样。因为正是由于一个小孩的德性是不完美的，人们才不是比照他现在的德性状况，而是比照他将来的可能完善的德性状况，比照他的教育者即他的父亲的德性状况来考察他目前的教养水准。因为他的父亲的德性也就是他的德性的资源，他的教养水准如果高，那必定是由于他父亲的德性深厚，反之亦然。一个奴隶同他的主人的情形也是这样。所以从教育这一点来说，奴隶与小孩所处的状态是相同的。而且奴隶甚至比小孩更需要教导。所以，那些认为主人不该与奴隶沟通的人②，那些认为主人只应当对奴隶行使命令的人是错误的。③

---

① 《政治学》1160a3-5。在希腊和罗马，公民奴隶主的农庄通常委托一个监督人来管理，这个监督人常常是先前的奴隶，并且精通农庄的各项农艺。

② 《政治学》1160b5-6；周伊特英译为：they are mistaken who forbid us to converse with slaves；威廉英译为：those therefore are in the wrong who deprive slaves of reason。此处从周伊特。

③ 参见《政治学》1260a31-b8。

既然主人也需要与奴隶进行包括理性的交谈的沟通，那么主人对奴隶的教育在多大程度上包括提高奴隶的理性这一目的呢？这一考察又使我们回到上一节结尾处所讨论的问题上。亚里士多德主张的与奴隶沟通的温和态度是有明确限度的。就与奴隶的理性的交流而言，这种教育只是为了培育奴隶正确理解主人的需要与意图，正确理解他作为奴隶所需要培育的那些德性的必要的理性，而不是为了奴隶能够形成他自己的目的。奴隶毕竟只是为公民社会生产存在资料与闲暇的手段。对于一个作为手段而存在的人，尽管把他看作人，对他的教育——作为与他的个人友爱的一部分——也只能达到他作为手段而存在所需要的程度，甚至旨在达到使双方平等的教育都是主人灵魂上的败坏。[1] 所以作为主人对奴隶的教育与作为父亲对孩子的教育仍然是在性质上不同的。对孩子的教育是为着培养他的自由人格，为着他将来成为一个自由公民去参与城邦的公共政治事务；对于奴隶的教育最终说来没有这样一个目的，尽管这种教育的确带有帮助他的善良意图和对于他的德性的提高的关心。

---

[1] 参见《政治学》1254a34-b9。

第 9 章

友爱与自爱

我们还必须讨论亚里士多德的友爱论中的另一个重要的理论,即他关于友爱与自爱的关系的理论。他提出的主要的教导就是,我们对一个朋友的友爱根源于我们对自身的关系,一个好人怎样对待自身也就怎样对待朋友,一个爱他自身的理性的善的人可以被恰当地称为真正的自爱者,一个人应当做这样的自爱。像在其他那些重要方面一样,亚里士多德对我们的重要性在于他所提出问题的永恒的价值,和在提出问题时对问题的经典性的阐述。

1. 从对自身的关系推导的友爱

在讨论常识对于友爱与人的自爱的关系的那些分歧的意见时,亚里士多德提出一个会让我们有些吃惊的看法:如果我们要尊重观察的事实并且保持思考的一致性,我们就要承认友爱是根源于一个人对他自身的关系的,一个人愿望于他的朋友的那些事物都是他原本愿望于他自身的，尤其是一个好人愿望于他自身的。我们只有在跟随他思考过问题之后，才能明了这种惊奇的性质。罗斯称这些讨论是亚里士多德的伦理学中"最有意思的部分"，把它们看作是亚里士多德旨在从人的自我内部寻找消除利己主义与利他主义的对立的途径的一种努力。① 这个评论是中肯的。一个人对自己的爱与对朋友的爱是否可能一致，或者用罗斯的表达，利己主义与利他主义是否可能一致，肯定是亚里士多德在讨论友爱问题时的一个重要问题，例如他在《欧台谟伦理学》中写道：

> 依据论证和对朋友的性质的考察，这两种友爱〔对自己的友爱和对他人的友爱〕既在有些方面是相反的，又在有些方面是相同的。②

亚里士多德显然在寻找这两者间的一致的可能性。他的这一努力是否成功并不重要。重要的是明确地提出一个问题，并且以一种有价值的方式做一种解决的尝试。

一个人怎么能有同他自身的友爱呢？亚里士多德说，在原来的意义上，一个人不可能同他自身有友爱。因为（如已说明的③）就本义来说，友爱如同公正一样，都是对另一个人的关系。说到友爱，如果爱与被爱不是从两个彼此分离的人来理解，例如说一个人既是他自身的爱者又是被爱者，将是很费解的。所以他在《尼各马可伦理学》某处说，一个人能

---

① 罗斯《亚里士多德》，王路译，第 254 页。然而罗斯认为亚里士多德所做的努力是不成功的。
② 《欧台谟伦理学》1240a11-12。
③ 见第 6 章第 1 节。

否与自己做朋友的问题需要暂时搁置。① 但是，在一种引申的意义上，我们又可以说一个人有对于他自身的关系，可以是他自身的朋友或敌人。② 因为，一个人可以说是由两个或更多的部分组成的。这最显见于我们的灵魂。人的灵魂中的理性部分与非理性的部分时常存在冲突是每个有正常生活经验的人都理解的。比如一个人有时或者在有些方面能自制，而在另一些场合和另一些方面则不能自制，因而我们好像有时做事情是自愿的，有时又是不自愿的。这种情形就如同我们灵魂的不同部分之间有时一致、有时不一致的关系。常识就将这种自制与不能自制、自愿与不自愿的情形类比为人同他自身的关系。然而这种关系不是别样的关系，而只是主人与奴隶间或家长与子女间的那种关系。而且，说一个人可以是他自身的朋友，还有一个重要的常识观察的支持。人们都认为，朋友间的强烈的情感非常像是一个人对他自身的情感：我们在强烈地关心一个朋友或为一个朋友做事情时，总是感觉到这仿佛就是在关心我们自己或为自己做事情，甚至这种关心和情感还要更强烈。在这两种意义上，又似乎可以说存在一个人对他自身的友爱。③

亚里士多德认为，常识的这种观察可能表明，我们怎么看待友爱，都是根源于我们怎么看待一个单独的人同他自身的关系的。换言之，我们认为一个朋友应当愿望于另一个人的那些东西，都是他原本愿望于他自身的。比如人们一般认为，如果一个人是另一个人的朋友，他应当愿望于那个人的

---

① 《尼各马可伦理学》1166a35—36。
② 《欧台谟伦理学》1240a18。
③ 《尼各马可伦理学》1166a35—b2；《欧台谟伦理学》1240a14—17。

主要是五种不同的东西：那个人的善，他的活着，与他的共同生活，与他的悲欢与共，以及与他一条心。① 一个朋友至少愿望另一个人这五者之一，或者，在好人之间的友爱的例子中，同时是这五种东西。而所有这五种东西，可能都是比照一个人原本愿望于他自身的东西。具体地说，第一，人们认为一个朋友应当因另一个人自身之故而欲望那个人的善。就两个人的友爱而言，这特别是父亲对子女的爱的特点。父亲的爱总是不仅愿望孩子的活着和孩子的现在，而且愿望他的好的生活和未来的。而显然每个人都是愿望自己的善的，并且都是因他自身的缘故。第二，人们认为一个朋友应当因那个人自身之故而愿望他存在和活着。这特别是母亲对子女的爱的特点。母亲的爱的首要关切是孩子的活着和孩子的现在。② 而这种愿望也就是一个人对于他自身的最为原初的一种愿望：在愿望别的事物之前，一个人首先愿望他自己活着，存在着。第三，人们也说，如果一个人是另一个人的朋友，他或者应当喜爱那个人的在场，并因此之故而愿望与那个人过共同的生活。例如爱者的爱就是这个样子。爱者所爱的是同被爱者的共同生活本身，是分享被爱者的美的感情回应和美的肉体生命。所以爱者的爱中意味着最多的共同生活，就如母亲的爱一样。但是爱者的爱中并不包含对被爱者的活着的关切。这两者似乎并不总是可以联系在一起的。与此相反的是父亲的爱。父亲尽管也愿望孩子存在和活着，却不愿与孩子有过多的共同生活，他们更愿意与别人交往。由于这两种友爱的特点有这样的不同，如果愿望一个人的是他的存在

---

① 《尼各马可伦理学》1166a1-10；《欧台谟伦理学》1240a23-b2。
② 见第 5 章第 3 节第 1 小节。

与活着，如果给予他的是存在与生活的资料，那么也就不应当愿望与他相互交往，因为如果对方没有能力回报这种资料，愿望它也就毫无意义。然而在人们的实际的友爱中这两种友爱常常混淆并且相互冲突。因为，显然时常会发生这样的情形：你提供给对方的是你认为他需要的生存资料，而他期求于你的却是与你交往和共同生活。① 然而，愿望对方活着和愿望同对方的共同生活这两个特点，在一个人对他自身的关系上就可以统一起来：一个人总是既因他自身之故而愿望活着，又愿望和他自己做伴。第四，因一个人的感情之故而愿望与他悲欢与共，最是快乐的友爱的特点。人们总是用这个特点来规定快乐的友爱。快乐的朋友总是不仅愿望与对方共同欢乐，也愿望与对方共同感受痛苦，并且感受同样程度的痛苦，即使这不可能，也希望能接近于此。所以，如果有人与悲伤的人一道悲伤，且不是由于其他的原因，我们也把他看作朋友。而这个特点也最属于一个人同他自身的关系：一个人显然最能够同他自己悲欢与共，并且，这除了是因为他自己的感情的原因外不会再有别的什么原因。第五，同一个人一条心是兄弟的或伙伴的友爱的特点。兄弟或伙伴总是在感情上和旨趣上最为接近。所以人们常用"两人一条心"来形容它。而这一点在说一个人对他自己的关系上也最适用：一个人本来就是一条心，他不会对他自己有二心的。所以最终说来，

> 所有这些用语都回到一个单独的人，因为他正是以这种方式愿望自己的善；因为没有一个人是因为别的什么而使自己好，或由于某种特定的考虑而说自己好（因

---

① 《尼各马可伦理学》1166a4—5；《欧台谟伦理学》1240a26—33。

为他的行为就是一个人的行为）；因为那种表现得自己在爱的人并不真想去爱，而只是希望被人看作是在爱。而愿望朋友首先活着，愿望与他共同生活，愿望与他悲欢与共，愿望与他一条心，如果不在一起就简直不能活下去，愿望两个人同生同死，这些都是一个单独的人的特点。①

一切与友爱相关的事务最终都可以说是从一个人对自身的关系推广到对他人的关系的。所有的谚语，例如"好朋友一条心"，"好朋友不分家"，"友爱在于平等［一样］"，"施舍先及亲友"，等等，也都和常识的这个观察相切合，因为所有这些特点都可以在就人对自身的关系中找到。②

常识观察，按亚里士多德的看法，还进一步表明，所有这些特点都存在于一个好人同他自身的关系中，似乎都是从好人同他自身的关系引申的。至少在多数人的看法中是这样。从一个坏人同他自身的关系中也引申不出这些特点。因为例如在一个不能自制者的例子中，他总是同他自身不一致的：他可能伤害了他自己，而作为一个单独的人，他又愿望他自己的善。③ 而好人则总是"愿望并实际地做对于自己是善或看起来是善的事情"。不仅如此，一个好人还具有以下特点：

> 他的各方面的意见是相互一致的，因为他全身心地追求同一事物；他愿望自己存在和活着，尤其是愿望他用来思考的那个部分存在和活着，因为存在对好人来说是善，而每个人都愿望自己的善；好人也愿望与他自己

---

① 《欧台谟伦理学》1240b2-7。
② 《尼各马可伦理学》1168b2-10；参见《欧台谟伦理学》1240b1-12。
③ 《欧台谟伦理学》1240b8-15。

相处，因为这使他快乐；与他人相比，他也更与他自己悲欢与共，因为由于他的心不大改变，同样的事物始终令他快乐或令他痛苦，而不是一会儿令他快乐，一会儿令他痛苦。①

好人对待自身就像是对待一个朋友，或者，好人对待朋友就像对待作为对象的他自己，这两种类比都存在常识之中，但亚里士多德注意到，后一个类比是一个根基更深的观念。我们在说"爱人如己""推己及人"时的确是在把同自己的关系当作一个对照的"原本"。这一观察的一个结果是，人们在考察对自己的关系的特点时，都在假定自己是一个好人。因为我们看到，尽管坏人不具有好人对自身的关系的这些特点，尽管他们的存在是反乎常态的，他们也不以他们的对自身的关系的特点来引申对一个朋友的友爱的特点，而是以好人对自身的关系来引申。这种关系，如果用智者派的语言来说，就如同"科里斯克司同好科里斯克司"②的关系：科里斯克司对好科里斯克司也是"好（善）"，因为他们都同样地"好"。对一般的人来说，如果他要按真实的性质表达他同他自身的关系，他就要看到这种关系的不一致或反常，他就要悔恨或谴责自己，而谴责自己无异于扼杀自己。而好人同他自身的关系则是善的关系。因为好人"科里斯克司"对他自身（"好科里斯克司"）是善。所以，这一观察表明，每个人，即使是坏人，都最终对他自己是善的；他总是要把他同他自身的关系呈现为一个好人同他自身的关系。这表明，大多数人在

---

① 《尼各马可伦理学》1166a14-31。
② 《欧台谟伦理学》1240b25-26。参见柏拉图《智者篇》，第17章。

对自身的关系上都倾向于"肯定自己的德性",肯定对于自己是善的东西。这就提供了一个证据:"德性与好人似乎就是万物的尺度"①。

2. 自我的一致与不一致

这两点理论的观察最终把我们引向对好人、不自制者和坏人的自身关系的性质的考察。大多数人,包括不自制者和坏人,之所以把他们同自身的关系表达为一个好人同自身的关系,原因就在于只有好人同他自身的关系是一致的,只有在这种关系中才没有悔恨,没有对自己的谴责或扼杀。常识用"人同他自身的关系"类比友爱关系,只是为了表明友爱的根本属性就像人同他自身的关系那样是一致的。而如果人同自身可以构成一种一致的关系,这也是因为这种关系的承担者只是一个单独的不可分割的人,因为这个人的灵魂与肉体,或者灵魂中的理性部分与非理性部分处在一种有一致性的关系中。② 一个单独的人就是"一",就是他自身。所以如果友爱与人自身之间有某种联系,那么此联系就在于友爱的相似性仿佛是人自身的展开的"一"。友爱总是存在于有某种相似的两个人之间的。如已说明的③,不相似的友爱只是在类

---

① 参见《尼各马可伦理学》1166a12, b3-6;《欧台谟伦理学》1240b17-18, 27-28。

② 亚里士多德的理论上的人是"单独的、不可分的人"(single indivisible man)。参见《欧台谟伦理学》1240b10, 15。在这种人的概念下,不存在近代哲学所讨论的人同自身作为主体—客体的关系。

③ 见第3章第2节及第4章第4节。

比的意义上才能说是友爱。而如果这种友爱的双方没有某种相互的用处即没有某种最小的"一",它也马上就会解体。就是在德性的友爱中,如果友爱双方在德性上距离过大,友爱也就将难以为继。所以友爱的内在属性似乎就是"一"而不是"多"。而好人作为一个单独的人就最是"一",因为好人最自我一致,或者在人与他自身的关系的意义上,最与他自身一致。一个好人,如前面提到的,总是愿望相同的事物,并且也实际地追求相同的事物。一个好人做事情也稳定,因为他对同样的事物总怀着同样的情感。好人的这种特点在与不能自制者和坏人的对照中看得最为清楚。因为坏人与不能自制者

> 自我不一致,他们所欲望是一种东西,所愿望的却是另一种东西。这正是那些不能自制的人的特点:他们选择令人愉悦然而有害的东西,而不是在他们看来是善的东西。另一些人则由于怯懦和懒惰,不去做那些他们认为对自己是最好的事情。作恶多端的被人们憎恨的人则逃避生活,毁灭其自身。坏人总想与人结伴以逃避自己。因为他们在与自己相处时会回忆起许多坏事,并且会想去做同样坏的事情。如果和别人在一起,他们就会忘记这些。①

> 坏人之所以如此,是因为他不是一,而是多,在同一天中他都不是他自己,而是变化不定的。②

好人本性上是"一",坏人本性上是"多",好人是自我一致

---

① 《尼各马可伦理学》1166b8—16。
② 《欧台谟伦理学》1240b16—17。

的，坏人则自我不一致。坏人的这种自我不一致，按照《欧台谟伦理学》的理解，会导致坏人像伤害一个他人那样伤害他自身，因为这两种行为间似乎具有基本的相似性。所以，"一个人可能会是他自己的敌人"，他仿佛是把他自身当作一个对象而加以伤害。① 然而在《尼各马可伦理学》中，这种可能性受到理论的质疑。疑问并不在于一个不能自制者或一个坏人会不会伤害他自己，而是他在这样做时是否既是一个主体又是一个对象。在《尼各马可伦理学》中，亚里士多德显然已经把人同作为对象的他自身的关系看作常识对人的自我一致或不一致状态的一种坏的类比。因为这种类比等于说，一个人既是一个行为的发出者，又是这个行为的接受者，这无异于说同一个事物可以在同时既在增加又在减少，而这是不可能的。② 先来考虑不能自制者的情形。一个不能自制者在伤害他自己时并不是在作为一个主体来伤害作为对象的他自己，因为（ⅰ）他仍然愿望对于他是善的东西，只是在做着相反的事情；因而（ⅱ）他不是出于选择，即不是自愿地在做伤害自己的事情，因为无人会自愿地受不公正的对待。所以，不能自制者的自我伤害只是表明他所想的和所做的不一样，表明他没有坚持做他认为是对的事情，表明他时而这样，时而那样，不能自我一贯，因而是不自愿地做了伤害自己的事情。③ 与此相似，在坏人的例子中，他同样不是在把他自身作为他的行为的对象。坏人是经过思虑与选择而放纵自己去

---

① 《欧台谟伦理学》1240b14。
② 《尼各马可伦理学》1138a19-20。这个陈述在亚里士多德看来是一个逻辑的矛盾，因为一个事物不可能同时既是 A，又是非 A。
③ 参见《尼各马可伦理学》1138a21-24，Ⅶ，3-7。

过一种反常生活的人,所以他无法面对自己,他不愿意受谴责——因为如已经说明的①,每个人对他自己都是善的。如果他不得不面对自己,他就把自己的反常显现给他自己:如果他最终谴责自己的过去,成为一个悔恨者,他就会像不自制者那样悔恨自己"事后与事前"的不一致;如果他欺骗自己,他就要面对自己的"事前与事后"的不一致;如果他逃避面对自己,他就只能奴性地受自己的欲望的宰制。而如果他做了伤害自己的事,他的确是在自愿地做一件事,但不是针对他自己,而是针对法律。因为他是在自愿地做一件与"法律所规定的德性"相反的行为。坏人就像一个恶的城邦,它订立并实行恶的法律。如果它要更立良法,它显然首先就要面对并且否定过去的自己。②

在亚里士多德看来,如果要用某种适当的关系类比人的自我一致或不一致状态,灵魂的理性部分与非理性部分之间的关系才是一种好的类比。③ 因为人们都倾向于在灵魂中做这种区分。除了不能经历正常的营养与机体发展过程的人们,每个成年人都能够区别自己灵魂的这两种不同的功能。而这两种功能也可以被假设为是灵魂的两个部分。在这样的意义上,人们可以合理地说在灵魂的这两个部分之间有某种"关系",尽管这显然是一种"内部的关系",而不是那种原来意义上的主体同对象的关系。④ 这种关系,用柏拉图的比喻,就

---

① 见上节结尾处。
② 参见《尼各马可伦理学》1138a4-14,1150b29-31,1151a23-24,1152a25,1166b13-16;《欧台谟伦理学》1240b21-23、26-27。
③ 《尼各马可伦理学》1138b5-6。
④ 亚里士多德对这种支配与被支配的关系的这种类比和他经常使用的灵魂与肉体的类比有很大不同。我们将从下面的讨论中看到,这种区分对他是很重要的。

如同一架马车。然而与前面已提到的柏拉图的由一个驭手（"理性"或"意志"）和两匹马（"激情"与"欲望"）组成的灵魂马车不同，亚里士多德的灵魂马车在构成上要简单些：它只是由一个驭手（"理性"）和一匹马（"非理性"）组成的。亚里士多德的灵魂马车中的那匹马既是"激情"又是"欲望"。对柏拉图的模式的这一简化的理由我们在这里可以看出。柏拉图的灵魂马车中的驭手一方面要把握住良马，使它的力量与自己的力量合成一体；另一方面又要遏止那匹劣马。这幅图景在亚里士多德看来不仅太复杂，而且有些失真。疑问在于，既然这里只有两种对立的力量，驾驭与抵抗，如果那匹良马始终是听从驭手的，为什么它和它的主人应当是二而不是一。在这种理论的省察中，这架马车似乎应当只由一匹马（非理性）来拉动：它既能够听从驭手（理性）的吩咐，又有些时候没有听从吩咐而自行其是，因而一定要有主人来驾驭它。所以灵魂的两个部分的关系也就是主人同奴隶的那种关系。① 我们可以看出，亚里士多德的这架灵魂马车其实就是对不能自制者所做的图解。不能自制者保有他自身的最重要的部分——理性，他也像理性一样愿望自己的善，他的激情和欲望也具有听从理性的潜能，然而这激情和欲望有时会不听从理性。当激情和欲望不听从时，他就下降成为坏人，成为有死的存在；当激情和欲望听从时，他就上升而成为好人，走向无死的存在。② 因此，按照亚里士多德的看法，好人之所以自我一致是因为他的灵魂的理性部分与非理性部分处在一种和谐的关系中：他的灵魂的这两个部分之间就像

---

① 《尼各马可伦理学》1138b8，1139a3，1168b19。
② 参见《尼各马可伦理学》第7卷第6—10章。

是有一种友好的关系,而且不可能相互分开。在这种关系中,理性良好地发挥着功能,激情和欲望驯服地听从理性的命令。而坏人之所以是自我不一致的,原因也就在于他的灵魂是分裂的。他的灵魂的一部分因其邪恶而对禁止他做某些事感到痛苦,另一部分则对此感到高兴;一部分把他拉向这边,另一部分又把他拉向那边,仿佛要把他撕裂。① 这当然也意味着,只有好人才能保持自我的一致:坏人不可能保持自我的一致,不能自制的人只要他还没有做到自制,就显然也是自我不一致的。

对亚里士多德对于好人的自身关系性质的这个理论的说明,我们也许可以提出许多的疑问。例如,为什么一个不能自制者在追求他的激情和欲望的对象时不是出于选择地在行动?为什么他在出于理性而行动时是出于选择的,在出于激情和欲望时就不是?为什么一个坏人在做着他想做的坏事时不仅是反常的而且是自我不一致的?我们不可能在这里展开这些疑问。在伦理学或实践哲学方面,亚里士多德永远是许多问题的根源,这也就是他对于我们的价值所在。再回到他对于好人的自我一致的性质的讨论上来。尽管他的讨论使我们产生许多疑问,我们仍然可以从这个讨论中引出一个有积极意义的结论,即友爱在性质上是与好人的自我一致的性质相同的,并且好人在本性上的这种性质似乎在类比的意义上构成对友爱的相似性的一个形上学证明。这个结论当然不足以表明我们对自己的爱与对朋友的爱是同源的,但是它可以表明这两者是内在地或在本性上相容的,因为它们在本性上

---

① 《尼各马可伦理学》1166b19—22;《欧台谟伦理学》1240b28—30。

是同种属的。

3. 自爱者的利他

亚里士多德接着提出了一个进一步的问题：与爱他人相比，一个人是否应当最爱自己？他说，这个问题虽然从常识的观点看来近乎荒谬，因为常识一般是把那些只为自己而不肯为别人做事情的人叫作"自爱者"，它却是一个需要理论地加以考察的问题。亚里士多德摆出常识的两种对立的道理。一种说，人应当最爱朋友，而不是最爱自己，因为"自爱者"是只爱自己而不爱朋友，而人们只称赞爱朋友的人。另一种说，一个人是他自己的最好的朋友，应当最爱自己。亚里士多德不赞成前一种意见，他认为这种常识性意见根本没有去追究它所说的那些"自爱者"所爱的是什么。这种批评听起来的确非常学究气。人们在说某某人是"自爱者"或自私的人时的所指当然是很清楚的，他们是说那个人只关心自己，不关心别人，或者只为自己多占好东西，而不愿为别人做事情。所以在大多数人看来，"自爱"的或自私的人是不好的，因为一个人不应当最爱自己，而应当最爱朋友。① 亚里士多德

---

① 对于自爱与友爱在希腊人的常识的观念中的对立，应当在希腊人的城邦生活的特殊背景下来理解。我们已经在引论中简要地说明了，在希腊城邦生活中，自由公民（而不仅仅是自由人）基本上不参与为谋生而操持的职业活动；而城邦的政治、军事、法律事务都被看作与职业活动不同的公共事务；公民的职责与功能被认为是参与公共事务；因而在公民的个人生活中，家庭的生活与城邦的公共的生活具有相等的重要性，就男性公民而言，甚至他在城邦公共事务中的活动是他生活中的更重要的部分。在这种城邦生活的背景下，对一个他人的友爱在常识的观念中具有更突出的重要性。参见引论第 1 节第 3、4 小节。

当然也同意，这种常识性意见所谴责的那种"自爱者"是只为自己做事情而不愿为别人做事情的人。但是他指出它没有弄清楚那种"自爱者"是在为自己做哪些事情和怎样做。这种常识性意见所说的"自爱者"为自己所做的事情，亚里士多德这样说，是使自己多得到钱财、荣誉和肉体快乐这类外在善，是使自己得到比别人所得的尽可能更多的外在善；而且问题在于，那种"自爱者"在这样做时，是把这些东西当作最好的东西来追求的。

> 这些东西是大多数人所欲望并且忙着追求的，好像它们是最好的东西。所以努力多占这些东西的人都沉迷于欲望，泛义地说，沉迷于情感，沉迷于灵魂的非理性的部分。①

一个人这样地追求外在善的必然结果，就是放纵自己的欲望或情感，而不可能去关心他的灵魂中最需要关照的那个理性的部分。所以，这种常识性意见所说的那种"自爱者"有两种错误，一是他们没有首先关心他们灵魂的理性的部分，没有首先追求理性的善；二是他们追求过度的外在的善，这使他们沉迷于欲望或情感而不能去关心理性。关心理性，关心理性获得它自身的善，只需要适度的外在善作为手段，如果追求过度，反而把外在的善当作了最好的东西，理性就不但不得其益，反受其累。所以，它所说的这种"自爱"是一种"坏的自爱"。② 亚里士多德说，这种常识性意见谴责这种坏的自爱是对的。但是它认为只有这一种坏的自爱却是错的。它

---

① 《尼各马可伦理学》1168b17–19。
② 《尼各马可伦理学》1168b20。

看不到还可能有一种好的自爱。这种好的自爱，在与坏的自爱的对比中就可以明了，爱的不是我们灵魂的非理性的部分，而是灵魂的理性的部分：

> 这种人似乎更是一个自爱者，他给自己的全都是最高尚、最好的东西，他所沉迷的是他自身的最高等的那个部分，并且在所有事情上都听从它。①

人的沉迷并不都是坏的，问题是沉迷于灵魂的哪个部分。沉迷于非理性的部分，灵魂马车就向下沉降，人就趋向于恶；沉迷于理性的部分，灵魂马车就向上飞升，人就趋向于善。沉迷于理性，努力去获得理性的善，才是人的最大的善。所以一个向往最大的善的人，要沉迷于他的理智，要爱理智的善，"爱智"。② 因为，正如一个城邦或别的组合体总是与它自身中那个最高等的部分等同的，一个人也是与他自身最高等的那个部分等同的。这个最高等的部分就是人的灵魂的理性的部分。一个人最是他的那个理性的部分，这个部分比任何别的部分更是他自身。由于好人爱并且沉迷的是他自身中的最是他自身的那个部分，所以好人最自我一致，因为他始终只是他的那个最好也最真的自身。而且常识也支持这一看法，因为常识只把一个人的自制的或不自制的行为看作他的理性能够控制或不能控制的行为，这就表明常识也把理性看作人自身。从这里自然地引出的一个推论就是，只有出于对自己的理性的爱与沉迷的行为才是人的最真实的自愿的行为，才

---

① 《尼各马可伦理学》1168b28—30。
② 西方语言中哲学（philosophy）一词，如人们所熟知的，即由爱智慧（φιλο-σοφία）而来，智慧为理智之善。

最是人自身的行为,也只有好人的行为才是这样的行为。① 通过这层观察,显然只有爱并沉迷于自己的理性的人——常识所说的好人——才是真正意义上的自爱者,因为他们是

> 另一类自爱者,完全不同于受到谴责的那一类"自爱者",正如按照理性生活不同于按照情感生活,追求高尚的事物不同于追求表面上有利的东西。所以,好人应该是一个自爱者,因为他做高尚的事,既使别人受益,也使自己受益;坏人则不应该是一个自爱者,因为他跟随自己邪恶的激情,既伤害自己,又伤害他人。②

这种"自爱者"并不是真正意义上的自爱者,他们是应当受谴责的,而爱并沉迷自己的理性的真正意义上的自爱者则应当受赞扬。如果人们都在高尚方面努力,那么共同体的福利就可以实现,每个人自身也就可以得到最大的善。共同的福利总是同高尚的行为相联系的,因为德性就是最大的善。③

在这种理论的省察中变得显明的一点是,只有高尚的事物④才对理性是善的。高尚是"值得称赞的自身即善"的事物,是"本性上适合的(相关的)"事物。⑤ 高尚的事物是美的和有德性的。它们是优美的事物,是人的目的性的东西,而不是人的生存所直接需要的东西。人需要的那些外在的善对于人是善的,是因为它们是存在的手段。然而对人的理性

---

① 《尼各马可伦理学》1168b30—1169a1。
② 《尼各马可伦理学》1169a1—5、11—16。
③ 《尼各马可伦理学》1169a6—11。
④ τό καλόν,美的、高尚的事物,亚里士多德用它指诚实、荣誉、德性、幸福,等等。
⑤ 这两个定义分别出自《修辞术》1366a33 和《论题篇》145a22。参见 J. O. Urmson, *Aristotle's Ethics*, Basil Blackwell, 1988, p. 115。

来说，它们只是些显得是善的并且只是作为手段才善的东西。高尚的事物才真正是善的，它们对灵魂始终是善。而高尚的事物也就是好人即真正的自爱者想为他自身保留的唯一的东西。所以，

> 好人可以摒弃金钱、荣誉，总之，可以摒弃人们竞相争夺的那些［外在］善，而只为自己保留高尚。①

如果朋友所欲的是金钱，并且获得金钱使他们受益更大，他就将让朋友们获得金钱，而只为自己保留高尚。如果朋友所欲的是荣誉，并且这样令他们受益更大，他也将同样地这样做。他甚至"自己不出面完成某项功绩而让朋友去完成"，以便让朋友获得这份荣誉，因为这样做似乎更高尚。这番话听起来的确像一个"无忧者"的自吹自擂，需要为生活资料操劳的人不会有这种闲情。但是我们需注意的是这对亚里士多德不能构成批评。因为他对于这一点是完全坦言的。如前面引用过的，他说沉思培养理智的德性需有闲暇，并且善于运用闲暇，没有闲暇的人体味不了闲暇的快乐。② 我们可以怀疑的只能是一个人在达到有闲暇的境地时是否可能处于他所表达的这种高尚情致之中，以及一个还不能有闲暇的人是否也能有此种高尚。对于前者，亚里士多德是肯定的，当然是作为一种可能性。他一直坦言存在另一种可能性，即在闲暇时放纵的可能性。他甚至设想过闲暇可能被普遍地享有而不是为少数人专有，因为他说如果织布的梭子会自动地穿梭，就

---

① 《尼各马可伦理学》1169a20—21。
② 《政治学》1329a1，1333a41—b1，1338a1—3。参见第8章第2节第208页的引文。

不再需要奴隶了。① 今天的发达国家已经是大多数居民有了一定程度的闲暇，在我国，城市居民今天也有了"双休日"。但是，闲暇是一种自身具有目的性质的活动方式，有空闲时间并不等于有闲暇。多数有条件享受这些有限的空闲时间的人们时下的话题只是如何"打发"这些时间。我们可以据此了解亚里士多德所谈论的是一个何等困难的可能性，并且（如已说过的②）可能同意他的看法，即如何运用好闲暇是一件需要学习的事情。同时我们也清楚地意识到一个明显的差别：在他的时代的城邦生活中，闲暇还被公认为是为着获得高尚的，在今天这样一个目的显然已经让位于"打发"空闲时间的需要了。这就更使我们明白，当多数人有闲暇时，每个人有"值得称赞的"或"适合的（相关的）"目的是一件何等重要的事情。这件事情无疑需要长时间的文化积蓄才有可能形成适合的环境，这与人们没有闲暇时的情形是很不相同的。对于上面所说的第二点，我们暂且留到下面去讨论。简言之，亚里士多德在这里的主要的看法就是，一个真正的自爱者，必定愿意为获得高尚而为朋友做事情。但是这丝毫不等于他这样做不是为朋友自身之故，而是把朋友当作手段，因他欲为自己获得的只是高尚。而高尚显然是没有人的界域的，因为我们对于任何人的高尚都赞许。对于一个欲望更多的高尚的人，没有人会加以谴责。③

我们还需要考察亚里士多德关于真正的自爱者的他爱或利他主义问题的观点的第二个方面，即一个真正的自爱者的

---

① 《政治学》1253b37—39。
② 见第8章第2节。
③ 参见《尼各马可伦理学》1169a5—11、25—35。

利他的自我牺牲的可能性。亚里士多德认为完全存在这样的可能性：

> 当然，好人也常常为朋友、为国家的利益而做许多事情，必要时甚至不惜自己的生命。因为，他宁取一个短暂而强烈的快乐而不取一个持久而温吞的享受，宁取一年高尚的生活而不取多年平庸的生存，宁取一次伟大而高尚的业绩而不取许多琐碎的活动。那些为他人献出生命的人正是这样做的，所以他们为自己选取的是伟大的高尚。①

这样，常识的一个最深的困惑：一个人如果应当自爱，他如何可能爱他人，愿意为他人做事情似乎在亚里士多德这里完全不存在了。一个真正自爱的人愿意为他人、为国家做事情，因为他这是在为自己选取高尚，他甚至愿意为他人、为国家献身，因为这是伟大的高尚，并且伴随着短暂而强烈的快乐，这是一个真正自爱的人宁愿选取的。所以，一个好人、一个爱他人并愿意为他人做事情的人可以是自爱的，一个真正自爱的人也可以是爱他人、愿意为他人做事情的人，这两者可以完全地同一，因为一个好人或真正自爱的人在爱他人并为他人做事情时，就把比别人更多的可称赞的高尚行为都留给了自己。② 不过，厄姆森对亚里士多德的这个乐观的论点提出了怀疑。如果高尚是好人的目的性的东西，他问，那么一个

---

① 《尼各马可伦理学》1169a19-25。理解亚里士多德的这短话的语气上的联系有一定困难。此处依罗斯译本。亚里士多德上文谈到好人才应当被看作真正的自爱者，这里的论述是针对常识的一个疑惑：好人既然是真正的自爱者，为什么还会为他人做许多事，甚至牺牲生命？如果生命都将没有，那么如何自爱？等等。

② 《尼各马可伦理学》1169a35-37。

人在为拯救他的朋友的生命而牺牲自己时是为着他的朋友的自身的原因还是为着他自己的目的（高尚）？例如，他是因为如果不那样做他事后必定看不起自己并且他将忍受不了这一点，他就是为自身的目的而为一个朋友去牺牲的。这样，亚里士多德就未能成功地把善的友爱中的"非利害的"关切同自我牺牲者的动机协调起来。① 厄姆森的这个批评作为批评有些牵强。如果高尚的行为本身就既是为着一个朋友自身之故而做出的，又是为着给自己保留更大的高尚，那么这中间就并没有不一致。因为我们已经说过，高尚似乎是没有人际界限的。但是如果从牺牲者的动机来省察，厄姆森又是有道理的。因为除了殉道者自我牺牲的例子之外，我们几乎看不到为拯救一个朋友的生命而自我牺牲的人在行动时是以成就自己的更大的高尚为动机的。这样的自我牺牲者，如我们所观察到的，是以利他的情感（在有些场合）和考虑为动机的。然而他之所以能做出这种行为，又是因为他是他所是的那种人。他成就了他自己的更大的高尚是人们事后给予他的评价，这种评价是适合他所是的那种人的。但是亚里士多德似乎没有区分事前的动机与事后的评价这两者。

在结束亚里士多德关于自爱与他爱的观点的讨论时，我们对他的理论做简短的评论。第一，亚里士多德没有看到，要消除利己主义与利他主义的对立，首要的是创造必要的社会的前提。这包括生产充足的经济、生活条件，消除政治社会中的对立，使社会成员都成为政治社会的成员，使每个社会成员能够根据自己的努力程度获得相应的闲暇，通过义务

---

① Urmson, *Aristotle's Ethics*, Basil Blackwell, 1988, pp. 114-116.

的公民教育发展运用闲暇的必要能力，以及同所有这些相适应的文化前提。一个社会如果把生产者阶级作为生产闲暇的手段排除在政治的社会之外，它不可能消除这种对立的根源。而社会成员如果不是将闲暇用于人的善，闲暇也只能唤生出新的对立。第二，如果要寻求消除利己主义与利他主义的对立的可能的途径，从对一般人更有意义的选择入手似乎更为可取。罗斯认为，亚里士多德的观点指示着另一种解决利己主义与利他主义的对立的途径，即一个人可以扩展自己的兴趣，使朋友的善成为自己的"直接关注的对象"，就像母亲对子女的爱那样。① 也许我们还应当加上兄弟的友爱。母子的爱如已说明的是积极的爱。它比善的友爱更具有"自然"生成的特性，与人的本性中在正常情况下会发展起来的善的一面有直接的联系，可以在人与人之间的正常的交往中"自然地"生成，就如我们在亲属的爱、兄弟的和伙伴的友爱，以及师生间的友爱等许多特殊的友爱中所看到的那样。作为实践的解决，亚里士多德本应对这种友爱有更多的讨论，但是他把它仅仅作为由于缺少相互性和对善的关切因而低于善的友爱的一个重要例证来对待。第三，亚里士多德提出的这个形上学意义上的理论，即"好人的自爱与他爱是一致的"，并且"这两者都是好人的自我一致的本性蕴涵的引申"，是一个非常诱人而且看起来有道理的理论。因为，如果在"爱自己的人格或尊严"的意义上理解好人的自爱，我们的确看到自爱与对他人的爱在好人身上总是相互联系着的。这种形上学与观察的事实是相互印证的。这的确是一个令人鼓舞的迹象。

---

① 罗斯《亚里士多德》，第 254-255 页。

也许我们可以这样理解它：在一个不再把生产者阶级当作低等的人群排除出政治的社会，人们都程度不同地享有与自己的努力大致相应的闲暇并且能够通过义务的教育获得最低限度的运用闲暇的能力的社会中，那种环境（在社会有效地保障了义务的公民教育的前提下）可能会支持好人的这种自爱与对他人的爱的一致。第四，但是我们仍然需要理论与观察的事实来相互佐证地说明，好人或德性上杰出的人是如何成为那样的人的。我们需要澄清，一个平常的人的道德努力对于他具有多大的意义；或者用威廉斯（B. Williams）的术语来说，一个德性上杰出的人在多大程度上是受益于他（她）的"道德运气"的。[①] 因为一方面，我们似乎需要同威廉斯一起同意，有利的偶然因素也的确影响道德德性，尤其是出色的道德德性。另一方面，如果一个没有"道德运气"的普通人的道德努力只能使他（她）在一个"可怜的"低下范围中略有改善，那么结论就是相当悲观的，因为他（她）尽管竭尽努力也只能获得很低的善，以至于我们很难说那是人的善，然而那相对于他（她）是很高的善。

[①] "道德运气"是威廉斯提出的一个重要概念，指影响人的道德发展的而非他自身努力获得的有利因素。见 Williams, *Moral Luck*, Cambridge University Press, 1981.

第 10 章

友爱与幸福

在确定了自爱与友爱的一致这个友爱论中的重要问题之后，亚里士多德的《尼各马科伦理学》已近尾声。对友爱的讨论也在这里与对幸福的讨论相互衔接，以便在最后的一卷中奏响他的伦理学的"最强音"[①]——幸福论。我们将看到，正如友爱是借助它的活动和实践的性质而得到说明的一样，关于友爱同幸福的关系主要是通过幸福是灵魂的能力依照德性的"实现"活动的性质来说明的。幸福在于我们健康的生命能力的趋向于完善的"运用"与"实现"。朋友最终属于我们生命的正常健康的活动的既不可或缺又为我们向往的外在的善，并且事实上是我们在任何时候，在寻求幸福地生活这一目标时尤其需要的。因为，如前面第 2、3 章的讨论已经表明的，友爱尤其是我们与一个同样以如此理解的幸福为

---

① 我在此引用苗力田先生《尼各马科伦理学》（苗力田译，中国社会科学出版社，1990 年）"中译本序"中的用语。苗先生认为《尼各马科伦理学》论幸福的第 10 卷是最重要的，是亚里士多德的伦理学的最强音，并且它的特殊的重要性还在于它是两部伦理学中唯一的讨论幸福论的部分。见该书序言第 3 页。

目标的朋友的基于善或德性观点的互爱的感情,它自身的实现与幸福作为健康的生命能力的"实现"活动的幸福不可避免是联系在一起的,并且,如下面将要表明的,是必不可少的。①

1. 幸福在于活动

关于友爱与幸福的关系,我们已经了解,友爱对于幸福是必要的。不幸的人和幸运的人都需要朋友,尽管是需要不同的朋友。我们也已经了解,人是政治的动物,天生要过共同的生活。所以,幸福的生活也必定离不开朋友的共同生活。此外,一个朋友,尤其一个好的朋友,本身就是愿望我们的善与幸福并且尽可能地做他认为有益于我们的善与幸福的人,并且他这样愿望和这样做是为着我们自身之故的。② 即使从这些最初步的方面考虑,我们也可以明了,友爱是可以有贡献于我们的幸福的东西。但是我们还没有弄清,还有什么其他的东西,或者什么更深的原因使得我们离不开友爱。而且,友爱似乎不仅是我们离不开的东西,还是我们向往得到的东西。那么我们显然更有必

---

① 我在这本小册子中的目的不是也不可能是讨论亚里士多德的"幸福"学说以及他的与之密切联系的"德性"学说。因为显然,我在这里的工作是讨论他的"友爱"论。但显然,在讨论他的"友爱"与他的"幸福"概念的关系时,我必须从他的"幸福"概念出发。我将以亚里士多德在《尼各马可伦理学》中表达的"幸福"概念及与它密不可分的"德性"概念的原理——"幸福"是一个人的灵魂的健康的能力依照"德性"的"实现"为这一概念基础,并且把灵魂的"实现"理解为属于一个人的灵魂,当然也就属于一个人的生命的一种"活动"。并且不言而喻,这个表述已经表明,幸福的"实现"离不开德性的"实现"。

② 《尼各马可伦理学》1169b13—19。

要弄清，是什么把我们作为人的存在与友爱联系在一起的。因为，显然人的友爱是与动物的友爱非常不同的，这种友爱只在人的共同生活中才存在：人同牲畜不同，不是仅仅在一处喂养着。①

这两层问题，即什么使得我们离不开友爱甚至向往得到友爱，在亚里士多德看来只有一个共同的解答。这解答就在于幸福的性质。既然人们所做的一切都是为了幸福，那么显然幸福也是我们的友爱的目的。这里所说的幸福的性质就是活动，幸福就在于活动。幸福总是某种活动，而活动都是有一个过程的，而不是像一宗财产一样可以从一开始就占有。②活动是人运用生命的功能的过程。而生命就在于它的功能得到运用。

> 生命是限定的，对动物来说，它为感觉能力所限定，对人来说，则为感觉和思维能力所限定。而一种能力又是有一种相应的活动规定的。它的全部现实性就在这种活动之中。因而生命主要地就在于去感觉和去思维。一个人看，他就感觉到他在看；一个人听，他就感觉到他在听；一个人走，他就感觉到他在走。其他情况也一样，总有一个东西来感觉它们［能力］的活动。所以，如果我们在感觉，我们就感觉到我们在感觉；如果我们在思想，我们就感觉到我们在思想。③

人的生命与动物的生命有区别：人的生命的那些功能——感觉与思想是人要在运用中去发展和充实的功能。所以人不仅

---

① 《尼各马可伦理学》1170b14—15。
② 《尼各马可伦理学》1169b29—31。
③ 《尼各马可伦理学》1170a15—19、29—32。

能感受到生命与善是值得他欲求的,而且能感受到他自身的生命是值得他欲求的,并且在正常情况下,对自身的感觉对于他更值得欲求。① 人的生命更像是一个器皿,能装进什么取决于我们怎样去运用生命的功能以及运用的程度。而人的生命功能又好比是一支长笛或一把竖琴②,人自身就好比是它的吹笛手或琴师。好的吹笛手或琴师可以用它演奏出好的音乐,坏的吹笛手或琴师则只能演奏出坏的音乐。这好与坏就在于是否恰当地运用生命的功能,以及运用的程度,因为这正如技艺一样:好的琴师和坏的琴师都出于操琴。③ 同时,一个人将向他展开的自身生命也对于他具有玄妙的感觉与认识意义。他想感觉和认识他自身,而他所感觉和认识到的都是由于那些已经"确定了的品性"才被感觉和认识到的,想感觉和认识自身也就是想使自身成为这类特性,因而总是把他拉向他的已经确定了的东西。所以人总是想活着,因为他总想感觉和知道自己成为什么。④

然而亚里士多德这里所说的生命本身,是指正常的、健康的生命,而不是恶的、腐败的生命或处于痛苦中的生命:

> 我们一定不要把恶的、腐败的生命或痛苦中的生命当作生命自身,这种生命是不确定的,就像它的特点是

---

① 《欧台谟伦理学》1244b34-37。
② 在希腊时代,长笛是一种流行的乐器,有吹笛手专门以此为职业,大部分为女性。希腊神话中的林神就是一位能用笛吹出迷人音调的神。竖琴在希腊时代则被看作高雅些的乐器。演奏者多为男性。希腊文献常记载有演奏竖琴的游吟诗人。
③ 《尼各马可伦理学》1098a9-15,1103b9。
④ 《欧台谟伦理学》1245a2-11。一种品性是通过感觉和认识而分享的。一个人以什么方式去感觉和认识某种品性,他也就以什么方式感觉和认识自身确定了的品性,也就以什么方式把自身当作认识的对象。亚里士多德只是在《欧台谟伦理学》中才在伦理学意义上表现出强烈地把人的自我当作对象的认识论观点。

不确定的一样。①

正常的、健康的生命活动，即对正常健康的生命功能的运用，是由于自然的原因就令人愉悦的，而恶的、腐败的生命则是反常的生命状态，是对生命功能的坏的运用。正常健康的生命是向上的，正如灵魂马车在驭手很好地驾驭着的时候是向上的一样。这两者间也是完全一致的：当灵魂马车向上飞升时，生命就健康向上。恶的、腐败的、痛苦的生命则是向下的，正如灵魂马车在驭手没有很好地驾驭或者那匹马没有听从驭手的吩咐时是向下的一样。这两者间也同样是完全一致的。从这里变得显明的一点是，健康的生命与腐败的生命是以不同的事物为善和快乐的。正常健康的生命以自身即令人愉悦的事物为善，腐败的、痛苦的生命则以那些因能使它暂时摆脱腐败的、痛苦的状态而回复到自然的状态才令它愉悦的事物为善。所以腐败的、痛苦的生命所追求的事物都是只在偶性的意义上才是善，才令它愉悦的，因为

> 在自然状态中，我们不再以在向自然状态回复过程中所喜爱的那些东西为享受。在正常状态下，我们以在绝对意义上令人愉悦的事物为快乐。而在向自然状态回复的过程中，我们甚至以相反的事物——例如苦涩的东西为快乐，这些东西都不是在本性上和在绝对意义上令人愉悦的，因此我们从中得到的也不是本性上的和绝对意义上的快乐。因为，正如令人愉悦的东西是不同的一

---

① 《尼各马可伦理学》1170a19—23。

样，由之而来的快乐也同样地不同。①

区别还不只在于健康的生命与腐败的生命以不同的事物为愉悦和满足，还在于健康的生命对于对它是善的事物的追求表现为生命功能的不带欲望的健康的运用，腐败的生命对于由于偶性而对它是善的事物的追求则表现为充满痛苦的欲望，并且主要是由于机体的损害或营养上的匮乏而产生的对肉体快乐的欲望。一个人由于机能的损害而欲望机能得到恢复，由于营养的匮乏而欲望得到补足，这两者都是苦涩的。而生

---

① 《尼各马可伦理学》1153a3—7。亚里士多德关于"回复的过程中"的善与快乐同"自然状态下"的善与快乐的区别的观点，参见《尼各马可伦理学》第7卷第12章与第10卷第3章。哈迪注意到亚里士多德《尼各马可伦理学》中的观点与他在《修辞术》中的观点有很大出入。他研究了亚里士多德关于"向自然状态的回复过程"中的善的观点的柏拉图背景，详见 W. F. R. Hardie, *Aristotle's Ethical Theory*, Clarendon Press, 1968。柏拉图在《蒂迈欧篇》(*Timaeus*) 中说：
　　当一个机体的自然状态被组合与分离，充实与排空的过程，以及某种生长和腐败的过程损害时，产生的结果就是痛苦，苦难，折磨……当机体在回复它们的自然状态时……那种状态就是快乐。(42c, d)
他指出亚里士多德在《修辞术》中采取了与柏拉图大致同样的看法，例如亚里士多德在那里写道：
　　让我们假定，快乐是灵魂的某种运动，是灵魂的回复到它的自然状态的强烈的、可感觉的过程，痛苦则是相反的过程。(1369b33—35)
亚里士多德这里所说的"强烈的"过程，哈迪认为是指在这个回复的过程中机体充满着过多且多变的欲望，因而这个过程充满变化与不确定的东西。哈迪对亚里士多德的快乐观点所做的非常深入的研究，参见 *Aristotle's Ethical Theory*, 第300—302页以及第14章。
亚里士多德在《尼各马可伦理学》中的观点有两点变化。一是，从匮乏的、受到损害的状态向自然状态的回复过程中使人感到强烈满足的那些事物不再被看作本身即令人愉悦的，而被看作只是由于偶性才是令人愉悦的。本性即善、即令人愉悦的事物被看作在自然的状态下成为人运用其功能的对象的那些事物。例如，健康的、甜的或苦的东西只对生病的人才是有益的、善的东西，对于正常健康的人它们并不是善，因为作为他们运用其自然能力的对象的是另一些事物，本性上即是善的事物。(1173b22—31) 二是，欲望被明确看作是与"向自然状态的回复过程"中的那些"不正常的条件"(1173b27) 联系在一起的，主要是对肉体快乐的欲望，并且总是带有痛苦，而学习、嗅觉、听觉、视觉、记忆与希望等功能的运用则不带有任何强烈的欲望，因而也不带有痛苦。(1173b9—21) 这一点在下文中还将做些讨论。

命（或存在）之所以对于我们是善，正是因为生命的正常的发展使我们能够对那些在我们不存在匮乏和未受到损害时成为我们的旨趣的对象的事物运用我们的生命功能，而自由地运用这些生命功能总是善的和令人愉悦的。① 所以，从这里可以进一步引出的看法就是，幸福就在于我们能够把处于"最好状态的"或"未受损害的"感觉功能运用到"最美好的对象"上，因为

> 这样的活动才是完美的，不论就感觉活动本身而言，还是就感觉功能所依系的感官而言，都是完美的。②

罗尔斯把亚里士多德的上述观点引申地概括为他所说的"亚里士多德主义原则"，其含义在于，人总是以运用他们已经获得的能力为享受，而这一享受又提高他们的已经获得的能力并使其具有更为复杂的形式。他进而具体阐述这一原则的三条主要的释义为：（1）享受与快乐并不总是回复一种健康或自然状态或补足某种匮乏的结果；（2）一个人的自然力量的运用是人的一种主要的善；以及（3）更值得向往的活动与快乐的产生是同具有更复杂的区分和需要运用更大能力才能完成的活动联系在一起的。在这三条释义中，罗尔斯着力补充的是第三条。他认为：

> 这个观念不仅同亚里士多德的自然秩序观念相一致，而且是某种与它类似的观念。在这里直觉的观念是：人们通过变得能更熟练地做某些事情而获得更大的快乐，

---

① 参见《尼各马可伦理学》1173b5-16，1175a30-b1。
② 参见《尼各马可伦理学》1174b15-27。"未受损害的"，见《尼各马可伦理学》1153a15。

而且在两件他们能做得同样好的活动中，他们更愿意选择需要做更复杂、更微妙的区分的更大技能的活动。①

这条释义在亚里士多德的观点中有一定的根据，因为他明确认为思辨活动即研究哲学活动具有比感觉活动更大的优点：哲学活动的纯净与持久以及伴随它的巨大快乐是感觉活动不能相比的。② 但是，尽管亚里士多德的确是把哲学看作需要更复杂、更微妙的区分的活动，他却决不把它看作一种技能的活动。亚里士多德在他的伦理学与政治学中对职业活动与技能的鄙夷是众所周知的。他只是在谈到家政时说家主需要掌握家主的"学术"，正如政治家需要治理的学术。技能、技术的活动如他在《尼各马可伦理学》第1卷中反复表明的，只具有作为手段的善，目的是在它之外的；而哲学的、思辨的活动则自身就是善和完美的，目的就在它自身之中。所以他多次说到我们应当用听觉去听好的音乐，但是却并不主张去演奏乐器。这显然是因为，如果一个人要成为好的乐师，他就不得不把演奏当作职业的活动，而这将妨碍把音乐只当作音乐本身来欣赏。③ 所以，我们不妨说，关于第三条释义的技能性上的含义是罗尔斯的补充，这对于现代的技术性社会是必要的。但是就亚里士多德本人而言，他在指出哲学活动的善时具有反技术性。然而有一点值得指出，即亚里士多德所说明的哲学活动的那些优点甚至在今天也能得到验证。哲学活动所展示的似乎是人的生命功能的纯净的善。相对于它，

---

① 罗尔斯《正义论》，何怀宏等译，第413页。
② 《尼各马可伦理学》1175a26-27，1177a20-26。
③ 关于人尤其是儿童应当听而不是演奏音乐，见《政治学》1339a40-b11。亚里士多德还认为，如果自由人欲演奏乐器，就需选择适当的乐器，例如竖琴是适合的，长笛则不适合，见《政治学》1341a17-b8。

技艺、技术的善的确是工具性的。

2. 朋友的善

在说明了亚里士多德关于幸福的性质在于活动的主要观点后,我们再回到对于友爱同幸福的联系上来。这种联系对于亚里士多德来说是很明显的:正是由于幸福的性质就在于活动,我们才离不开朋友并且向往得到朋友。因为,如果如上面所说,幸福是正常健康的生命的完美的活动,那么显然,这种幸福只在好人或有德性的人的活动中才展示得最充分。因为,好人总是以有德性的方式运用他的健康的生命功能。然而首先,一个人却不容易看清自己,一个活动中的人也不容易看清自己的活动:

> 和自身相比我们更能观照邻人,和自身的活动相比我们更能观照邻人的活动。①

我们从邻人身上观照人的品性和活动的善。即使一个邻人并不是好人,我们也从他的好的一面来观照他的品性和活动的某些方面的善。因为如已提到过的②,即使是坏人也有他好的一面,例如他可能由于他的某种兴趣——例如音乐——或者一次出色的演奏而偶性地令人愉悦。我们相信这些好品性和好活动更会出现在一个好人身上。而当这种好品性或好活动

---

① 《尼各马可伦理学》1169b33—35。θεωσετν,看,观照,见证。观照邻人意味在看他的活动,同时思考他的活动,知觉他的活动,感受他在活动时的感觉,如此等等。

② 参见第4章第2节。

出现在一个我们认为或相信是好人的人的身上时,这种信念就更得到确认。所以在观照邻人的品性和活动时,我们总是假定自己是一个正常健康的人,即一个好人,并且在像一个好人那样地运用自己的生命功能。而如果我们的确在这样地观照邻人的品性和活动,我们就的确是正常健康的人。同时,在这样地观照邻人的品性和活动时,我们也常常变得喜欢我们观照到的那些好品性和好活动,喜欢人们在这些活动中展示的出色能力。这会使我们得到享受的同时,也在我们身上唤起一种学习的欲望。这是几乎每个人都容易体会的一种愿望。所以希腊语和汉语中都有"近朱者赤"① 的说法。罗尔斯说,这种欲望所包含的想法就是:我们相信自己也应当能做同样的事;希望能像那些人运用他们的能力一样运用我们的能力,我们相信这种能力潜在于人的本性之中。罗尔斯把观照他人的品性和活动的这种作用称为亚里士多德主义原则的一种"伴随效果"。至于这种作用会在多大程度上推动我们去学习,取决于这些能力对于我们的重要程度,以及实现它们的努力的困难程度:

> 可以这样说,在提高能力而得到的满足和在活动变得越来越难的条件下提高学习的情趣这两者之间,存在一种对抗。[超过了]某种水准,能力的进一步增长就正

---

① 希腊语为 ἐσθλῶν μὲν γὰρ ἀπ' ἐσθλὰ μαθήσεαι。据莱克汉姆(H. Rackham, *Aristotle: The Nicomachean Ethics*, London: William Heinemann, 1926, p.561, n.d.), 出自 Theognis(泰奥格尼斯,希腊哀歌体诗人) 35。原文参阅 Douglas E. Gerber (trans. & ed.), *Greek Elegiac Poetry from the Seventh to the Fifth Centuries B.C.: Tyrtaeus, Solon, Theognis, Mimnermus* (Loeb Classical Library 258), Cambridge, Massachusetts: Harvard University Press, 1999, pp.178—179。中文中"近朱者赤"一语出自傅玄《太子少傅箴》:"故近朱者赤,近墨者黑,声和则响清,形正则影直。"

好被为获得和保持它而付出的必要［努力］的重负所抵消。当这两种力量不相上下时，就达到一种平衡，在这个平衡点上获得更大的实现能力的努力就停止了。①

然而，朋友就是一个我们最容易去观照的人，不仅如此，按照亚里士多德的看法，我们从朋友身上还最能观照我们自身的特性，观照属于我们自身的那种善，因为朋友是一个与我们有着共享的善，与我们相似的人。一个朋友就是一个想成为我们的"第二个自我"的人。因此，如果我们是好人，朋友就也是一个好人。朋友总是在善的品性方面与我们相似，就像一个与我们分离了的另一个自身。所以，感觉一个朋友在某种意义上就是感觉我们自身，认识一个朋友也是如此。因为在朋友之间，有些感觉是"同时发生的"②。在希腊人的生活中，朋友们被认为相互间不仅有这种相互观照的价值，还有一种特殊的相互启智的价值。这当然首先是指成年人作为同性朋友启发青年人。在雅典，如前面已说明过的③，成年男子被认为首先应当启发少男的智慧。因为智慧被看作德性之首。一个成年男子，如果他被看作有智慧的，就要像一个好的吹笛手那样，去吹响那个少男的生命的长笛，使它能演奏出美好的音调来。所以我们从柏拉图的《会饮篇》中听到亚尔西巴德赞颂苏格拉底是"高明"的"吹笛手"，不用唇和乐器，而用话语道出美妙音调一样的教导。④ 在希腊人看来，少男在这种关系中也是有贡献的。因为他的形体的美

---

① 罗尔斯《正义论》，第 415 页。
② 《欧台谟伦理学》1245a30-38。
③ 见引论第 2 节第 5 小节，参见第 1 章第 4 节与第 2 章第 2 节。
④ 《柏拉图文艺对话集》，第 279-281 页。

作为能够激发成年男子的哲学思考的对象，仿佛是玄想的源泉。

其次，完美的活动的优点在于它的纯净与持久，而持久的活动一定要有朋友来一道进行。孤独的一个人不仅无法进行持久的活动，甚至难于生活。与朋友协同地活动就比较容易持久。在好人之间就更是这样。不仅如此，好人之间的这种协同活动还自身就是令人愉悦的。因为，好人之间的协同活动都是相互有益的，他们的合作也都是在包含在目的中的那些事务上的合作。好人凭着他们的本性的善，就会喜欢那些合乎德性的行为而厌恶那些恶的行为，正如一个好的乐师本能地喜欢美好的旋律厌恶坏的旋律一样。所以，好人本能地选择符合于善的目的的事务来进行协同的活动，而不会去选择包含着恶的目的的事务进行合作，因为那种恶的目的与他们的本性不相容。对每个人来说，符合他固有品质的活动才是最值得欲求的。对好人、高尚的人来说，这种活动也就是符合德性的活动。①

如果幸福就在于活动，如果我们想从事自身就是幸福的完美活动就需要从朋友身上观照人的善，学习我们能够获得的善，并和朋友一道进行持久的活动，我们就不仅离不开朋友，而且期盼得到朋友，特别是好的朋友。一个朋友，尤其是一个好的朋友，亚里士多德说，本身对于我们就是善，而且是我们所有的外在的善之中最大的善。而如果存在即我们对自己的生命的感觉自身对于我们就是善，就是快乐，一个朋友的存在，或者他对他自身的生命的感觉，也对他

---

① 《尼各马可伦理学》1170a3—11，1176b25—27。

是善，是快乐，如果朋友对于我们也是善，并且我们与朋友总是分享着一些共同的善，那么自然而然的结论就是，朋友的存在或者他对他自身生命的感觉对我们也是善，是快乐。① 因为，

> 正如一个人的存在对他是值得欲求的一样，他的朋友的存在对于他也同样是值得欲求的。②

所以，亚里士多德说，对朋友的善，对朋友的存在的感觉应当分享。我们总是希望有朋友分享我们的存在的感觉，同样，一个朋友也会希望我们作为他的朋友分享他的存在的感觉。这种彼此分享存在的感觉的感觉本身就是相互愉悦的。所以善的朋友始终是相互愉悦的，因为他们总在相互分享存在的感觉。这种分享是通过共同生活、交谈和思想交流实现的。动物不可能有这样的交流。只有人做这样的交流，才能借助语言分享另一个人的存在的感觉。所以人是一个语言共同体的成员。假如人没有了语言，那么一个人与别人一道做事情或不一道做事情就没有什么不同。共同生活是由于语言才成为人的共同生活的。而朋友的共同生活的价值就在于朋友在这种生活中可以相互分享存在的感觉。③

但是有人说，幸福是自足的，而自足就是不假外求，不需要外在的善。这又是常识提出的一个疑问。这个疑问由柏拉图等哲学家而变得更为玄奥。柏拉图说，如已提到的④，好

---

① 《尼各马可伦理学》1169b9，1170b16–18。
② 《尼各马可伦理学》1170b7–9。
③ 《尼各马可伦理学》1170b10–15；《欧台谟伦理学》1245a13–15。
④ 参见第1章第1节，下文的讨论亦参见第2章第4节。

人因为是自足的，所以不能互有助益，因而不能相互做朋友。亚里士多德认为，这种见解的问题在于把人的完美看作了与神的完美或完美自身相同的东西。神自身就是完美，不需要朋友。但是人却不是，人要借外在的善才能成为完美的。而在这些外在的善中，朋友是最为重要的善。① 所以在人的自足之中，就已经包含了所需要的外在的善。从事不同的活动对外在的善的依赖程度不同，其中艺术的沉思、哲学的研究只需要最少的外在的善，然而就是在这些活动中朋友更是必不可少的。所以，人的自足状态反倒提供了一个直接的反观，表明在这种状态下至福的人不需要一般所说的有用以及快乐的朋友，而是需要一种朋友，即善的朋友。因为此时，至福的人不需要别人来增益其外在的善与身体的善，他在这些方面已经一应具有，反而需要人们来分享其欢乐了。然而至福的人此时却需要能增益其灵魂的善的朋友，而且是真正善的朋友。② 因为，

> 当自足时，我们比在有需求时判断得更好，此时我们最需要我们值得与之交往的朋友。③

这正好说明，与朋友的交往从根本上说不是为着有用和快乐，而是为着善的，善的朋友才真正是朋友。所以最终说来，至福的人也不是不需要朋友，而是需要真正的朋友，即那些善的、高尚的朋友。④

---

① 《欧台谟伦理学》1244b7-11，1245b15-19。
② 参见《尼各马可伦理学》1169b4-27；《欧台谟伦理学》1244b1-21，1245a21-22、b12-19。
③ 《欧台谟伦理学》1244b19-21。
④ 《尼各马可伦理学》1169b21，1170b18；《欧台谟伦理学》1244b15-16。

3. 我们何时最需要朋友？

对友爱与幸福的关系的讨论把我们引向一些非常实践性的问题。一个人究竟在不幸时还是在幸运时更需要朋友？按照常识的看法，人在不幸时更需要朋友。如果如我们在上节所说明的，幸福的人也需要朋友——需要好的、高尚的朋友，那就表明一个人在幸运中和在不幸中都需要朋友，并且是需要不同的朋友。所以看起来，友爱也随着一个人幸运或不幸的境遇而在性质上有所不同：

> 在不幸中，友爱更必要，我们需要有用的友爱；在幸运中，友爱更高尚，我们需要好人做朋友。[1]

但是常识的那种观察仍然是重要的。人在不幸中由于需要朋友的帮助，比在幸运中更需要朋友。这种看法为观察的事实所证实。人们认为在患难中最需要朋友，并且也最能验证朋友，因为好朋友之所以是好朋友，就在于他们在患难时肯出手帮助。[2] 对友爱的验证一个是——如前面已经提到过的[3]——时间，朋友要在一起"吃够了咸盐"，另一个就是患难时肯帮助。这种常识观念大概在中国和西方都有很大的相似。中国也有谚语说"患难见知己，烈火识真金"。在这个问题上，常识就像是一个值得尊重的老练的观察者，给我们提供着健全的判断。另一个类似的问题是我们是否愿望朋友的

---

[1] 《尼各马可伦理学》1171a24-25。
[2] 《尼各马可伦理学》1163a35-b1。
[3] 见第3章第5节。

在场。常识在这点上的观察有更大的一致：我们在幸运中与不幸中都愿望朋友的在场。朋友的在场显然总是令人高兴的。那么，亚里士多德问，它是因一个朋友分享了我们的快乐或者——更为重要的例子是——分担了我们的痛苦而令我们高兴的，还是它本身就是令人高兴的呢？如果说我们因朋友分享了我们的快乐而令我们高兴，这好像还是一个真实的观察。因为如上节所说明的，朋友的善、朋友的快乐对于我们也是善、是快乐，而且朋友的存在的感觉也值得分享。但是，我们在痛苦中是因为什么愿望朋友的在场呢？我们都会认为分担痛苦必定是一件令分担者痛苦的事，那么我们难道是愿望朋友来分担我们的痛苦因而变得更痛苦些吗？这不应当是我们的动机，因为如果我们是他们的朋友，我们愿望于他们的应当是于他们是善的、快乐的事情，而不是让他们痛苦的事情。所以如果在不幸中也愿望朋友在场，我们似乎不应当为使朋友分担我们的痛苦而这样愿望，而应当是因朋友的在场本身。[1] 因为朋友的在场，正如常识所正确地观察到的，本身就是令人高兴的：

>   能够见到朋友，这本身就令人高兴，特别是对于那些不幸的人，因为这有助于减轻痛苦。一个朋友，如果他是体贴的，他的目光、他的话语，就足以使我们宽慰。[2]

所以，我们似乎有时候愿望的是朋友在场的本身，有时候愿望的是朋友的分享幸福与快乐。亚里士多德似乎认为，常识的这两种观察都是真的。常识的观察的性质也在这里表现出

---

[1] 参见《尼各马可伦理学》1170a29—35。
[2] 《尼各马可伦理学》1171a36—b1。

来，它时而观察到这样一种相关性，时而又观察到那样一种相关性。而这些观察都具有真实性，因为都得到观察事实的支持。① 在这里，我们显然需要借助理论的分析使常识的这些观察间的联系显露出来。朋友的在场含有一些"混合的性质"或"因素"②。这些混合的性质或因素包括：我们在愿望朋友在场时愿望于朋友的东西；我们在愿望时的那种特殊角度；我们的幸运尤其是不幸的程度。首先，如果我们愿望一个朋友在场，我们愿望他的什么呢？在考虑这个问题时，如已经指出的③，人们总是从好人与好人的友爱来推理的。亚里士多德认为有两点是突出的：一是，上一节谈到的与朋友在一起相互分享对方存在的感觉；二是，对方的善与幸福。如果这两者可兼得，既能与朋友在一起相互分享存在的感觉，又能使朋友得到善与幸福，我们当然乐而为之。但是这似乎在我们处于极大的幸运中时才可能。因为在幸运时，我们就有能力使朋友分享我们的极大的幸福，而这本身就令我们快乐：

> 在幸运时，有朋友在场使我们的时光过得更愉快，使我们因想到自己的好运在使他们高兴而高兴。④

在这样的时候，我们邀请朋友来分享我们的幸福，与朋友们

---

① 《欧台谟伦理学》1245b20—25：
我们一方面寻求朋友并期求有许多朋友，一方面又说有许多朋友就等于没有朋友，这两种说法也都正确。因为如果有可能和许多人在一起生活而又能有共同的感觉，那么当然是有尽可能多的朋友比较好；但既然这极其困难，有着共有感觉的活动就必然只存在于极少的人之间。

这在亚里士多德看来是常识的观察的一个特点：它观察到不同的相关性，这些相关性之间的联系需要由某种理论的分析来找到。

② 莱克汉姆英译：to be of a mixed nature；罗斯英译：to contain a mixture of various factors.

③ 参见第9章第1节结尾处的有关讨论。

④ 《尼各马可伦理学》1171b15—16。

相互分享着生命的感觉，这两个愿望都在同时达到了，这对于我们自己也是生命中的重大幸福时刻。① 但是这显然并不总是可能的。亚里士多德在其他某处说，要是有人说，只要善良，即使贫困也是幸福的，这种话说了等于没说。② 要想既能够与朋友在一起相互分享生命存在的感觉，又能够使朋友得到善与幸福，没有幸运是不可能的。亚里士多德摒弃这种贫困亦可幸福的观点。如果这两者无法兼得，我们将首先愿望朋友何者？亚里士多德说，也许我们应当像赫拉克勒斯（Heracles）的母亲那样宁愿她的儿子幸福（成为神），而不是陪伴着她受奴役，或者应当像因战死而生活在冥界的卡斯托尔（Castor）呼唤他的同胞兄弟珀律丢卡斯（Polydectes）不要去冥界那样，首先愿望一个朋友或兄弟的幸福，即使他不能和自己在一起。③

其次，当我们处在幸运或不幸中时，我们愿望朋友与我们在一起，愿望朋友的善与幸福，都是从一个特殊的角度——爱者的角度这样愿望的。爱者的特殊的地方，如前文

---

① 参见《欧台谟伦理学》1245a30—b6。
② 《尼各马可伦理学》1153b19—21。
③ 赫拉克勒斯是希腊传说中最有名的英雄，在希腊神话中即大力神，是宙斯与安非特律翁（Amphitryon）之妻阿尔克墨涅（Alcmene）所生，所以一直受赫拉迫害，他的名字在希腊文中的意思就是"因赫拉的迫害而建立功勋的人"。希腊神话故事说，阿尔克墨涅属佩耳修司一族，她临产时，宙斯宣布那一天降生的人将成为佩耳修司一族人的统治者。赫拉为阻止此事，以魔法推迟了赫拉克勒斯的出生，而让欧律斯透司（Eurystheus）先出世，这样，赫拉克勒斯和他的母亲就注定要受欧律斯透司的统治。卡斯托尔与珀律丢卡斯为希腊神话中的一对同胞兄弟，共名狄俄斯枯里（Dioscuri），互相以此名召唤。卡斯托尔战死后，珀律丢卡斯不愿独生，卡斯托尔以此名呼唤他让他不要去冥界。罗斯注说，卡斯托尔必定是风趣地对他的兄弟说，他自己在冥界已经够了，他不希望那个狄俄斯枯里也去那里。亚里士多德在《欧台谟伦理学》中提到这两则故事。见《欧台谟伦理学》1245b29—34。

中说过的①，是他（她）总是想希望去爱，希望被爱者感受到自己的爱与恩惠。如果与被爱者在一起也是可以向往的，他（她）当然就愿望同时得到这两者：

> 既然幸福和在一起都值得向往，那么，与朋友在一起分享一小善就显然比自己独享一大善更值得向往。独享大福无异于大祸。②

一个爱者当然也愿意在对方幸运时分享对方的幸福，但是在自己遭遇不幸时他（她）却不愿意对方来分担痛苦，就像赫拉克勒斯的母亲和珀律丢卡斯的同胞兄弟卡斯托尔所做的那样。这样做是有道理的，因为在常识看来，尽管对我们的朋友来说，如果我们会令他们愉快，我们的痛苦就不致令他们太痛苦，但是

> 一个人又不应该只关心他自己。因此，人们不让朋友来分担他们的不幸，自己承受就已经足够了，这样，他们就不会显得是只关心自己，把自己的快乐建立在别人的痛苦之上，或者，以不自己单独承担不幸来寻求减轻。③

尤其是在遭遇重大的不幸或厄运时，在这种时刻，我们总是希望自己独立地承担这不幸或厄运，就如俗语所说的："全部的不幸就让我一人承担吧"。因为，除了我们不愿表现得在不幸面前只考虑自己这一点之外，朋友的在场和分担又能减轻我们多少痛苦呢？最重要的是，看到朋友因为我们的受挫而

---

① 关于爱者的积极的爱，见第5章第3节第1小节；关于母爱的讨论，见第6章第2小节对爱者的爱的有关讨论。
② 《欧台谟伦理学》1246a3—5、9。
③ 《欧台谟伦理学》1245b37—1246a3。

受挫,因为我们的痛苦而痛苦,是一件令我们自己痛苦的事情:我们不愿见到朋友因我们的重大痛苦而痛苦,而愿意看到他们能多快乐就多快乐。① 因为朋友就好像是我们的分离出去的另一部分,我们不愿意这另一部分同我们自己的这一部分一道痛苦,就如卡斯托尔不愿意珀律丢卡斯与他一道受冥界之苦一样。然而当我们遭遇的只是一般的坏运气时,我们就显得很矛盾。由于我们愿望于朋友的是与他们在一起相互分享生命存在的感觉,我们愿望朋友的在场,因为他们的在场本身就令我们快乐。而且,由于我们不想表现得是只考虑自己的,我们又不愿意他们在场,因为我们不愿意让他们知道和分担我们的痛苦。除非是那些小小的不舒服,例如生一次病,在这种时候我们倒是也乐见朋友也生点小病,以便能和我们有一种共同的经历。② 所以,在此种境遇中愿望朋友在场还是不愿意——尽管可能也同样愿望——他们在场常常决定于一个人的性格:

> 那些性格坚强的人尽力不让朋友们分担自己的痛苦,除非是那种对一切痛苦都已经无所谓的人,否则他就无法忍受朋友们为他的痛苦而痛苦。他们不要朋友为他们而悲哀,他们自己也从来不悲哀。而妇女和女性化的男子却愿望别人与他们一道悲哀,爱那些在他们悲痛时与他们分担痛苦的朋友和同情者。但是在所有的人之中我们显然始终应当仿效更高尚的那种人。③

还有,亚里士多德说,当不是我们自己而是一个朋友处于幸运或不幸之中时,我们却是以另一种特殊的角度——被

---

① 《尼各马可伦理学》1171b2;《欧台谟伦理学》1246a14-18。
② 《欧台谟伦理学》1246a10-19。
③ 《尼各马可伦理学》1171b4-13。

爱者的角度来对待这件事的。被爱者的特征是想分担对方的困难。当处在这种情境中的时候，我们总是愿望去分担那个朋友所遭遇的不幸，就仿佛我们以前受了他（她）的恩惠希望现在能回报似的。① 然而在这种情境下，那个朋友——如果他是有健全的常识的——则是以爱者的方式来对待我们的。他如果是幸运的，就会愿望我们分享他的幸福；他如果遭遇了不幸，就会希望自己独立地承担，而不愿意让我们去分担。亚里士多德说，这两种行为都是有道理的。所以看起来，一个人在不同角度应当以不同的方式对待同一件事情。但是显然从这里会发生一种矛盾，我们不妨称之为一种亚里士多德式的友爱矛盾：当朋友处于不幸中时，我们希望去分担他的痛苦，哪怕我们会因此而变得痛苦，而我们的朋友则不希望我们去分担他的痛苦。反过来也是一样：当我们遭遇不幸时，我们希望自己独立地承担所遭遇的不幸，甚至不愿意朋友知道我们遭遇了不幸，而朋友则愿望来分担我们的痛苦。这种矛盾的确是生活的事实。亚里士多德没有直接地说明，这种矛盾可以以何种方式来解决。但是，如他的整个理论表明的，这个矛盾只发生在好人之间或把自己看作是好人的人们之间。因为，在实用的朋友中间，当某一方遭遇不幸时，另一方不会因为他的痛苦之故而愿望来分担这种痛苦，除非他还继续对那个人有用。一旦相互的用处不存在了，友爱也就不再继续，无论是否有哪一方遭遇了不幸。所以，在这类朋友中间不会发生所说的这种友爱矛盾。快乐的朋友们似乎是把自己看作好人的。他们愿望相互地分担痛苦。在他们中间这种矛

---

① 《欧台谟伦理学》1245b35—36。

盾也不会发生。因为，对他们来说在一起就是快乐，甚至遭遇不幸的一方也愿望对方来分担自己的痛苦，因为他（她）甚至不会想到这也会令对方的幸福打折扣。① 而在好人之间，令这种矛盾发生的原因显然于双方都是善意的：遭遇不幸的一方愿望于对方的是对方的幸福，他不希望对方的幸福因自己的痛苦而被打折扣；未遭遇的那一方愿望于对方的则是与对方一起承担他的痛苦，是对方的痛苦的减轻。并且，他们也都知道对方对于自己怀有那种善意。② 在这样互有善意、互知善意的两个好人之间，尽管在一方遭遇不幸时可能发生这种矛盾，这种矛盾却不会成为严重的矛盾，也不会具有冲突的性质。因为，当未遭遇不幸的那个朋友表达出愿意与对方一起来承担他的不幸所带来的痛苦时，当他在对方遭遇了不幸，并未发出邀请而"不请自到"时，对方——遭遇了不幸的那个朋友是不会拒绝的。因为这样做双方都是高尚的、令人高兴的。对于那遭遇不幸的一方来说，他做到了尽力让自己独立地承担痛苦，他没有事先告诉对方他的不幸遭遇，并表达对于对方到场宽慰的期望。对另一方来说，他"不请自到"是为了主动分担朋友的痛苦，因为友好的宽慰总是有助于减轻朋友的痛苦的。③ 所以在这种场合，这种矛盾会因双方都相互理解的友好善意的行动而自动消解：一个真诚朋友的善意的行动不会被拒绝，善的朋友不会相互拒绝对方的善意。

---

① 关于快乐的朋友相互愿望的是悲欢与共，参见《尼各马可伦理学》1162b13，1166a9。
② 参见第 3 章第 1 节的有关讨论。
③ 《尼各马可伦理学》1171b23—25。

结语

友爱论在亚里士多德伦理学中的地位

在结束了对亚里士多德的友爱论本身的讨论之后，我们现在可以对他的友爱论同他的整个伦理学的联系做简略的讨论，这或许对于读者理解他的友爱论会有所裨益。不过，这种讨论很难面面俱到，事实上，一些重要的联系在前面的讨论中已有涉及，例如友爱同善、同德性、同幸福的关系等等。我们在这里打算把注意力集中在亚里士多德的友爱论同他的伦理学的结构性联系的方面。在这种联系中，友爱一方面把个人的德性与他同另一个人的关系联系起来，一方面作为我们获得朋友这种必要的幸福要素的德性，把德性论与幸福论联系起来。同时，我们将看到，这种联系对于处理友爱这样一个在那个时代具有重大意义的主题是十分必要的。

1. 伦理学的重要主题

我们首先面对的问题，是亚里士多德何以在《尼各马可伦理学》中独独对友爱问题做了如此深入的讨论。他讨论友爱问题的细致程度明显地超过了对其他问题的讨论。我们似乎没有理由把它看作一个无关紧要的偶然的安排。在一部像《尼各马可伦理学》这样严谨的、纲要式的伦理学著作中，这样的安排不会是粗心或随意所导致的结果。而且，如果考虑亚里士多德在他的著作中始终关注论题的系统性与逻辑关系这一风格，我们就更不会得出那种结论。对于这个问题的最简单的回答可能是，这是那个时代的希腊生活中的重要问题，也是那个时代的伦理学讨论的重要问题。的确，伦理学的重要主题既是时代生活的重大问题，也是具有经久性的理论的问题。任何一个时代的生活主题，如果它是以理论的、哲学的方式对待的，它也就具有了理论的意义。但是我们还会追问：友爱问题何以独独在希腊生活的时期得到那样多的讨论？在柏拉图和亚里士多德的时代，友爱问题似乎是希腊公民社会中的流行的话题。它何以引起人们那样大的兴趣？在真实的历史生活中这一定有多种多样的原因。我们已经在引论中陈述了一个基本的原因：在古典时期的希腊，友爱在许多城邦已经成为两个人（尤其是）在公共生活中具有美善感的个人关系。因此，在希腊人的特定生活中，这种关系受到公众的评价。好的友爱被当作英雄事迹传颂，例如，我们举出过的阿喀琉斯同帕特罗克洛斯的友爱。这大概既是因为被传颂者的英雄行为，特别是在战场上的勇敢行为，也是因为他们个人的友爱被视为美的和善的。而且重要的是，在希腊人的话题中有了关于坏的友爱或坏人间的友爱的观念。从柏拉图和亚里士多德的著作中，我们大抵可以判断出，关于坏的友爱的观念在雅典人的心目中已经有多么重要。在柏拉图的描述中，坏的友爱简单地说不是爱，它不具有相互性，不可能持久，并且充满伤害。亚里士多德在他的友爱观念中容纳了坏的友爱，把它理论地处理为追求着那些卑下的、作为实用目的的、只对坏人才能算是某种善的东西。一种事务一旦在一个民族的生活中得到公众的好的和坏的观念上的分别，它可以说就成为那个民族的生活中的重大问题。

其次，我们可能还需要补充，好的友爱的观念的形成也是同希腊社会中普遍感到的对于好的城邦社会和好的公民的需要特别相关的。这原因主要在于，经过伯罗奔尼撒战争，希腊社会由于内部争斗日益显出颓势。一方面，雅典已丧失盟主的地位，雅典民主制开始衰落，城邦内部开始显露各种危机。另一方面，斯巴达开始成为新霸主。随之，斯巴达的王制也被许多人视为更具德性的政体。好的城邦对于希腊人来说同好人有相同的原理，是依据德性来治理的社会。柏拉图认为，最好的城邦是由爱智者（哲学家）来治理的社会。爱智者也就是爱着最美善的事物的人，具有德性的人。所以在这样一个社会，公民的德性才能盛而不衰，城邦中公正才会昌行。对亚里士多德来说，尽管最好的城邦是由一个德性超群的王治理的，好的政体应当是适合一个城邦的公民社会的性质的，并且是谋求城邦社会的好的高尚的生活的。在所有政治学与伦理学问题上，亚里士多德都在寻求比柏拉图更大的包容性。除了依据德性的治理之外，对柏拉图和亚里士多德来说，造成好的公民是拯救希腊社会的紧迫问题。而好的公民是由好的法律和好的治理，以及好的道德风气这两者造成的。所以好的城邦是十分不同于坏的城邦的。好的城邦不只是存在，而且是为其公民的好的生活而存在。它不仅制定并实行着良好的法律，而且操心公民的德性，操心造成好的公民这件事。① 只有好的城邦才能造成全体公民的高尚的幸福生活。而城邦，就像任何一个共同体的情形一样，又是由其公民之间的友爱维系着的。公正也是城邦的基本的联系纽带。但是公正是见之于法律的，较少关照个人之间的感情。所以好的城邦不仅需要公正，而且需要友爱，两者不可偏废。好的友爱不言而喻是好的公民个人之间的友爱。② 像"野蛮人"、奴隶和小孩子那样的友爱不能支持一个好的城邦。所以，好的城邦要通过造成好的公民来造成好的友爱。而由于友爱是关涉对另一个人的爱的感情的运用的品质，一个好的城邦还必须打开一个足够的空间，使人们作为好的公民的个人之间的友爱可以生长，并且操心使公民个人间的友爱以适度的感情的方式运用，使好的公民之间的友爱昌行。

　　这种对城邦的善的关切，是人们关切友爱问题的重要的原因。而这些谈论得以流行还有赖于雅典民主制造成的那种社会现实。我们已经在引论中说明，这种民主制尽管在衰亡，它在古典时期却造成了一个政治的平等者的社会。这个社会使得每个公民都可以对关切的问题表达看法。希腊人在公共社会表达意见的方式是多种多样的。最正式的表达大概是在公民大会上。然而这并非一般人都有能力去利用。在公民大会上的讲演一般是有关公共事务的，并且需要较好的演说技巧。友爱的话题大概更多的是在各个学园的讲坛上，在街坊的公民聚会、共餐宴会上，以及在成年男子同青年的交谈中谈到的。各种口头的和书面的文学则把这些以不同方式表达

---

① 《政治学》1260b29, 1280a30-31。
② 参见《政治学》1253a32-39, 1275a14, 1284a1-3, 1293b3-6。

的意见传播到公民社会的各个角落。希腊社会是一个意见流行的社会。所以亚里士多德谈到友爱问题时总在归纳各种不同的意见。这些不同的意见是他随时可以在各种场合听到，或是可以从譬如戏剧、诗人的朗诵，以及贤哲们的著作中得到的。大概地说，除其他原因外，友爱在古代希腊社会成为一个重大问题，是由个人关系获得可评价性，由对造成好的城邦和好的公民的关切，以及由于公共媒介体获得了发育这三方面的原因促成的。

2. 德性论同幸福论的环节

我们的深一步的问题涉及亚里士多德的两部伦理学著作。他对于友爱问题的讨论同他的整个伦理学处于一种什么关系中？一个值得注意之处是亚里士多德把对友爱的讨论安排在对其他的德性的讨论之后和对幸福的讨论之前。他在讨论了伦理的德性和理智的德性，并且部分地讨论了快乐的性质之后说，我们应当来谈谈友爱的问题了。这显然是亚里士多德的一种特意的安排。他想透过这样的安排传达给读者什么信息呢？罗伊德（G. E. R. Lloyd，也译劳埃德）否认这种安排可能表明着某种联系的看法。他认为《尼各马可伦理学》中关于友爱的第 8、9 卷是"离开了主题"，第 10 卷才又"回到第 7 卷开始时关于快乐的讨论，最后回到幸福之本题"①。哈金森（D. S. Hutchinson）则相反，认为《尼各马可伦理学》

---

① 罗伊德《亚里斯多德思想的成长与结构》，郭实渝译，台湾联经出版事业公司，1984 年，第 131—132 页。

关于友爱的讨论"是最重要的部分之一"①。如果我们注意亚里士多德本人在《尼各马可伦理学》提供的一条线索，罗伊德的意见就显得太过偏颇。在第 7 卷最后四章（第 11－14 章），亚里士多德在讨论了自制问题后自然地面对这样的问题：一个自制的人是否需要快乐或外在的善？人们认为幸福必定包含快乐与外在的善，因为例如至福的人这个名称（μακάριος）就来自非常快乐（μάλα χαίρειν）这个词。② 如果说自制的人不再需要任何快乐与外在的善，那么显然自制的人就不会是幸福的。这不啻是说一个有德性的人不会幸福。这是亚里士多德所反对的观点。所以他要接着说明，一个自制的人，有德性的人，也仍然需要快乐与外在的善。不过，显然有必要先表明快乐与外在的善的性质。所以，快乐与外在的善在第 7 卷中是作为德性与幸福的联系的环节来讨论的。③

从这一点我们就容易理解，亚里士多德为什么会在第 7 卷与第 10 卷关于快乐的讨论之间加入了对友爱问题的讨论。朋友就是所有给我们以快乐的外在的善中的最大的善。但不仅如此，这个最大的外在的善还似乎不同于其他必要的外在的善。因为，没有其他必要的外在的善就不可能幸福，但是没有朋友，我们即使幸福也不完美。朋友是我们在幸福时一定想要的、最大的外在的善。而且，获得一个朋友与获得一

---

① J. Barnes（ed.），*The Cambridge Companion to Aristotle*，Cambridge，1995，p. 228.

② μακάριος，意为神赐福的人；μάλα χαίρειν，不定式短语，意为非常快乐；Χαίρειν，快乐，高兴。

③ 参见《尼各马可伦理学》1152b2－1154b34。关于《尼各马可伦理学》第 7 卷第 11－14 章对快乐的讨论和第 10 卷第 1－5 章对快乐的讨论的关系，参见 Hardie，*Aristotle's Ethical Theory*，ch. XIV.

种其他外在的善非常不同。要获得最好的朋友尤其如此。因为，要获得这样的朋友，我们就要与另一个有德性的人通过共同的生活成为朋友，并具有相互的友爱。友爱是我们的灵魂联系于这种外在的善的特殊德性。显然，如果一个有德性的人想要幸福，甚至，想要成为一个有德性的人，那么他首先需要的就是朋友。所以，亚里士多德在第8卷开首处说，友爱是生活最必需的东西之一，因为谁也不愿去过那种应有尽有而独缺朋友的生活。① 幸福高尚的生活不能没有朋友：富人需要有朋友去成就其善举，保全其财产；人在穷困和遭受灾难时只能指望朋友的帮助；青年需要有朋友帮助他少犯错误；老人需要有朋友帮助他做力所不能及的事；壮年人则需要有朋友指点，使自己行为高尚。② 这是最显然的道理：如果我们想要获得一个朋友，我们就要比需要别的德性更需要友爱。所以，如果我们追求明智，如果我们看顾自己的幸福，我们就还需要看顾友爱。与作为德性与幸福的联系的其他的外在的善不同，一个朋友自身对我们就是善，他不是我们获得什么善的手段，他自身就是一个目的。我们是像对我们的一个"分离了的"自身那样地对待他。也只有以这样的方式对待一个可能的朋友，一个人才能获得一个真正的朋友。所以友爱关切幸福，同时它自身就是德性，或者具有一种德性。这使友爱成为德性与幸福的联系环节。因为，其他外在的善似乎只是我们过一种幸福的生活的单纯的手段，幸福的生活似乎只是作为手段而需要那些外在的善。而友爱则本身就是我们的幸福所自然地要作为目的而包含在内的共同生活与感

---

① 《尼各马可伦理学》1155a1-5。
② 《尼各马可伦理学》1155a6-15。

情。作为这种环节，友爱对于幸福不仅必要，而且自身就高尚，因而自身就是属于幸福的生活的。这就是为什么亚里士多德要在讨论过友爱问题之后才讨论幸福。因为，只有通过对友爱的讨论，我们才能明了我们作为人的构成着幸福的、高尚的共同生活的性质。也只有在对所有相关的参照都进行了讨论之后，我们才能对幸福达到一种全视角的观照（思考、知觉与感受）。

我们也许还可以从另一个角度来思考，这可能对上面的说明有所补足。在亚里士多德的观点中，伦理德性是行动的品质，理智的德性本性是静的，幸福本性是理智的趋向完满的活动，它们之间是如何联系起来的？虽然可以说高的德性总是蕴涵着低的德性，但是低的德性中有哪一种可以引导人走向高的理智的德性？伦理的德性都是感情适度的行动的品质，但是它们并不自然地依恋着理智。比如，勇敢作为德性并不引导一个人去追求理智的德性和理智的完美的活动。节制、慷慨、公正、自制和忍耐等等，也都是这样。一个人可以是一个勇敢、节制的人，但是他不会因此就会去爱智，成为一个爱智者。所以在希腊生活中，一个武士被认为应当是勇敢的，一个工匠被认为应当是节制的，但是，一般说来他并不被认为应当是爱智者，尽管他可能成为爱智者。

在亚里士多德伦理学中，在伦理德性之中，有一种准德性（因为它与一种德性在一起）使一个人去追求明智，不仅把人的灵魂活动同动物性的生命活动区分开来，也把人的实践性的生命活动与人的"神性"的理智生活的活动联系起来，从而也追求理智的完满活动，这种德性就是友爱。因为友爱是这样一种德性，它包含的不是别种的情感，而是爱这种特殊情感，这情感使它爱着美善的事物并且要和这些事物纠缠在一起过共同生活。所以友爱也是必定爱智的，因为一个人爱美善就会爱让他能思考、观照美善事物的智慧。因为智慧就是这种善。所以，友爱会走向爱智慧，走向哲学。

关于这种准德性为什么一定要落在一个有德性的人与另一个同样有德性的人的互爱的关系中，关于为什么一个幸福的人还需要德性的朋友，我们已经在前面说明[1]，亚里士多德的基本论证在于，我们灵魂的与视觉相联系的理智的理解才能提供对人的善的最完全也最真切的知觉的理解，而这种理解唯有我们与一个同样有德性的朋友一道从事那种最好的实现活动才能观照它并获得这种理解。因为在一道从事这种最好的实现活动时，友爱双方不仅是爱美善的，而且是爱智慧的；不仅自己在努力实现所能获得的美善和智慧，而且能相互观照这样的好的实现。

智慧对于爱美善的友爱双方将始终是善的，他们也因之将是爱智的，因为唯有去追求智慧才能以那种"慧眼"来沉思、观照美善。而且，在此时，爱智的双方也自然就持有与爱智的爱适合的相互友爱的情感，这爱使人依恋着智而不致迷失。所以，友爱就是人追求智的完满活动即幸福的动机或心理驱动力。一个人如果友爱，就可能不仅勇敢、节制，而且爱智。友爱，如所说过的，处于无知（智）与知（智）之间，它虽然不是所向，但是它始终为美善的事物和知（智）所吸引和迷恋，所以它引导着人走向知（智），走向理智的完满活动，即幸福。从这个意义上说，友爱可说是一种把伦理

---

[1] 见第10章第2节。

的德性同理智的德性联系起来，把德性同理智的完满活动即幸福联系起来的特殊德性。

在亚里士多德的伦理学中，正是这种特殊德性使一个人去追求明智与智慧，从而追求理智的完满活动。因为，它是这样一种德性的情感：不仅追求美善的事物，而且追求我们能够完满地着眼人的生活来理解和实践这种善这个目的。这种特别的爱的情感使我们追求沉思人的生活和这种生活的善的活动，并且，如果有朋友同样怀有这样的旨趣，就和朋友一起追求这样的活动。因为，我如果有幸获得一位有德性的朋友，假如我也由于努力而在一定程度上获有德性，我与这样一位朋友最值得一起从事的活动就是很好地沉思人的生活。诚然，这种沉思不能是存在经常性的匮乏的。在匮乏的状态下我们不能沉思。但是，一个人能够不匮乏地生活，决不等于他就能够沉思地生活。因为，要沉思地生活，我们除了产生思想的好奇之外，还必须获得有德性的朋友。因为，我不仅——如已说过的——要从观照他的德性的活动来知觉人的完善的实践生命的活动，而且要从观照他的沉思的活动来理解和知觉人的完善的理智生命的活动。因为，一个人纵使有极高天赋，他对于人的生活的沉思也只能达到有限的范围与程度。按照亚里士多德时代希腊人的思想，人具有这一限制性的原因非常明显：人只是一个有限的存在，尤其是在理智及其活动的完善这个方面。

简言之，按照亚里士多德，如果一个人有幸地由于早期的良好教养与实践而获得好的品质，并且在摆脱匮乏之后，由于良好的教育而使得理智健全发展，并因此在一定程度上获得了伦理德性与理智德性，那么，他现在所能"看到"或领悟的就不仅是正义地生活或做一个正义的人,而且是在这种基础上能够过一种沉思的生活。这种生活必定吸引他,因为它被他"看作"善的和愉悦的。但是,要过这样一种生活,他又必须有有德性的朋友,不是为着不感到孤独,而是为着能观照并领悟最好的沉思活动,从而很好地进行这种沉思。因为,如果能够从事这种沉思,人们似乎就不会满足于它是非常平庸的。而这种友爱,也和这种生活一样,自身是善的和令人愉悦的。

所以,友爱就是人追求智的完善活动即幸福的动机或心里驱动力。一个人如果友爱,就可能不仅勇敢、节制,具有明智或实践智慧,而且爱智。处于无知(智)与知(智)之间,友爱引导人走向知(智),把伦理德性与理智德性,把德性的生活与沉思的生活,联系起来。

3. 人际关系的伦理学

我们还可以从讨论人际关系的伦理的必要性这一点,理解友爱论作为亚里士多德伦理学的必要的组成部分的地位。在《尼各马可伦理学》的第 2-7 卷中,亚里士多德主要是在讨论个人的德性,尽管这些德性的运用也涉及同他人的关系。他研究的主要问题是,既然属人的善乃至幸福(作为终极目的的善)就是我们的灵魂的合乎德性的实现活动,这些德性的含义究竟是什么。他的研究方法大致是这样:人的德性有两类——相应于灵魂的两个部分,伦理的和理智的;伦理的德性由习惯生成;它不是情感(尽管包含着情感)和潜能而是品质；它是使人善和使人良好地发挥其生命功能的品质；这种品质使我们在两种极端之间找到适中，特别是在情感上和在行为上找到适中。① 这种讨论的方式容易给人这样的印象：我们的幸福只在于我们对自己的情感与行为的掌握之中，属于我们个人的事务，合乎德性的活动只是个人的行为，同他人的关系和共同的事务没有直接的联系。所以，一个阅读了亚里士多德的《政治学》并只阅读了他的《尼各马可伦理学》第 2 卷至第 7 卷的读者，如果他是足够细心的，大概都会得到一个印象，即这两本书所说的事情几乎是完全不同的。尽管亚里士多德明确地说明了，伦理学研究只是政治学研究的一部分，两者的目的都在于探讨获得相对于人的善。但是，他的政治学始终只在人与人之间的治理与被治理的关系中寻求这种途径，而他的伦理学却仿佛始终在探讨我们如何在一个适宜的程度上进行我们个人所需要的活动，这种活动的适宜与否似乎除了与我自己相关之外，就同他人不再相关。假如这位读者不接下来阅读《尼各马可伦理学》的第 8 卷和第 9 卷，他是不可能改变对亚里士多德的观点的这样一种判断的，而且，他的这种判断的确是有道理的。在这一点上，罗斯的评论是最有启发的，他说，亚里士多德对友爱的讨论

> 纠正了《尼各马可伦理学》其他部分易于造成的印象。亚里士多德的伦理学体系主要是以自我为中心的。他告诉我们，人的目的和应该达到的目的是他自己的幸福。除去论述友爱的两卷外，《尼各马可伦理学》其他各

---

① 参见《尼各马可伦理学》，第 1 卷第 7 章，第 2 卷第 1、5-8 章。

卷没有什么说法意味着人能够并且应该对他人怀有感情。①

厄姆森也说，亚里士多德的《尼各马可伦理学》关于友爱的两卷在理论上似乎是单独考察人的幸福的伦理学与在大规模的政治组织中考察人的幸福之间的桥梁，由于亚里士多德在《尼各马可伦理学》的其他部分忽略了人与人的相互关系对于人的幸福的重要性，关于友爱的两卷似乎是在对这一疏漏做必要的补救。② 这个评论是极有见地的。没有友爱的两卷，亚里士多德的伦理学的确很难与他的政治学衔接，尽管他在理论上已经使这两者在目的上统一起来。因为从理论的观点来看，一个人看顾自己的灵魂，做一个勇敢、节制的人，借用黑格尔的看法，还只是个人的德性，是自由意志的主观内心的活动，只有在一个人与另一个人的关系上才涉及伦理。③

只在个人德性的范围内构建的伦理学在任何意义上都不能构成一种完整的伦理学。亚里士多德的伦理学本不应陷入这样的局限性。因为他一直教导说，人天生就是适合于过群体的生活的。④ 但是他在《尼各马可伦理学》中第2-7卷的讨论似乎太过突出了个人范围的限制。这可能导致对他的伦理学的这样一种误读，似乎幸福直接地是由个人的合德性的活动构成，并不需要共同的活动以及外在的善。因而，他经常

---

① 罗斯《亚里士多德》，第253页。
② Urmson, *Aristotle's Ethics*, p. 110.
③ 参见黑格尔《法哲学原理》，范扬、张企泰译，商务印书馆，1982年，第2编第107节，第3编第162节。
④ 《政治学》1253a29。

作为讨论的出发点的可称赞性尺度就不再具有什么明确的意义。因为，如果合德性的活动只是个人的事务，对个人的活动的评价就只是对个人而言的事情，邻人的称赞就没有什么重要性。

这种理解当然是偏离他的整个伦理学的。亚里士多德在第1卷中表达的一个人"灵魂的依照德性的实现"必然要在第2-6卷中投射出来，投射到他怎样对待他自身，投射到他通过实现活动积淀的品性，投射到他在城邦的政治的生活，投射到，如我们在《尼各马可伦理学》第8、9卷看到的，与家人、与伙伴、与同邦人、与所有邻人的共同生活。对友爱的讨论使亚里士多德的一个人"自身的"德性"投射"出来，从看似"自我中心主义的"伦理学走到"人际关系的"伦理学。这是他的整个伦理学的必要组成部分。没有这个部分，他的伦理学就不完全。因为，我们只有将那个本原与它的"投射"都纳入视野，才能"看到"它的全貌。

那么，这是他的伦理学的一个自然的转向，还是为纠正偏向而特意加上的补充呢？在这一点上，人们自然会有不同的见解。我们在这里只想表明这样的看法，如果这的确是一个转向，这种转向在他的伦理学中是"自然的"。我们从中看到的，是一个人作为自身实践生命的以及更高的智慧生命的本原向"另一个人"的友爱的"投射"。我们的一个基本的理由已经在上一节中做了说明，即亚里士多德在讨论了同欲和其他情感相关的德性之后，"自然"地要谈到同爱的情感相关的友爱德性，因为爱的情感无疑是人的最主要的情感，亚里士多德显然不可能忽视它。另一个理由在于，这一转向事实上并不是人为地"强加"上的。如果我们从他关于友爱同自爱的关系的讨论中引出了足够的意蕴，我们就可以合理地说，他的友爱论也像他的德性论一样是基于"人是他自身的实践的生命与智慧的生命的本原"这一最终解说的。一个人是他最终从自然赋予了他的能力的活动实现和成就了的那个存在。好的实现成就了好的存在，在他自身的实践生命的活动中，在他可能的智慧生命的活动中，以及在他与广义的"另一个人"的"友爱"中。在这后者中，好的实现将展现在他与一个同样有德性的人善的友爱之中，因为他只有从观照那个人的活动中才能完全地体会自己的德性的活动与思考的真实性质，才能完全地理解人的幸福。但是，他的好的实现也将展现在他与其他人的不同性质的友爱之中。不过在后一类友爱之中，他所做的都仍然是合乎友爱与正义的。因为，他的善或德性也将对有偶性需要的人有益，对仅仅欲求快乐的人显得愉悦。而他就是这样的一个善的、有德性的人。

我们可以这样来理解亚里士多德在对德性的讨论和对幸福生活的讨论之间讨论友爱问题的"理论的"必要性：在完成对相对于人的最高的善，即对幸福、高尚的生活的论说前，对德性的讨论需要深入对人与人的关系上的德性的讨论，因为"幸福是完满的德性"①。

4. 对待常识道德的哲学论证方法的一个例证

友爱论是亚里士多德伦理学的一个部分。

---

① 《尼各马可伦理学》1179a5。

他的伦理学的深层理论结构是"人的灵魂的自然能力通过实践生命的运用而实现";人的幸福在于灵魂的健康的自然能力通过实践生命的运用而充分完善地实现。这种"实现"因而基于自然而不同于自然,不同于动物性的生命的活动,动物性的生命也是自然的生命。从可被视为其自身的那种善的友爱来说,友爱是与这个"实现"相联系的活动的一部分。所以,如果思考那种善的友爱,思考它为什么应当被看作友爱自身,以及又为什么也在常识的观察中被看作是这样的,就必须哲学地思考它究竟是怎样与上面谈到的那种"实现"相联系的。

在讨论友爱问题时,亚里士多德是从"普遍接受的意见"出发的。他面对着许许多多的问题,并且面对着对于这些问题的各种各样的常识意见。友爱是一种还是多种?一个人应当有许多朋友还是只要有少数几个朋友?一个人是应当最爱自己还是最爱朋友?什么时候应当终止一种友爱?这些问题有些是柏拉图讨论过的,有些是亚里士多德在雅典学园的朋友们讨论过的,有些是他经验和观察到的,有些则可能是听课的人们当场提出来的。他需要对这些问题做出说明和回答,因而,他需要做出许多精细的区分,探寻许多细微的联系,而这显然必须用很大的篇幅来进行分析和讨论。[①] 这种分析自然地要以众人的"意见"即常识为题材。重要的是,推理总要从所归纳出的两种或多种相互对立的不同的意见开始。《尼各马可伦理学》第 8 卷的最初的几章都是有关友爱的种类的,这些区分都是从常识的观察中归纳的。在其他各章与第 9 卷

---

① 参见 Percival, *Aristotle on Friendship*, Cambridge University Press, 1940, p. xiii。

里，亚里士多德也常常是从归纳人们所持的对立的、不同的常识意见开始，或者在讨论中不断地提出问题，不断归纳对于这些问题的各种不同的常识意见。所以有些人就认为亚里士多德只是在不断地提出问题和回答问题。①

亚里士多德在友爱问题以及在一般伦理学问题上，对常识道德持着尊重的态度。对亚里士多德来说，常识的许多看上去有道理的不同意见可能都是真实的，或者在部分的意义上都是真实的，或具有部分的相关性。② 因为，常识在对事物与行为的那些显现的状态的观察上是胜任的，尽管它常常只观察到了表面的状态，而不能深入地区分。这同时也因为，伦理学是政治学的一部分，政治学所研究的题材不同于其他科学，虽然有自然的东西，但更多是出于约定，所以不能要求它具有像其他科学研究那样的精确性。③ 因为这种题材的属性是运动或变动着的东西的属性。在这样的题材中，常识像一个老练的观察者，能抓住它们的不同的样态。所以，亚里士多德认为，常常存在两种意见各有道理的情况。在存在两种似乎都有道理的常识意见时，

> 我们应当把两种道理相互区别开，看一看每种见解在多大程度上以及在哪些方面是对的。④

如果充分的推理能够显示出其中的一种有更大程度或范围的道理，当然就应当接受这种意见。但是也时常会有难于排除

---

① 参见巴恩斯《亚里士多德》，余纪元译，中国社会科学出版社，1989年，尤其见余纪元撰写的译者序。
② 参见《尼各马可伦理学》1163b2-3。
③ 《尼各马可伦理学》1094b15-17。
④ 《尼各马可伦理学》1168b12-13。

其中的一种意见的情形，就像友爱是相似的和友爱是不相似的这种情况那样。作为分析者，亚里士多德常常要站在常识之中。正如西季威克（H. Sidgwick）观察到的，亚里士多德的伦理学讨论的主体总是"我们"，即亚里士多德和他的同时代的希腊人，作为"认真的人""公道的人"，他也像他的同时代人那样判断，并且总是以这种身份来呈现经过比较与区分而"具有了一致性的希腊的常识道德"[①]。我们似乎不能把这一点看作缩小与听者和读者的距离的策略，而应当把它看作亚里士多德对待常识的一种基本态度。如我们在他的两部伦理学中看到的，亚里士多德对常识和表达常识的那些箴言、名句与谚语大都持尊重的态度，他只是在少数地方表现出对常识的比较尖锐的批评。常识对亚里士多德来说是一个大致可靠的向导。他认为，一方面，在考察存在的意义这样的题材时，常识对我们有更大的帮助。但是另一方面，如果把常识的各种观察都不分别地接受，那么我们就得不出任何有意义的结论。所以重要的事情是找到常识之中的真实的"具有一致性"（用西季威克的话说）的联系。在这一点上，亚里士多德认为常识的下述观点有方法的意义：人们所称赞的事物与行为对于人是善的。存在的真实的或自身的意义在于那些可称赞的事物与行为之中，或者，那些可称赞的事物是最接近存在的自身的意义的东西。在这种常识的见解中亚里士多德也发现了常识自身所观察不到的东西：人们在称赞某种事物时并不是以自身的状况为尺度，而是以被称赞的事物自身的状况为尺度。常识似乎是把可称赞的东西即对于他们是善

---

① 西季威克《伦理学方法》，廖申白译，中国社会科学出版社，1993年，第18页。

的东西，而不是把人们实际实行的东西作为标准的。① 所以在一般人的常识的观点中，好人之间的友爱就是友爱自身，其他种类的友爱则只在偶性的意义上是友爱。人们只称赞好人之间的友爱，因为只有这种友爱对于他们是真正善的、有益的，尽管他们自己的友爱可能是另一样的友爱。

这一点也使他对常识观察事实的如上处理方式的合理性一定程度地得到厘清。因为，常识事实是可观察到的佐证性的本原。在友爱问题上，它提供给我们进行实践的思考的暂且"安歇之点"：从这里出发，如果推理思考正确，我们将不会得出错误结论。在第8、9卷的讨论中，对"普遍接受的意见"的归纳显露出两个最重要的"观察事实"：一个是，存在多种不同的友爱；另一个是，在这些不同的友爱之中，只有善的友爱被看作真正的友爱，或友爱自身。显然，"普遍接受的意见"承认这两个事实，但是不能解释它们。因为，它们的原因是要由努斯来直觉地、由智慧来理论地把握，即要由哲学来阐明的。在这种审视之下，如已多次说过的②，善的友爱被看作友爱自身，是因为它与人的灵魂的那种好的实现联系在一起，是人的灵魂那样地实现的品性之善一种重要的"投射"，这种投射于与另一个人的关系的生活领域的那种特别的情感，以及它所具有的那种德性，必定是构成人的幸福的一个重要部分。"普遍接受的意见"之中有道理的部分，在它们的所有可以相互说明的那些方面，都将见证这种哲学的阐释。所以它们不可以被忽略。

---

① 《尼各马可伦理学》1101b11–16，1110a23。
② 见第 10 章；结语引语部分与第 1–3 节。

所参照柏拉图与亚里士多德著作版本[*]

柏拉图著作

巴曼尼得斯篇，陈康译，商务印书馆，1982.

The Banquet, trans. G. Burges, in *The Works of Plato* III, Bohn's Standard Library, 1850.

Symposium, trans. B. Jowett, in *The Dialogues of Plato* I, 3rd ed., Oxford University Press, 1892.

会饮篇，朱光潜译，柏拉图文艺对话集，人民文学出版社，1963.

Lysis, trans. H. Cary, in *The Works of Plato* I, Bohn's Classical Library, 1848.

Lysis, trans. B. Jowett, in *The Dialogues of Plato* I,

---

[*] 文中所列文献依文献篇名编排，并依据下述三项规则顺序排列：(1) 依文献名西文字顺排列，同一文本的不同文献排在一起，也依文献名西文字顺排列；(2) 有相同西文文本的中文文献跟随西文文本文献排列；(3) 无西文文本的中文文献依其文献名汉语拼音音序排入西文字顺。

3rd ed. , Oxford University Press, 1892.

Phaedrus, trans. H. Cary, in *The Works of Plato* I, Bohn's Classical Library, 1848.

Phaedrus, trans. B. Jowett, in *The Dialogues of Plato* I, 3rd ed. , Oxford University Press, 1892.

Phaedrus and Letter VII and VIII, trans. W. Hamilton, Pengruid Books, 1973.

斐德罗篇，朱光潜译，柏拉图文艺对话集，人民文学出版社，1963.

Protagoras, trans. B. Jowett, in *The Dialogues of Plato* I, 3rd ed. , Oxford University Press, 1892.

The Republic, trans. F. M. Cornford, Oxford University Press, 1945.

理想国，郭斌和、张竹明译，商务印书馆，1986.

游叙弗伦 苏格拉底的申辩 克力同，严群译，商务印书馆，1983.

亚里士多德著作

De Virtutibus et Vitiis, trans. J. Solomon, in *The Works of Aristotle* IX, Clarendon Press, 1925.

论善与恶，徐开来译，亚里士多德全集（苗力田主编）第8卷，中国人民大学出版社，1994.

Ethica Eudemia, trans. J. Solomon, in *The Works of Aristotle* IX, Clarendon Press, 1925.

欧台谟伦理学，徐开来译，亚里士多德全集（苗力田主编）第8卷，中国人民大学出版社，1994.

Ethica Nicomachean, trans. W. D. Ross, in *The Works of Aristotle* IX, Clarendon Press, 1925.

The Nicomachean Ethics, trans. H. Rackham, The Loeb Classical Library, 1926.

Nicomachean Ethics, trans. E. C. Welldon, Macmillan, 1892.

尼各马科伦理学，苗力田译，中国社会科学出版社，1990.

Politica, trans. B. Jowett, in *The Works of Aristotle* X, Clarendon Press, 1921.

政治学，吴寿彭译，商务印书馆，1965.

Magna Moralia, trans. St. G. Stock, in *The Works of Aristotle* IX, Clarendon Press, 1925.

大伦理学，徐开来译，亚里士多德全集（苗力田主编）第8卷，中国人民大学出版社，1994.

残篇，李秋零、苗力田译，亚里士多德全集（苗力田主编）第10卷，中国人民大学出版，1994.

动物志，颜一译，亚里士多德全集（苗力田主编）第4卷，中国人民大学出版社，1996.

范畴篇，秦典华译，亚里士多德全集（苗力田主编）第1卷，中国人民大学出版社，1990.

论题篇，徐开来译，亚里士多德全集（苗力田主编）第1卷，中国人民大学出版社，1990.

前分析篇，余纪元译，亚里士多德全集（苗力田主编）第1卷，中国人民大学出版社，1990.

诗学，罗念生译，人民文学出版社，1962.

形而上学，苗力田译，亚里士多德全集（苗力田主编）第7卷，中国人民大学出版社，1994.

修辞术，颜一译，亚里士多德全集（苗力田主编）第9卷，中国人民大学出版社，1994.

雅典政制，颜一译，亚里士多德全集（苗力田主编）第10卷，中国人民大学出版社，1994.

参考文献

Ackrill, J. L., *Aristotle's Ethics*, State University of New York Press, 1991.

—— "Aristotle on Eudaimonia", in *Proceedings of the British Academy*, 60 (1974).

Adkins, A. W. H., "Friendship and Self-sufficiency in Homer and Aristotle", in *Classical Quarterly*, 1963.

安德鲁斯（Andrewes, A.），希腊僭主，钟嵩译，商务印书馆，1997.

奥勒留（Aurelius, M.），沉思录，何怀宏译，中国社会科学出版社，1989.

包尔生（Paulsen, F.），伦理学体系，何怀宏、廖申白译，中国社会科学出版社，1988.

包利民，生命与逻各斯——希腊伦理思想史论，东方出版社，1996.

Barker, E., *The Political Thought of Plato and Aristotle*, 1922.

巴恩斯（Barnes, J.），亚里士多德，余纪元译，中国社会科学出版社，1989.

—— (ed.), *The Cambridge Companion to Aristotle*, Cambridge University Pr., 1995.

—— (eds.), *Articles on Aristotle 2: Ethics and Politics*, Duckworth, 1977.

北京大学哲学系外哲史教研室（编译），古希腊罗马哲学，商务印书馆，1982.

Bosanquet, B., "The Perfecting of the Soul in Aristotle's Ethics", in *Principle of Individuality and Value*, 1912.

Broadie, S., *Ethics with Aristotle*, Oxford University Press, 1991.

Burnet, J., *The Ethics of Aristotle*, Methuem, 1900.

Cantarella, E., *The Role and Status of Women in Greek and Roman Antiquity*, Johns Hopkins University Press, 1987.

策勒（Zelle, E.），古希腊哲学史纲，翁绍军译，山东人民出版社，1992.

陈康，论希腊哲学，汪子嵩、王太庆编，商务印书馆，1995.

陈少峰，中国伦理学史（上、下册），北京大学出版社，1995，1997.

陈瑛等，中国伦理思想史，贵州人民出版社，1985.

Cole, E. B., "Women, Slaves, and 'Love of Toil' ", in Aristotle's Moral Philosophy, in B.-A. Ban (ed.) *On Critical Feminist Readings in Plato and Aristotle*, State University of

New York Press, 1988.

——, *Women in Political Theory*, Wheatsheaf/Lynne Rienner, 1988.

Cooper, J. M., "Aristotle on the Forms of Friendship", in *Review of Metaphysics*, 30 (1976/1977).

——, "Aristotle on Friendship", in R. M. Rorty (ed.) *Essays on Aristotle's Ethics*, the University of California Press, 1980.

迪金森（Dickinson, G. L.），希腊的生活观，彭基相译，商务印书馆，1931.

DuBois, P., *Women and the Prehistory of the Great Chain of Being*, University of Michigan Press, 1982.

Fortenbaugh, W. W., "Aristotle's Analysis of Friendship", in *Phronesis*, 20 (1975).

——, "Aristotle on Slaves and Women", in *Articles on Aristotle*, V. II, St. Martin's Press, 1977.

古朗士（Coulanges, F. De），希腊罗马古代社会研究，李玄伯译，上海，上海文艺出版社，1990.

顾准，希腊城邦制度，中国社会科学出版社，1982.

Hardie, W. F. R., *Aristotle's Ethical Theory*, Clarendon Press, 1968.

黑格尔（Hegel, G. W. F.），法哲学原理，范扬、张企泰译，商务印书馆，1980.

哲学史讲演录（第一、二卷），贺麟、王太庆译，商务印书馆，1983.

荷马（Homer），奥德修记，杨宪益译，工人出版社，1995。

——伊利亚特，陈中梅译，花城出版社，1994。

洪涛，逻各斯与空间——古代希腊政治哲学研究，上海人民出版社，1998。

黄藿，理性、德性与幸福——亚里斯多德伦理学研究，学生书局，1997。

Hughes, J., "The Philosopher's Child", in M. Griffiths & M. Whitford (eds.) *Feminist Perspectives in Philosophy*, Indiana University Press, 1988.

Hutchingson, D. S., *The Virtues of Aristotle*, Routledge & Kegan Paul, 1986.

Jaeger, W., *Aristotle: Fundamentals of the History of His Development*, trans. R. Robinson, 2nd ed., Oxford, 1948.

焦国成，中国伦理学通论（上册），山西教育出版社，1997。

Joseph, H. W. B., "Aristotle's Definition of Moral Virtue and Plato's Account of Justice in Soul", in *Essays in Ancient and Modern Philosophy*, 1935.

Kenny, A. J. P., *The Aristotelian Ethics*, Clarendon Press, 1978.

—— "Happiness", in *Proceedings of the Aristotelian Society*, 66 (1955–56).

Keuls, E. *The Reign of the Phallus: Sexual Politics in Ancient Athens*, Harper & Row, 1985.

拉罗什福科（Rochefoucauld, La），道德箴言录，何怀宏译，三联书店，1987.

罗伊德（Lloyd, G. E. R.），亚里斯多德思想的成长与结构，郭实渝译，台湾联经出版事业公司，1984.

Leyden, W. Von, *Aristotle on Equality and Justice: His Political Argument*, London, 1985.

李奇（主编），道德学说，中国社会科学出版社，1989.

鲁刚、郑述谱（编译），希腊罗马神话词典，中国社会科学出版社，1984.

罗斑（Robin, L.），希腊思想和科学精神的起源，陈修斋译，商务印书馆，1965.

罗尔斯（Rawls, J.），正义论，何怀宏等译，中国社会科学出版社，1988.

罗国杰、宋希仁，西方伦理思想史（上、下），中国人民大学出版社，1985，1988.

罗斯（Ross, W. D.），亚里士多德，王路译，商务印书馆，1997.

罗素（Russell, B. A. W.），西方哲学史（第一卷），何兆武、李约瑟译，商务印书馆，1982.

McDowell, J., "The Role of Eudaimonia in Aristotle's Ethics", in *The Proceedings of the African Classical Associations*, XV (1980).

MacIntyre, A., *After Virtue*, University of Notre Dame Press, 1981.

麦金太尔，谁之正义？何种合理性？万俊人等译，当代中国出版社，1996.

May, W. E., "The Structure and Argument of the Nicomachean Ethics", in *New Scholarticism*, 36, 1962.

苗力田（主编），古希腊哲学，中国人民大学出版社，1989.

Moore, E., *An Introduction to Aristotle's Ethics*, London, 1902.

Moravcsik, J. M. E., ed., *Aristotle, a Collection of Critical Essays*, Anchor Books, 1967.

Mure, G. R. G., *Aristotle*, Oxford University Press, 1964.

Oates, W. J., *Aristotle and the Problem of Value*, Princeton University Press, 1963.

帕斯卡尔（Pascal, B.），思想录，何兆武译，商务印书馆，1997.

Percival, G., *Aristotle on Friendship*, Cambridge University Press, 1940.

普鲁塔克（Plutarch），希腊罗马名人传，黄宏煦主编，商务印书馆，1990.

Price, A. W., *Love and Friendship in Plato and Aristotle*, Clarendon Press, 1989.

Randall, jr., J. H., *Aristotle*, Columbia University Press, 1960.

Richardson, H. R., "Degrees of Finality and the Highest Good in Aristotle", in *Journal of the History of Philosophy*, July, 1992.

Rawls, J., *A Theory of Justice*, Harvard University Press, 1971.

Ritchie, D. G., "Aristotle's Sub-division of Particular

Justice", in *Classical Review*, 1894.

Rorty, R. M. (ed.), *Essays on Aristotle's Ethics*, University of California Press, 1980.

色诺芬 (Xenophon), 回忆苏格拉底, 吴永泉译, 商务印书馆, 1997.

斯密 (Smith, A.), 道德情操论, 蒋自强译, 商务印书馆, 1997.

Stewart, J. A., *Notes on the Nicomachean Ethics of Aristotle*, I, II, Clarendon Press, 1892.

斯通 (Stone, I. F.), 苏格拉底的审判, 董乐山译, 三联书店, 1998.

Sullivan, R. J., *Morality of the Good Life: A Commentary on Aristotle's Nichomachean Ethics*, Memphis University Press, 1992.

Swanson, J. A., *The Public and the Private in Aristotle's Political Philosophy*, Connell University Press, 1992.

泰勒 (Taylor, A. E.), 亚里斯多德, 刘衡如译, 中华书局, 1929.

——, 柏拉图——生平及其著作, 谢随知等译, 山东人民出版社, 1990.

Taylor, C. C., "Pleasure", in *Analysis*, 1963.

Tesssitore, A., *Reading Aristotle's Ethics*, the State University of New York Press, 1996.

梯利 (Thilly, F.), 伦理学概论, 何意译, 中国人民大学出版社, 1987.

Urmson, J. O., *Aristotle's Ethics*, Basil Blackwell, 1988.

瓦罗（Varro, M. T.），论农业，王家绥译，商务印书馆，1981.

Walker, A. D. M., "Aristotle's Account of Friendship in the Nicomachean Ethics", in *Phronesis*, 24 (1979).

汪子嵩，"亚里士多德"，载叶秀山、付乐安（编），西方著名哲学家评传，第 2 卷，山东人民出版社，1984.

——（等），希腊哲学史（第 1、2 卷），人民出版社，1993, 1997.

王树人、喻柏林，传统智慧的再发现——常青的智慧与艺魂（上、下），作家出版社，1996.

韦尔南（Vernant, J. -P.），希腊思想的起源，秦海鹰译，三联书店，1996.

Wikes, K. V., "The Good Man and the Good for Man in Aristotle Ethics", in *Mind*, 87 (1978).

Williams, B., *Moral Luck*, Cambridge University Press, 1981.

巫宝三（主编），古代希腊罗马经济思想资料选辑，商务印书馆，1990.

西季威克（Sidgwick, H.），伦理学方法，廖申白译，中国社会科学出版社，1993.

希罗多德（Herodoti），历史（上、下），王以铸（王嘉隽）译，商务印书馆，1959.

小仓志祥，伦理学概论，吴潜涛译，中国社会科学出版社，1990.

休谟（Hume, D.），道德原理研究，周晓亮译，沈阳出版社，1994.

修昔底德（Thucydides），伯罗奔尼撒战争史，谢德风译，商务印书馆，1960.

徐少锦、温克勤（主编），中国伦理文化宝库，中国广播电视出版社，1995.

严群，亚里士多德之伦理思想，商务印书馆，1933.

叶秀山，前苏格拉底哲学研究，人民出版社，1982.

叶秀山、付乐安（编），西方著名哲学家评传（第2卷），山东人民出版社，1984.

章海山，西方伦理思想史，辽宁人民出版社，1984.

周辅成（主编），西方伦理学名著选辑（上卷），商务印书馆，1964.

——"亚里士多德的伦理学"、"希腊伦理思想的来源与发展线索"，载周辅成，论人和人的解放，华东师范大学出版社，1997.

——（主编），西方著名伦理学家评传，上海人民出版社，1987.

周兆平、余涌，亚里士多德，载周辅成（主编），西方著名伦理学家评传，上海人民出版社，1987.

朱贻庭（主编），中国传统伦理思想史，华东师范大学出版社，1989.

人名索引
（依汉语拼音排列）

阿尔克墨涅 Alcmene，280
阿芙洛狄忒 Aphrodite，45，46
阿伽门农 Agamemnon，157
阿喀琉斯 Achilles，37，286
阿里斯托芬 Aristophon，15，169，170
阿森纽司 Athenaeus，63
阿丝帕西亚 Aspasia，21
埃尔文 T. Irwin，128
埃斯库罗斯 Aeschylus，15
爱尼克斯 Aenicus，180
安布拉茜丝 Ambracis，7
安德鲁斯 A. Andrewes，14
安非特律翁 Amphitryon，280
安提帕特 Antipater，4-6
奥德修斯 Odysseus，27
奥林庇乌 Olympius，7

巴恩斯 J. Barnes, 301

柏拉图 Plato, 1, 2, 4, 10, 20, 29, 31, 34-49, 51-66, 68-70, 72, 74, 75, 79-82, 87, 90, 91, 95-102, 104, 109, 115, 116, 130, 131, 141, 160, 163, 167-171, 174-177, 246, 250, 251, 268, 273, 275, 286, 287, 300

包尔生 F. Paulsen, 235

包利民 2

庇西阿丝 Pythias, 4-7

庇西特拉图 Pisistratus, 14

伯里克利 Pericles, 15, 21, 22

布坎南 J. M. Buchanan, 195

程颢、程颐 103

德米特琉司 Demetrius, 4

狄俄斯枯里 Dioscuri, 280

迪金森 G. L. Dikinsen, 20, 31, 36, 218, 234

第俄提玛 Diotima, 45, 46, 48

厄姆森 J. O. Urmson, 1, 259, 260, 297

恩格斯 F. Engels, 14

恩培多克勒 Empedocles, 39, 96, 99

菲隆 Philo, 7

斐德罗 Phaedrus, 35, 39, 40, 46, 49, 52, 55, 56, 60, 87, 91, 163, 168, 176

费耶阿本德 K. Feyerabend, 65

弗里德伦德 Friedlaender, 235

傅玄 272

古朗士 F. De Couglanges, 8-10, 17, 19, 21, 28, 30

顾准 15, 18, 22

哈迪 W. F. R. Hardie, 1, 23, 113, 114, 268

哈金森 D. S. Hutchinson, 289

海德格尔 M. Heidegger, 88

海尔庇利丝 Herpyllis, 5, 6

荷马 Homer, 25, 27, 37, 39, 55, 96, 133, 157

赫尔米亚斯 Hermias, 4

赫拉克勒斯 Heracles, 280, 281

赫拉克利特 Heracleitus, 39, 96, 97

赫西阿德 Hesiod, 39, 167, 203

黑格尔 G. W. F. Hegel, 82, 297

黄藿 2

金 M. L. King, 224

卡斯托尔 Castor, 280-282

康德 I. Kant, 93, 231

科尔 E. B. Cole, 225, 232, 233

克勒斯泰尼 Cleisthenes, 15

孔子 103

库珀 J. M. Cooper, 3, 207-209

拉尔修 D. Laertius, 4, 31, 60

莱克汉姆 H. Rackham, 113, 187, 203, 272, 279

李思 Lysis, 39-41, 43-45, 53, 60, 64, 74, 80, 96, 97, 167, 177

李西阿斯 Lysias, 49

罗斌 L. Robin, 220, 226, 227

罗尔斯 J. Rawls, 195, 269, 270, 272, 273

罗斯 W. D. Ross, 1-3, 23, 113, 153, 187, 241, 259, 261, 279, 280, 296, 297

罗素 B. A. W. Russell, 1

美勒多 Meletus, 22

美涅克塞奴 Menexenus, 177

苗力田 4-7, 62, 63, 68, 69, 85, 88, 90, 92, 96, 105, 129, 165, 166, 263

缪尔 G. R. G. Mure, 4

穆尔麦克斯 Myrmex, 7, 222

尼各马可 Nicomachus, 1, 2, 5-7, 11, 12, 17, 22, 23, 28, 37, 40, 60-63, 65-69, 71-73, 75-78, 81, 89-94, 96, 98-101, 105, 106, 108-113, 115-120, 122-131, 133-138, 140-149, 152-164, 171-173, 175, 176, 178-180, 183, 185-203, 205-207, 211-216, 226, 228, 236, 241-252, 254-259, 264-271, 274-280, 282, 284-286, 289-291, 295-301, 303

尼康诺 Niconor, 5-7

欧里庇得斯 Euripides, 15, 39, 97, 167

欧吕麦冬 Eurymedon, 4

欧律斯透司 Eurystheus, 280

帕特罗克洛斯 Patroclus, 37, 286

珀律丢卡斯 Polydestes, 280-282

珀西瓦尔 G. Percival, 1, 26, 27, 29, 31, 95

普赖斯 A. W. Price, 1, 39, 40, 60, 63, 128, 129, 173, 180, 181

普鲁塔克 Plutarch, 5, 9, 15, 17, 38
普洛克森努斯 Proxeneus, 5
塞奥弗拉斯托 Theophratus, 5
苏格拉底 Socrates, 13, 20, 22, 37, 40, 41, 43–46, 48–50, 53, 65, 68, 74, 95, 97, 130, 170, 175, 177, 273
梭伦 Solon, 9, 14, 17, 20, 38
所罗门 J. Solomon, 153, 161, 172, 187
索福克勒斯 Sophocles, 15, 161
苔西托 A. Tessitore, 190
泰勒 A. E. Taylor, 34, 35, 37, 52
忒提斯 Thetis, 37
图宏 Tycho, 7
托尔斯泰 L. Tolstoy, 154, 158
瓦罗 M. T. Varro, 13, 204
汪子嵩 52
威廉 E. A. M. William, 230, 238
韦尔登 E. C. Welldon, 23
韦尔南 J.-P. Vernant, 16, 18, 19
吴寿彭 6, 12, 16, 160
西季威克 H. Sidgwick, 302
西蒙 Simon, 7
希克司 R. D. Hicks, 4
谢随知 34, 35
徐开来 86, 129, 172
亚尔西巴德 Alkibiades, 37, 175, 177, 273
亚里士多德 Aristotle, 1–12, 14–18, 20–24, 26, 28–32,

34，36—40，42，44，46，48，50，52，54，56，58—96，98—102，104—152，154—178，180—190，192—212，214—228，230—236，238—242，244—254，256—266，268—276，278—280，282—303

严群 2，23

扬布里科 Iamblichus，67

姚介厚 49

耶格尔 W. Jaeger，68，69，77

耶稣 Jesus，160

余纪元 85，182，301

宙斯 Zeus，8，57，157，169，280

朱光潜 35，44，49，169，170，177

朱熹 104

庄子 103

后 记

我最初读亚里士多德的著作是在1985年,即我在人民大学读研究生的第二年。那年秋天,在听宋希仁老师讲"西方伦理思想史"课时,我从周辅成教授编辑的《西方伦理学名著选辑》(上卷)中读到一些希腊对话与著作的片段,其中有亚里士多德《尼各马可伦理学》的一些段落。作为一个伦理学初学者,阅读那些片段给我留下了深刻的感受。那大概也与我当时的特殊境遇有关。经历了十多年的坎坷,下乡,返城,"待业",高考因超龄而被拒绝录取,在北京图书馆做一名编目员,参加函授学习和高教自学考试,回到阔别已久的校园,我似乎是在勉强地获得了一个在这个城市中的立锥之地之后,终于有机会充实自己久已感到被剥夺得几近空乏的心灵。那些抓住了我心灵的片段,大概首先是它们的真诚的述说。每段话似乎都在向我述说着一个真实心灵的体验,都在我心灵中引起回应,产生着震撼的力量。无怪乎这本著作在人类思想史上会保有如此长久的魅力,就像我们的先哲孔子、孟子的著作那样。同时,那些片段吸引我的是它们作为思想的纯净。这不仅是亚里士多德,而且是柏拉图和其他一些希腊哲人的著作特别吸引我们的地方。希腊人尚智慧,喜沉思。这是对所思的对象做沉静的观照,并在这种观照中排除它的偶性的即非本真的东西的尝试。希腊人的伦理学作品,是对人的生活的那种本真的善的探索。那些作品的作者们,尤其是柏拉图和亚里士多德,仿佛是在静静地思考着人的生活的善的含义,并且平静地把它们述说出来,令你的确无法否认他们所说出的都是一些最重要的相关性。阅读《尼各马可伦理学》的这些片段对我是一次重要的经历,它使我对于伦理学,对于善、德性、幸福、公正等等有了一种新的理解。我就仿佛是站到了一个对我而言是新的思想空间的边缘,或者是,我在自己的思想中触到那样一片空间,我看到并触到了它,它使我好奇,引我思索。我那时便产生了要集中时间细读亚里士多德的伦理学的愿望。然而,离开校园之后,尽管也常常零星地读过一些章节,工作上的种种琐事的纷扰使我一直未能回到这件事上。但是这个愿望却始终没有放下。一直到 1996 年,当我下决心师从王树人先生从中西比较的视角介入一点对西方伦理学的讨论的时候,这种愿望就又在心中被唤起。我的内心愿望是以亚里士多德的伦理学作为思考的题材,因为无论从哪方面说,亚里士多德的伦理学都是西方伦理学的最重要的奠基者,他的伦理学可以说就是西方伦理学的语汇和概念的基础。而且,亚里士多德的伦理学著作具有一种简明的系统性的优点:他早期的伦理学方面的对话大概也像柏拉图的那样,深入但烦冗地探究一个问题或一个概念,但这些对话今天已大都读不到了;而《尼各马可伦理学》同《欧台谟伦理学》都是纲要式的也许是总结性的著作,令你可以了解他的伦理学的整个视野，是非常珍贵的材料。我心目中可以说浮现了一个很大的计划：把亚里士多德伦理学的那些主要方面加以研究，以构成一个全面的工作。我不知道自己是否有能力做这样一件工作，但是我确信这种工作对于国内的研究是非常需要的。的确，西方的道德哲学家们可以说都是以这种或那种方式同亚里士多德联系着的。我们如果在研究他们时不了解那些重要的联系，当然就会错过许多东西。这就像我们理解中国的思想如果不了解它们同孔子、孟子的联系会产生这种结果一样。西方的伦理学也和中国的伦理思想一样，是一个博大精深的世界。错过了那些重要的联系对它的把握就失之空泛。而了解它也就如了解中国的伦理思想一样，最好的做法是从它的本源来了解。西方伦理学的本源自然不能说只是希腊思想，但希腊思想自然是它的最重要的本源之一。苗力田先生在他主编的中文版《亚里士多德全集》第一卷序言中说，"言必称希腊"（第14页），此言是极。

但是我为什么选取了他的友爱论作为首先做的题目呢？一个重要原因是，友爱是他伦理学中讨论得最多，然而又受关注最少的方面。这个有趣的事实引起了我的兴趣。有几次在研究室与余涌君谈起，他也说亚氏的友爱论颇值得玩味，正与我的感觉相同。我觉得，说西方人忽略了亚氏伦理学的这个方面似乎不真实。真实的情况恐如罗斯和库珀以不同方式说明的，是希腊人谈论友爱问题的话域与近代以来的人的话域有过大的分别，所以许多人就把亚里士多德所说的东西当作过时了的谈论。希腊人说的友爱是任何共同体中任何两个人的关系：任何的两个人，无论在何种共同体中发生何种实际的相互交往，这关系在希腊生活中便被称为友爱。至少在亚里士多德的著作中是这样。希腊人那样说自有其原因与道理。希腊的城邦都是不很大的城市国家，尽管不同共同体中的个人关系差别很大，这些关系都还是有某种程度的情感和共同生活的关系。但是希腊化时期以后，政治共同体的主要舞台已经不再是城市国家，而是帝国和尔后的民族国家。自近代以来，个人的主体地位提升，民族国家的共同生活虽然日渐发达并衍生出许多新的平等自由的形式，情感的情况却有了极大的分别。公民间的关系渐渐成了无情感的政治和法律，同邦人的情感成为被抽象了的对陌生人的情感，似乎稀薄得几不存在了。所以，近代以来同邦人的关系已不再像希腊人那样地被视为一种友爱的关系。人们期望能维系这种关系的情感是人们今天熟悉的博爱。博爱据其本来的意义是兄弟爱的延伸，然而这种联系在今天已经只具有词源学的意义。这种抽象的情感常常要依靠爱国主义的意识形态以及依靠宗教来支持。基督教是最为适合的形式。基督教的普遍主义提供了支持平等的博爱的义理，但是这种义理至少是没有足够的力量代替世俗主义的义理。而爱国主义今天也面临着巨大的考验：我们今天是否已经更适合把我们自己，把这个星球上的每一个人，看作地球公民或村民？然而，无论希腊人的包含着近代以来所谓博爱的友爱今日是否已不合时宜，它所包含的那两种情感的关系——家人的与友人的友爱，和同邦人或同星球人的博爱——都是人类的重要的价值。这些价值与自由、平等同样地是社会的恒久的价值。并且，它事实上比自由和平等更古老些。部落时期的人们不知道自由与平等，但是他们知道友爱，当然是以他们的方式。所以我以为，谈论这样一种价值在伦理学上是重要的，尽管它在今天可能由于人们对于自由的强烈的期望而被排挤。而谈论亚里士多德的友爱论也就是在谈论友爱问题本身，因为他提供的题材具有这样的水准。

也许还有一个偶然的经历对我首先选择友爱问题起了作用。1990年秋到1991年秋，我在哈佛大学访问。其间我结识了一些美国人。我那时曾在美中友协的一个分会参加过几个月的语言学习。渐渐地和我的口语老师朱恩，一位美籍犹太老太太，熟悉起来。一次她很郑重地问我，中国人怎样对待友爱。我想了想说，我们中国人喜欢结交新朋友，并且希望每份友谊能保持下去。她说他们则不同，他们要选择人，而不是随便什么人都交朋友。这中间可能有语言表达上的差异把某些东西夸大了，但是她表白的意见我并没有误解。不知为什么后来别的许多谈话都忘了，独独这次的谈话却记得很清楚。在美国，作为访问学者，我随处都受到友好的接待，与教授谈话，与学生交谈，参加晚会，去美国人家里做客，但是朋友告诉我，这都是礼节性的友好，是一种"保持距离"的交往。这话是很真实的。你很难与一个美国人真正结下私人的友爱，至少在你客居一个城市的短时间中。那时我就觉得，我们中国人好像容易交朋友些。渐渐地，我明白了朱恩向我说明的那种区别。友好地对待一个人的友爱与同一个人交朋友的友爱是不同的。后者对西方人来说是要有选择的，前者则可以对任何一个人。这正如亚里士多德所说的，朋友要有选择，要有相互的检验。亚里士多德还说，想做朋友不等于在实际地做朋友。似乎在美国人的意识里这一点也是明白的。记得一位牧师曾对我说，他曾与一个中国学生交往，他认为那个学生可以做朋友，在那个学生在转学外地经济困难时，他借给了他1 000美元，那个感激的学生信誓旦旦，说日后一定还他，不料却从此再无音信，他说事实证明他自己犯了个错误。我在为我的那位同胞脸红的同时，仍然认为那只是个别的例子。这是对的。我们的先哲先贤给予我们的做人要讲良心（良知），交往要讲信用是我们国人日常观念中根深蒂固的东西。我们中国人在交友上一般不会背信的。但是要把这样的交友伦理学及其思想文化的根源写出来则是一件困难的事情。我那时甚至萌生了想写一本中西交友伦理学比较的书的念头。但回国后也是由于各种事情而没能着手。事实上这的确可能是一件非常有意思的工作。不过这种比较一定要有生活经历的基础。因为，贫乏的经历会使你人为地曲解许多东西。比如，选择朋友这件事在我们中国人中间，特别是在主张交好人做朋友的人中间，也很重要。但是这大概要在你遭遇了某种经历后才会体验得到。我自己也是因为有了一番这样的经历才体会了这一点的。有了经历的基础，我们对文化间的差别与共同理解的比较才能恰当，才能提出有意义的看法。

也许就是基于这两方面的原因，我选择了亚里士多德的友爱理论作为第一个选题。本书的初稿是我的博士学位论文，在答辩通过之后，我对初稿做了较大程度的修改。在两年多的时间里，虽然仍然有许多其他的事情，我尽可能地把精力投入到对亚里士多德的友爱观点的研究。现在提供给读者们的是我的很初步的研究结果。亚里士多德的友爱观点的线索烦杂，不易梳理，他的生活环境又距离今天时代太远，我的学养也还很不够，书中的缺点一定不少，恳切地希望读者批评。如果能得到热心者的批评，那就是对我的最大奖赏。在结束这件工作时，我首先要感谢我的导师王树人先生在我的学习与研究工作上给予我的多方面的悉心指导和帮助。王先生无论在做人上还是在治学上都是我的老师和楷模。他在西方哲学和中西方哲学比较方面的深厚造诣对我而言是无比宝贵的资源。在研究这个课题的过程中，我多次与王先生交谈，听取王先生的意见与建议，使我受益匪浅。我还要感谢前辈苗力田教授和周辅成教授，感谢他们以耄耋之年出席我的论文答辩会，并在会上给予我许多珍贵的教导，这些教导在很多方面启发着我修改论文的思路和灵感。同时，我还要感谢我们哲学研究所的叶秀山、姚介厚、李鹏程研究员，感谢他们在我撰写论文期间和提交论文时提供的宝贵的批评与建议。我还要感谢我在人民大学的老师宋希仁教授，他在亚里士多德的友爱观点同他的动物学研究的联系上给了我很大的帮助，以及我的学兄北京大学何怀宏教授，感谢他对论文的许多重要的建议。此外，我还要感谢我的同事陈瑛、余涌、孙春晨、甘少平、苑立强、杨通进、龚颖、王延光，感谢他们对我的工作的理解和支持；伦理学研究室的和睦环境和愉悦气氛，以及那些愉快的随意交谈，都对我的工作有莫大的帮助。我还要特别地感谢我的妻子仁凤，她在这两年多的时间里对我的工作充满体谅，并表现出极大的耐心，以及我的儿子可征，没有他在计算机的使用上对我的莫大的帮助，我将无法在计算机上顺利完成这本书的写作。最后，我还要感谢中国社会科学院为这本书的出版提供出版资助，感谢河南人民出版社在出版这本书时所表现出的可敬的意愿，以及感谢本书的责任编辑刘玉军先生为本书的出版付出的辛苦的努力，没有他们的帮助，本书不可能这样快地付梓出版。

作　者
1999年11月于中国社会科学院哲学研究所

再版后记

北京师范大学哲学与社会学学院（今哲学学院）与北京师范大学出版集团的领导惠意以"京师哲学文库"之名，重新出版在过去数十年中这个学院及其前身的教师们经精心耕耘而写作出版的哲学文献，是一件既惠及那些曾先后在这个园地里辛勤耕耘的教师们，又惠及今天在这里求学的莘莘学子的好事情。对于前者，这是对许多前辈老师们的辛勤工作与贡献的一次公正的回报，对于后者，这是对今天的学子深入了解北京师范大学哲学与综合性人文研究的学术传统的一个新的良机。

领导们把我在1999年出版的《亚里士多德友爱论研究》列入这套文库，这令我在深深感谢的同时，也感到几分惶恐。一方面，这本小书今天看来仍然有许多不满意的地方，然而由于时间和精力有限，又不大可能就全书做一次系统的修订。另一方面，我成为"北师大人"迄今只有8年时间，而且，与许多前辈老师相比，我深知自己学养还浅，所以我的确担心，将它列入这套文库会使这套"文库"因之逊色。

所以，虽然时间和精力有限，我还是细读一遍原稿的新排出来的清样，并尽力地了一些必要的修改和订正。这主要有两类。一类是对原版的一些主要的技术方面的缺陷，例如希腊语词没有加上注音与用气符号，许多地方注释的内容有一些非常初级的错误，所做的一些订正。另一类是一些内容上的必须做的修改。我所做的为数不多的几处实质内容方面的修改，主要包括现在第 7 页的注释②，第 23 页注释③，第 38 页注释①，以及第 77、163、258 页正文中的一些变动。

我非常感谢本书的责任编辑祁传华同志。在他的努力下，这本书的排版无论在形式上还是文字上都有了极大改进。事实上，他非常细心地纠正了我的原文中的许多用语与行文上的错误或毛病。在本书在此付梓之际，我谨向北京师范大学出版社和祁传华同志一并表示诚挚的谢意。

廖申白
2009 年 6 月于北京师范大学励耘 10 楼

第3版后记

前年春天，中国人民大学出版社张杰编辑同我联系，希望把我的《亚里士多德友爱论研究》纳入人大社"当代中国人文大系"再版。我非常愉快地接受了这一邀请。

这对我而言是一个很适合的机会。因为，那本小册子存在不少错误，许多地方的讨论似乎是一带而过，言而未明的，并且在许多问题上已不大能表达我现在的理解。因此，尽管不可能完全重新写，我认为对它需要做些"清理"。在2009年提交北京师范大学出版社再版时我也有这个想法。但那时由于时间精力紧张，我仅仅在个别地方做了非常有限的修改与补充。而现在，尽管手边仍不断有事情，我至少可以投入稍多一些时间和精力来做这件事了。

现在提交给人大社的这本小册子，我已在主要的部分，以及"后记"与"再版后记"，做了一些我认为是必要的但仍然是局部性的修改，以便纠正一些错误，补充一些必要的联系，并对一些未得到恰当地说明的问题做一些补充说明。

让我来说明这些问题。

首先，柏拉图讨论友爱以 ἔρως（性爱）为核心的例证，而亚里士多德把它看作一种既可能成为平等相似的善的友爱（若双方相同相似并且同样地爱美善），也可能在通常实践中表现为一种平等但不相似，甚至那种相反的仅仅基于有用性的、堕落的友爱关系，这种重要区别的原因在前两个版本中没有清楚地表达出来。我虽然在那里谈到，这是因为柏拉图从神性的 ἔρως 引出对性爱的思索，但是我未能清楚地表明，在拒绝柏拉图的"型式论"形而上学的同时，亚里士多德是坚持从"普遍接受的意见"所承认的两个重要"事实"："存在不同的友爱"，以及更为重要的，"在不同友爱中，唯有善的友爱才被认为有资格称为友爱自身"出发，展开对友爱的伦理学的研究的。

其次，我在前面两个版本中仅仅在第 4 章讨论"友爱分述（一）"的阶段谈到亚里士多德在《尼各马可伦理学》第 8 卷第 2 章关于友爱（广义地说，爱）的三个不同原因（善、有益［有用］、快乐）是不妥当的。因为显然，原因在逻辑上是前位的、优先的。因此，我在这次修订中将这一节前移到讨论亚里士多德对"希腊友爱观的哲学解读"（二）的第 2 章，放在第 3 节"爱人之善"后面。

再次，关于"友爱与幸福"这一主题，在前面两个版本的基础上，所做的修改与补充都旨在使友爱与幸福的下述基本联系得到更清楚、更充分的表达。幸福在于我们健康的生命能力的趋向于完善的"运用"与"实现"；朋友是一个寻求真正幸福的生活的人最需要的外在的善，因为唯有它能使一个在寻求这样的生命活动的人能观照这种完满的"实现"；善的友爱是两个同样有德性的人在此共同的寻求中形成的那种互爱感情；友爱双方不仅自己在努力实现所能获得的美善和智慧，而且由于能相互观照这样的活动，从而能最好地实现；因此，友爱是把伦理的德性同理智的德性联系起来，把德性的与理智的完满活动即幸福联系起来的特殊德性。

最后，关于友爱论在亚里士多德的伦理学中的深层结构的联系也是此次修改与补充所关注的又一重要问题。所做的修改与补充说明或许使下述一些要点变得更为明确。伦理学是关于一个人的健康的自然能力怎样可以通过实践的努力与学习充分完满地实现的研究；关于友爱的第二个"观察事实"——"在不同友爱中，唯有善的友爱才被认为有资格称为友爱自身"——最终表明善的友爱与这种实现的关联：它是人的自然能力通过实践与学习而充分完善地实现的品性一种重要的"投射"，在与另一个人的关系的生活领域的特别感情与品性上的"投射"；友爱论是这种伦理学的重要构成，而不是偶然"加上去"的部分。

基于对这几个相互联系的问题的理解，我在第 2 章"希腊友爱观的哲学解读（二）：亚里士多德"，第 3 章"友爱的性质"，第 4 章"友爱分述（一）：实用的、快乐的和德性的"，第 10 章"友爱与幸福"，和结语第 2 节"德性论同幸福论的环节"、第 3 节"人际关系的伦理学"和第 4 节"对待常识道德的哲学论证方法的一个例证"的有关部分，都做了相应的修改与补充。

我应当对我未能全面地修订这本小册子向读者致歉。我没能做到这一点，因为手边还有一些比较紧迫而推不掉的事情。我可以向读者交代并聊以自慰的是，这本小册子存在的最主要的错误与问题大致已得到了纠正。

我感谢人大社的领导筹划和组织了"当代中国人文大系"这个重要的公共人文丛书，我相信它将在这个园地扎下根，并将在这个经济急剧增长、人心尚未明了其安置之所，有益的文化产品由于种种原因还不易成长的环境下，为读者提供他们也许会慢慢发现是真正值得去读的人文书籍。

　　我感谢张杰编辑把这本小册子列入选题，感谢凌金良编辑继续为策划这个修订版所做的努力。我尤其感谢符爱霞编辑对这个修订版文稿进行认真审读过程中纠正的许多文字错误和提供的许多非常好的修改建议。由于她的努力，这本书在文字表达上，在各个部分的合理编排上，在排版与版式上都有极大改观。我也再次一并向人大社所有参与这本书出版的同事们表示诚挚的感谢。

廖申白
2023年2月于北京昌平区北七家镇王府农庭农场诗林园3号

图书在版编目（CIP）数据

亚里士多德友爱论研究：第 3 版 / 廖申白著. --北京：中国人民大学出版社，2023.6
（当代中国人文大系）
ISBN 978-7-300-31728-1

Ⅰ.①亚… Ⅱ.①廖… Ⅲ.①亚里士多德（Aristotle 前 384-前 322）—伦理学—研究 Ⅳ.①B502.233②B82-091.984

中国国家版本馆 CIP 数据核字（2023）第 092462 号

当代中国人文大系
亚里士多德友爱论研究（第 3 版）
廖申白　著
Yalishiduode Youailun Yanjiu

出版发行	中国人民大学出版社		
社　　址	北京中关村大街 31 号	邮政编码	100080
电　　话	010－62511242（总编室）	010－62511770（质管部）	
	010－82501766（邮购部）	010－62514148（门市部）	
	010－62515195（发行部）	010－62515275（盗版举报）	
网　　址	http://www.crup.com.cn		
经　　销	新华书店		
印　　刷	北京联兴盛业印刷股份有限公司		
开　　本	720 mm×1000 mm　1/16	版　次	2023 年 6 月第 1 版
印　　张	22.25 插页 3	印　次	2023 年 6 月第 1 次印刷
字　　数	236 000	定　价	89.00 元

版权所有　侵权必究　印装差错　负责调换